新时代教育丛书
校长智库系列

绽放
最美服务

清华附中朝阳学校"志愿服务+"
行动十年探索与实践

张晓宁 ◎ 编著

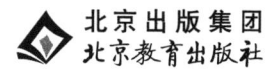

北京出版集团
北京教育出版社

图书在版编目(CIP)数据

绽放最美服务：清华附中朝阳学校"志愿服务+"行动十年探索与实践 / 张晓宁编著. -- 北京：北京教育出版社，2022.1
（新时代教育丛书. 校长智库系列）
ISBN 978-7-5704-4213-3

Ⅰ.①绽… Ⅱ.①张… Ⅲ.①中小学生—志愿者—社会服务—研究—北京 Ⅳ.①G631

中国版本图书馆 CIP 数据核字(2022)第 037161 号

新时代教育丛书·校长智库系列
绽放最美服务
——清华附中朝阳学校"志愿服务+"行动十年探索与实践
张晓宁 编著

*

北京出版集团
北京教育出版社 出版
（北京北三环中路 6 号）
邮政编码：100120

网址：www.bph.com.cn

京版北教文化传媒股份有限公司总发行
全国各地书店经销
河北宝昌佳彩印刷有限公司印刷

*

787 mm×1 092 mm　16 开本　22 印张　315 千字
2022 年 1 月第 1 版　2022 年 1 月第 1 次印刷
ISBN 978-7-5704-4213-3
定价：68.00 元
版权所有　翻印必究
质量监督电话：(010)58572525　58572393
购书电话：13381217910　(010)58572911
北京教育出版社天猫旗舰店：https://bjjycbs.tmall.com

本书编委会

主　编：张晓宁
顾　问：王殿军　秦洪明
副主编：何　冲　王　颖
编　委：张晓宁　纪建波　刘小强　王建平　王　宏　高明明
　　　　薛　祥　陈　欢　张　文　路　天　马梦吉　史晓雨
　　　　唐　晖　张建云　庄春妹　李秀萍　李敬国　秦佳林
　　　　王　磊　周梅骏　张君可　王立莉　穆希军　马洪武
　　　　任　毅　肖　丽　张睿頔　宋艾辰　齐　晴　高　源
　　　　刘衍华　王雅玲　王宇鹏　王　蓓　朱　娜　刘震宇
　　　　苏荪蕊　李　莉　肖蔓菲　邱筱玲　张常立　赵伟峰
　　　　姜　敏　贺小婧　黄海宁　菅小凡　鄂　宇　鲁美芸

总 序

办好新时代教育

随着社会现代发展进程的推进，尤其是改革开放以来，中国教育事业加速发展，中国已建成世界最大规模的教育体系，教育总体发展水平进入世界中上行列，中国教育发展进入新时代，中国基础教育改革进入实质性的根本转型时期，处在一个走自主创新道路的关键转折点。

新时代呼唤新的教育。习近平总书记在全国教育大会上强调："立足基本国情，遵循教育规律，坚持改革创新。"面向未来的教育才有未来，新时代的教育，重在破解传统、旧有范式。基于此，面对新时代教育，与教育工作相关的所有主体都需要从思想和行动上做出努力和改变，并围绕主体价值、文化情境、智慧情怀、系统生态等关键词全面开展教育活动。

首先，新时代教育强调主体价值。

"教育同国家命运紧密相连"，点明了教育在国家建设和民族复兴中的地位和作用，强调了教育改革发展的价值取向，为我们今天准确把握办学的总体方向和人才培养的根本目标提供了思想遵循。

教育现代化的终极价值判断标准是人的发展，是人的解放和主体性的跃升。自古以来，中国的教育传统既强调教育的人文性，也强调教育的社会性，相应地，在人才培养目标上既强调完善自我，也强调服务社会和国家，更强调在服务社会和国家中达到自我的充分实现。新时代更要坚守教育本质，重视教育的价值观建设，坚持以社会主义核心价值观为引领，回答好"培养什么人、怎样培养人、为谁培养人"这些根本问题，从而培养有历史责任感、志存高远的时代新人。

其次，新时代教育强调文化情境。

学校不仅是传播知识、文化、智慧的地方，更是生产知识、文化、智慧的场所。学校无文化，则办学无活力。学校是文化传承的主阵地，学生文化、教师文化、课程文化、网络文化和制度文化等现代学校文化建设，引领了学校的发展，呈现了学校办学气质。

更重要的是，文化创设情境。"为学生一生发展奠基"，统整科学与人文，优化学生生存环境，借由"境中思""境中做""境中学"，实现学生主动学习与发展、个性化成长及德育渗透。

增进文化认同，是学校管理者的重要使命。政策制定者、执行者和教育管理者，一定要从为国家和民族培养优秀人才的角度关爱引导师生，让每位教育工作者深刻认识到"教育"二字蕴含的国家使命，真正将为国家和民族培养人才、培养爱国奉献的人才这一价值追求切实贯穿于办学育人全过程，一代一代坚持下去。

再次，新时代教育强调智慧情怀。

国之兴衰，系于教育。教育兴衰，系于教师。教育同国家的前途命运紧密相连。这当中，智慧型教师和教育家尤其为新时代教育所期待。他们目光远，不局限于学校和学生眼前的发展，而是着眼于未来；他们站位高，回归教育的本体，努力把握并尊重敬畏教育的共识、规律；他们姿态低，默默耕耘，淡泊明志，宁静致远；他们步伐实，总能紧紧围绕学生、教学、课程、教师发展等思考自己的职责和使命。

总而言之，教育家顺应时代潮流，立足现实，展望未来。在把握办学方向、把握时代脉搏的基础上，他们勇立潮头，担当时代先锋，他们对历史和未来负责，超越现实、超越时空、超越功利，用教育的力量塑造未来，解放学生的个性、想象力和创造力，共同推动和引领中国基础教育改革和创新，愿意为共同探索中国未来教育之道而做出巨大的努力。

最后，新时代教育强调系统生态。

观古今，知兴替，明得失。关于未来的认识是选择性的，未来"未"来，新时代的教育人需要根据某种线索去把握超出现在的想象并做出价值选择。这种价值选择的关键还在于，教育人真切明晰，未来学校是面向未来的学校，是为未来做准备的。教育中的新与旧、过去与未来，不是对立的，而是连续的，从而能够让教育者基于教育的本质和规律守正创新，坚守立德树人的初心。

各级各类学校之间是相互依赖的，单一的学校不能构建成一个完整教育系统，唯有每个学校都致力于体现自身的教育特性，努力实现自己所承担的教育任务，发挥出自己的教育作用，才能共同构成一个完整的教育系统。加强基础教育改革设计的整体性、系统性和长期性，把"办好每一所学校"作为基础教育改革发展的主要目标，是共同构建良性的教育生态，发挥整个教育系统功能的最优选择。

在这种情境下，"新时代教育丛书"的策划出版具备极强的现实意义。丛书通过考察和认识各地名校教育实践，寻找新时代教育的实践样本，清晰梳理了新时代教育中名校、名校长、名师、名班主任等的发展脉络，记录了新时代教育正在逐渐从被动依附性转向自主引导性，并在与现代技术的融合中彰显出其对于经济和社会生活的主导价值。

丛书提供了不同类型、不同地区的中小学名校、名校长及名师、名班主任在探索、构建新时代教育过程中鲜活的实践案例及创新理念。从中，可以看到有深厚历史积淀的传统名校，也可看到新时代教育发展浪潮中的新兴学校，其中有对外开放探索中国本土化教育的小学，也有站在教育改革潮头的中学；还可以看到开拓创新引领时代风气之先的名校校长、专注各自领域的优秀教师，以及新时代教育变革下的全国各地不同的班主任的德育之思。

更难能可贵的是，丛书不仅包括一般情境下的"案例"，也包括了特殊情境下的思考，不同系列注重了从"现象"到"本质"的过程，进而升华到方法论。丛书的每一本著作既是独立完整、自成体系的，也是相互呼应的，剖析问题深入透彻，对策和建议切实可行，弥补了教育理论和学校实践之间的差距，搭起了一座供全国教育研究者、学校管理者了解新时代教育及未来学校落地实践的桥梁。

未来学校不是对今天学校的推倒重来，而是对今天学校的逐步变革。这不仅仅是对学生提出的挑战，更是对学校发展建设提出的挑战。我们始终强调，理论不能彼此代替、相互移植，中国基础教育的改革与发展，必须靠中国的教育学家和广大教育工作者来研究和解释，从而构建立于世界之林的新时代中国基础教育的改革和发展的当代形态，实现理论创新和方法创新。

期待丛书能给更多的中小学校以启发，给教育工作者以有益的思考，供他们参考借鉴，帮助他们寻找到新时代教育的钥匙，进而在新时代教育的理论指导和教育改革实践带动下，因地制宜、因校制宜地落实到新时代教育工作中，引领学校新样态发展，助力更多学校在新时代背景、新教育形势下落地生花，实现特色、优质与转型发展，快速提升基础教育水平，推动教育改革发展，实现立德树人的根本任务，办好人民满意的教育。

新时代教育丛书编委会
2021 年 1 月

序 言

好学校要承担更多的社会责任

我常常想,好学校和薄弱学校的区别是什么?名校和普通学校的差距在哪里?什么才是真正的名校?是搬来国外的先进教学理论,还是每年输出多少清华北大的学生,或是历史上出了多少位杰出校友?

我想标准不仅仅是这些。除了世俗的评价,名校应该更有责任感。

名校,是国之重器。相较于普通学校,名校要做更多的事情,挑更大的担子,承担起更多的社会责任,致力于改造社会、改造国家,这样才不负盛名,不负众望。

作为世界一流大学的附中,作为一所有着百年文化积淀的学校,清华附中理应承担起为党育人、为国育才的历史使命,承担起服务社会、服务国家的历史责任,理应挺起民族的脊梁,引领国家的未来。

自从担任清华附中校长以来,我一直有一个想法——希望在这样一所具有悠久历史、深厚文化底蕴和一流大学背景的学校里,培养出一批热血青年。他们除了关心排名、分数和考入什么样的大学之外,还能关心身边的人和事。他们关注社会,关注世界,忧国忧民;他们立志成就大业,立志成为影响未来时代潮流的人,成为未来社会发展的引领者。他们将来不一定能成为领袖,但他们是具有领袖品格和领袖素质的人。

因此,我为清华附中设立的育人目标是"为领袖人才奠基"。这里的领袖指的是各行各业的领军人物。作为基础教育的一部分,我希望学校以"为领袖人才奠基"为教育使命,为这些未来的时代精英奠定身体健康之基、良好习惯之基、综合能力之基和人生方向之基。

培养领袖人才，品德、志向最重要。在我心目中，未来的领袖人才不应该对分数斤斤计较，不应该只想着考上大学学哪个专业最舒适、毕业后干哪行最赚钱，而应该满怀报国之志，对于人生充满激情和正能量，大气、自由、宽厚，有社会责任感，有远大的抱负。

我始终认为，社会责任担当是未来领袖人才该有的素质和修为。在清华附中的"学生综合素质发展积分系统"里，第一个模块就是"承担社会工作记录"，主要记录学生在校期间在学生会、团委、社团等组织中担任什么角色，做过什么贡献。第二个模块"个人成长记录"中，第一个维度就是"社会公益及志愿服务"，旨在培养学生的社会责任感和主动回报社会的意识。

基于此，清华附中朝阳学校持续开展社会服务性学习，倡导"奉献、友爱、互助、进步"的志愿精神，增强学子的时代使命感和责任感，培养学子的主人翁意识和奉献精神，鼓励学子积极承担社会责任，身体力行回报社会，努力为推动社会文明和国家发展贡献力量。

一届届师生接力，一代代薪火相传。从2010年至今，清华附中朝阳学校开展的"志愿服务+"行动使学生的志愿服务足迹遍布北京城，让学生在承担历史使命、承担社会责任方面，迈出了坚实的一步。

在未来，除了办学水平要过硬、人才培养要更好，清华附中朝阳学校还将承担起更多的社会责任，把教育资源、教育实践甚至课程，和教学水平薄弱的学校分享，真真正正发挥辐射带动作用，助力实现教育优质均衡发展，从而促进教育公平，推动社会和谐。

清华大学附属中学校长
清华大学数学系教授、博士生导师
清华大学附属中学朝阳学校校长
世界名中学联盟中国分会理事长

引 言

我国第八次基础教育课程改革在课程体系中增加了综合实践活动课程，并作为国家必修课程开设，这为志愿服务课程的开发提供了政策依据。清华附中朝阳学校历经十年时间，将志愿服务课程融入学校德育工作创新，打造了"志愿服务+"品牌，开创了学校志愿服务工作的特色之路。

基于志愿服务，学校从三个方面着力研究和创新实践。

一是学校围绕"志愿服务+"育人理念，以志愿服务需求为出发点，以志愿服务活动为载体，基于学生的兴趣、知识与能力特点，建构了七大类内容的服务体系，即绿色环保类、赛会参与类、社区活动类、支教助学类、国学传承类、健康科普类、应急支援类，引导学生自觉选择、自主参加和创造性开展服务行动。

二是学校将学生自身志愿服务所需要的条件进行归类，结合学生发展的年龄特点和个性特征，以促进学生核心素养培养为目标，将志愿服务内容进行开发提炼和课程化设计，分类为志愿服务知识学习、志愿服务能力提升、志愿服务精神培育三个方面，主要解决志愿服务做什么和怎么做的问题。

三是学校在开展志愿服务过程中，建立起志愿服务的内外部支撑系统，保障志愿服务工作的顺利进行。其中，内部支持系统包括学校的文化资源、课程资源、项目资源、组织体系和评价机制，外部支持系统包括志愿服务基地资源、家校合作资源以及媒体资源等。

学校通过建立志愿者服务的全新模式，激活志愿服务的德育功能，引导学生在志愿服务实践中"扣好人生第一粒扣子"。从"组织号召"到

"自主自愿"，志愿服务意识在学生心中生根发芽，志愿服务精神在岗位历练和服务他人的过程中孕育，学生参与志愿服务的热情和积极性不断提升，志愿服务制度化、规范化、专业化和常态化逐渐形成。

通过本书的编写，我们希望将学校的志愿服务工作进行梳理和总结，能够引领更多的人发扬志愿服务精神，培育社会责任，加入到志愿服务工作中来。让志愿服务成为一种学习生活方式，成为一种社会新风尚。

目 录 / CONTENTS

第一辑　志愿服务，十年探索 ……………………………………… 001

　做最美志愿者：一所学校"志愿服务+"行动的十年探索与

　实践 ……………………………………………………………… 003

第二辑　志愿服务之花处处开放 ……………………………………… 017

　第一节　"志愿服务+"特色品牌 …………………………………… 019

　　清华大学附属中学朝阳学校七大类志愿服务品牌 ……………… 019

　第二节　"志愿服务+"学段目标 …………………………………… 022

　第三节　"志愿服务+"课程 ………………………………………… 023

　　清华大学附属中学朝阳学校五大志愿服务课程 ………………… 023

　第四节　"志愿服务+"培训 ………………………………………… 025

　　清华大学附属中学朝阳学校志愿者培训方案 …………………… 025

　第五节　"志愿服务+"组织管理 …………………………………… 029

　　清华大学附属中学朝阳学校志愿服务制度 ……………………… 029

　　清华大学附属中学朝阳学校志愿服务机构 ……………………… 032

　　清华大学附属中学朝阳学校志愿服务标识、口号、誓词、歌曲 … 034

　　清华大学附属中学朝阳学校志愿北京平台数据 ………………… 036

第三辑　志愿服务道路上有我们 037

第一节　文件通知 039

国务院《志愿服务条例》 039

共青团中央　教育部关于印发《关于加强中学生志愿服务工作的实施意见》的通知 046

教育部《学生志愿服务管理暂行办法》 050

共青团中央关于印发《关于推动团员成为注册志愿者的意见》的通知 054

志愿服务基本概念、标志、宗旨、精神 058

第二节　媒体报道 061

一、清华大学附属中学朝阳学校志愿服务活动集锦 061

清华附中朝阳学校社团参加"美丽中国　青春行动——朝阳群众小河长生态文明嘉年华" 061

践行垃圾分类　共创文明新风　清华附中朝阳学校开展垃圾分类主题实践活动 063

清华附中朝阳学校团委书记王颖参与清华大学心理学系"抗击疫情，心理援助"公益项目 064

清华附中朝阳学校志愿者代表圆满完成2019年"朝阳群众小河长"志愿项目并荣获表彰 065

清华附中朝阳学校学生代表参加2019年北京市中小学生防灾科普训练营活动 067

清华附中朝阳学校参加"辉煌同行70载 共谱公交新华章"北京交通开放日活动 067

志愿服务新时代 青春共筑中国梦与全国劳模一起"学雷锋勤劳动"公交志愿服务体验 …… 068

低碳减排，绿色环保 清华附中朝阳学校持续开展智能饮料瓶回收机进校园系列活动 …… 069

北京市交通委"绿色出行 畅通北京"交通宣讲团走进清华附中朝阳学校 …… 070

清华附中朝阳学校开展"寒冬暖人心，好书伴成长"为新疆和田地区中小学生捐书志愿服务活动 …… 071

清华附中朝阳学校"一学一做"教育实践活动之高一1班团支部校园绿色环保行志愿服务 …… 072

以志愿服务致敬退休老教师 …… 073

二、清华大学附属中学朝阳学校重点、特色志愿服务 …… 074

"微公益·梦起航"支教助学项目 …… 074

乙肝知识宣传志愿服务项目 …… 087

"寒门英才培养计划" …… 092

三、清华大学附属中学朝阳学校优秀志愿者 …… 105

北京市五星志愿者事迹材料 …… 105

第三节 社会各方面评价反映 …… 117

第四节 师生感言 …… 120

一、爱的传递，美好时光篇 …… 120

2015年陕西子长支教学生日志 …… 120

2016年内蒙古阿尔山支教学生日志 …… 125

2017年河北滦平支教学生日志 …… 130

2018 年内蒙古化德支教学生日志 ……………………… 136
　　2019 年河北雄县支教学生日志 ………………………… 179
　　2020 年抗击疫情线上活动日志 ………………………… 260
　　2021 年北京昌平支教 …………………………………… 262
二、爱的传递，最美志愿者篇 ……………………………… 274
　　初二志愿者心得感悟 …………………………………… 274
　　初三志愿者心得感悟 …………………………………… 285
　　高一志愿者心得感悟 …………………………………… 297
　　高二志愿者心得感悟 …………………………………… 312
　　高三志愿者心得感悟 …………………………………… 319
　　教师志愿者心得感悟 …………………………………… 325

后　记 ………………………………………………………… 336

第一辑

志愿服务，十年探索

做最美志愿者：一所学校"志愿服务+"行动的十年探索与实践

秦洪明　张晓宁　何冲　王颖　陈欢　唐晖

在一所学校中，"志愿服务+"是学生们参与社会生活、增长社会见识、提高服务能力的重要方式；"志愿服务+"是学生对生命价值、社会、人类和人生观的一种积极态度；"志愿服务+"是学生从参与志愿活动到培养服务志趣进而发展到奉献社会的人生志向的转变过程；"志愿服务+"是清华大学附属中学朝阳学校历经十年的探索与实践，以志愿服务为载体，引导学生自觉选择、自主参加和创造性开展活动，塑造最美志愿者，绽放最美服务，为学生健康成长提供多种可能性的育人模式。

一、问题的提出

（一）背景与挑战

2008年，从汶川地震到奥运会，志愿服务从最初朴素的情感上升为责任意识并转变为一种共同的行动。此后中国掀起了志愿服务的热潮，促进了志愿文化的普及与传播。清华附中朝阳学校在建校之初就开始苦苦思考如何将"以育人为中心，以学生为主体，为了每一个学生个性自由而全面发展"的办学思想融入素质教育中，培养学生的社会责任感、创新精神和实践能力，而此时志愿文化为学校文化注入了新内涵。

坚持以人为本，全面实施素质教育是国家中长期教育改革发展的战略主题，核心是解决好培养什么人、怎样培养人的重大问题，重点是面向全体学生、促进学生全面发展，着力提高学生服务国家服务人民的社会责任感、勇于探索的创新精神、善于解决问题的实践能力。志愿服务成为我校落实立德树人、推进素质教育的有效载体。

（二）学生成长需求

目前我们面临的教育现状是大部分学生在成长过程中囿于学校和各种辅导班，在家庭中被溺爱和娇宠，缺少自我管理、责任担当和服务他人的意识。青少年时期是建立世界观、人生观、价值观的重要阶段。对于没有踏入社会的学生而言，志愿服务是为数不多跟社会交流的机会。志愿活动，是学校与社会联系的桥梁，是学生与社会公众交往的纽带；参加志愿活动，有利于将生活情境中发现的问题转化为活动主题，有利于学生学会思考问题、分析问题、应对问题和解决问题，有利于培养学生的宽容品格、担责意识和沟通能力。

（三）学校志愿服务工作面临的挑战与问题

1. 志愿服务环境和氛围不佳，学生"不敢"参加

长期以来，志愿服务在社会上存在公众认同感不足的问题。不少人认为，志愿服务的创意很好，但教育效果不甚理想。由于志愿组织不完善，志愿者的随意性较大，社会实践和外出服务有时会与学生时间分配发生冲突，特别是志愿服务需要走出校园，接触社会，家长担心孩子的安全问题。家长不希望学生走出校园，学生也因此"不敢"参与志愿服务。

2. 志愿服务动力不足，学生"不愿"参加

志愿服务通常由少先队、团委、学校德育处或班主任组织，缺乏完善的组织体系，使得社会实践活动的临时性和突击性较强，导致学生参与志愿服务的持续性偏低。此外，学生参与志愿服务缺少选择性，处于"被安排"状态，很少能够将自己的兴趣特长或者学到的知识和技能应用到志愿服务当中，造成志愿者的内驱力不足，弱化了志愿服务的成效。

3. 志愿服务内容缺少专业性，学生"不会"服务

志愿活动内容比较单一，往往局限于扶贫助困、宣传慰问、清洁卫生等单一类型的服务。尤其是缺乏符合学生认知水平和年龄特点的、能够发挥学生自身兴趣特长的有针对性的志愿服务的相关培训。因此，学生尽管在参与各种各样的志愿服务，但多数往往是盲目跟风、随波逐流，导致出现"运动式""应景式"和"表演式"的形式化教育倾向，整体服务水平不高。

二、过程与方法

学校自 2010 年以来，历时十年探索"志愿服务＋"工作，主要历经三个阶段：

第一阶段：2010—2013 年，建章立制，整体设计，推进志愿服务规范化。

第二阶段：2013—2016 年，培训设计，课程建构，推进志愿服务课程化。

第三阶段：2016—至今，岗位历练，角色体验，推进志愿服务常态化。

（一）建章立制，推进志愿服务规范化——解决"不敢"问题

不依规矩不成方圆，志愿者服务启动之初，我校积极进行顶层设计，系统规划，逐步推进志愿服务规范化。

1. 强化组织管理，成立专项工作小组

为了健全工作协调机制，我校成立了由学校党政领导担任学生志愿服务工作总负责人，学校团委（总支）书记担任校级志愿者组织负责人的志愿服务工作小组，学校的志愿服务活动由学校团组织统筹安排。

目前我校团委共成立 1 个学校系统服务总队，6 个年级系统服务分队，26 个志愿服务中队分队，31 个志愿服务团支部分队，1 个教师系统服务分队，覆盖整个学校。各分队设一名志愿服务委员（班级负责人），由各中

队的中队长、各大队的大队长、团支部的团支书、各校区团委副书记（学生）担任，在校团委的领导和中队辅导员、大队辅导员、班主任的指导下组织各分队志愿服务的开展。

2. 依托"志愿北京"，建立健全机制

依托"志愿北京"服务平台，我校发起赛会服务、应急支援、文化教育、关爱服务、社区服务、绿色环保等多项志愿服务项目，志愿服务参与者和辐射对象逐年增加。

（1）规范志愿者招募和注册。

志愿者的招募和注册，是组织引导学生参加志愿服务的重要环节。截至 2020 年 12 月，学校学生在"志愿北京"平台注册志愿者 3 586 人，覆盖率 100%。

（2）建立规范的志愿服务时间、认定制度，完善志愿服务记录档案。

志愿服务活动结束后，我们会借助"志愿北京"平台系统，对志愿者的服务进行及时、完整、准确记录，为表彰激励提供依据。2019 年我校共发起赛会服务、应急支援、文化教育、关爱服务、社区服务、绿色环保 6 大类 200 多个志愿服务项目，全校学生志愿者服务总时长为 2 305 小时。

（3）建立专项经费。

学校设立中学生志愿服务工作专项经费，用于志愿服务工作的培训、场地、物资、餐饮、交通等方面的费用支出，并纳入学校预算管理。

（4）建立应急安全预案。

为及时有效地预防和应对志愿服务过程中可能发生的突发性事件，切实保障学校志愿者在集体活动时的身心健康和生命安全，最大限度地减轻突发性事件造成的损失，学校在建立和完善"依法、科学、规范、长效"的安全防范体系的基础上，制定了《志愿服务活动安全应急预案》。

（二）建构课程，推进志愿服务课程化——解决"不会"问题

学校结合学生发展的年龄特点和个性特征，以促进学生核心素养培养为目标，对志愿服务内容进行课程化设计。

1. 开发志愿服务课程资源，明确"做什么"和"怎么做"

学校将大量碎片化的志愿服务和社会实践活动进行归类，开发提炼，形成了三方面内容：志愿服务知识学习、志愿服务能力提升、志愿服务精神培育。学生通过必修课程学习基本知识，打牢基础；根据自己兴趣，选择选修课程，深化拓展志愿服务实践。

类别	具体内容	学习方式
志愿服务知识	1. 志愿服务的历史、内涵 2. 参与志愿服务的要求与流程 3. 志愿服务的项目设计与组织	必修
志愿服务能力	通识培训类： 1. 突发事件的应急处理 2. 学会沟通与合作	必修
	1. 绿色环保类 （1）变废为宝 （2）垃圾分类 （3）水资源的合理开发与利用 2. 健康科普类 （1）绿色出行 （2）饮食与运动 （3）远离毒品，珍爱生命 （4）传染病阻断常识 3. 赛会参与类 （1）赛会礼仪 （2）赛会志愿者的选拔与面试	选修

续表

类别	具体内容	学习方式
志愿服务能力	4. 应急支援类 （1）火灾与地震避险 （2）心脏复苏 （3）消毒与包扎处理	选修
志愿服务精神	1. 事迹报告 （1）最美志愿者 （2）最美中学生 （3）优秀志愿服务团队与组织 2. 专题讲座 志愿服务精神的传承	选修

2. 依托"生涯规划"课程，将"生涯理念"植入志愿服务行动中

学校以价值引导为起始点，探析学生志愿服务的生涯发展教育功能，构建起以"学生发展为指导"的生涯课程体系。学校以"学生发展指导"为突破点，通过《学校生涯指导课程及工作机制建设项目》研究与实践，围绕育人目标进行志愿服务的顶层设计；提升全体教师生涯指导意识与能力，切实引导学生正确认识志愿服务与实现自我价值和社会价值的关系；基于学生发展需求，研发校本生涯课程建设方案，通过志愿服务带领学生体验不同的职业角色，获得不同的职业体验，树立积极的生涯信念，促进学生自主发展和培养学生的社会适应能力。

3. 依托"魔方课程体系"，深化志愿服务内容

学校采用"三层六面魔方"的灵活多变和自选组合之意构建了一个"魔方"课程体系（如图）。自下而上依次为基础类课程（面向全体学生）、拓展类课程（面向分层、有个性需求的学生）、研究类课程（面向有研究潜质的学生）三个层次。其中，拓展类课程中，人文实践课程、生活素养课程、审美与创造课程和领导与责任心课程都渗透了志愿服务相关内容。

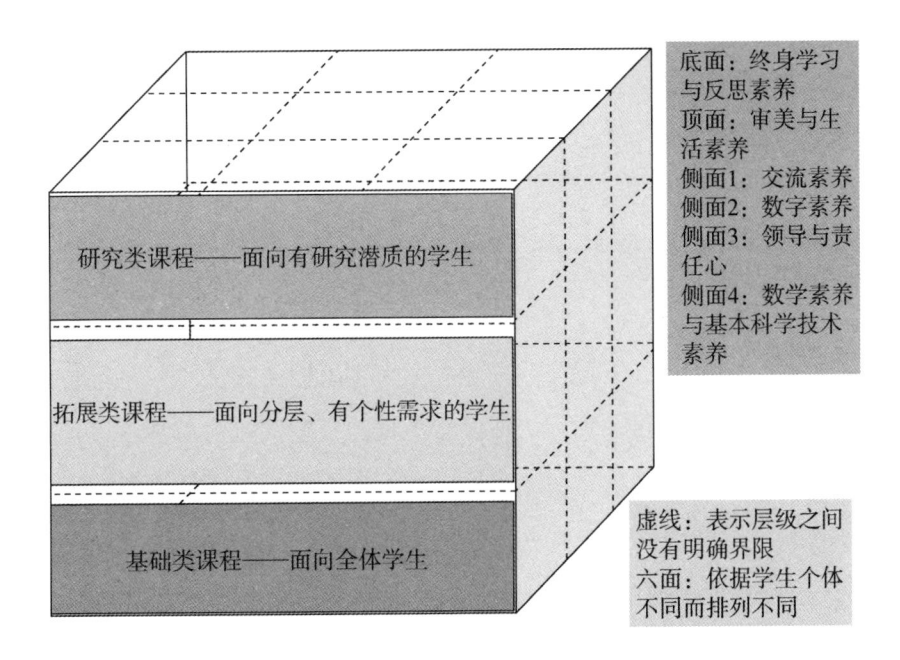

清华附中朝阳学校"魔方课程"结构示意图

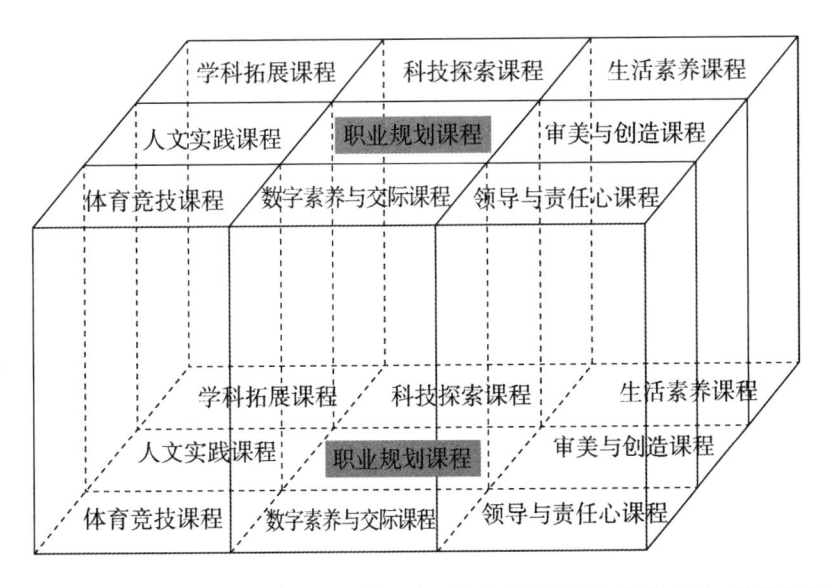

底面：终身学习与反思素养
顶面：审美与生活素养
侧面1：交流素养
侧面2：数字素养
侧面3：领导与责任心
侧面4：数学素养与基本科学技术素养

研究类课程——面向有研究潜质的学生
拓展类课程——面向分层、有个性需求的学生
基础类课程——面向全体学生

虚线：表示层级之间没有明确界限
六面：依据学生个体不同而排列不同

注：拓展类课程兼顾学科前沿和经典理论，注重理论深入与实践应用，为学生发展特长提供支持。分为：学科拓展课程、科技探索课程、生活素养课程、人文实践课程、审美与创造课程、体育竞技课程、领导与责任心课程、数字素养与交际课程、职业规划课程。

例如，人文实践课程让学生们在构思、组织志愿项目中充分发挥学生个体特长，逐步培养"文化认同"，塑造"公民人格"，培养公共参与的素养，不断增强责任意识；在生活素养课程中，学生们会以"歧视"为话题进行讨论，于是引发了关于病毒的 DNA 复制的探讨，进而产生了斯坦福亚裔肝脏中心"莘莘基金"资助我校志愿团队的"乙肝知识宣传普及"项目；审美与创造课程会以"废物利用下的作品审视"为题开展"废物变变变"作品评比活动，于是产生了智能饮料瓶回收机进校园"低碳减排，绿色环保"的志愿项目；领导与责任心课程旨在培养学生的领导才能，渗透团结与协作的理念以及培养开发与设计项目的能力，这些内容为学生们提升志愿服务品质奠定了基础。

（三）推进志愿服务常态化，解决"不愿"问题

1. 分层服务，分类定岗

"分层服务，分类定岗"是指学校依据学生年龄特点、心理特征和知识水平、活动能力，按学段进行统筹安排，将志愿服务岗位分为直接性服务、间接性服务和研究性服务等岗位。诸如"绿色环保""家校互动"以及垃圾分类、节约用餐和疫情防治等直接性志愿服务岗位，参与对象全覆盖，但以小学为主。有关"赛会参与""国学传承"以及文娱表演、演讲宣传、写作采访等间接性志愿服务岗位，同样是参与对象全覆盖，但以中学为主。凡是"健康科普""支教助学"以及调查、研究、评价、实验等研究性志愿服务岗位，参与对象为中学，但以高中为主。

2. 志趣选岗，招标选岗

"志趣选岗，招标选岗"是指学校充分尊重学生的个人意愿，采取招标的形式让学生选岗。"招标选岗"是我校实践创新的一种新型"志趣选岗"方式。对于一些比较特殊的岗位，我们采取招标的形式让学生根据兴趣特长、优势特点进行选岗。例如，解说服务类岗位会优先考虑演讲、朗诵等语言表达能力强的学生；慰问演出类岗位会挑选文艺特长突出的学生；支教助学类岗位会给予品学兼优的学生更多机会；等等。这些依据学

生兴趣特长设计的体验岗位会让学生真正做到"学有所长",利用自己独特的优势奉献自己的爱心,使其个体在岗位上都能出色地发挥自己的强项,激发其进行志愿服务的主动性。

3. 健全志愿服务激励机制

我校建立志愿者星级认定制度,明确志愿服务量化要求,规范评价制度和激励表彰制度,根据志愿者的服务时间和服务质量,对志愿者给予相应的星级认定。建立志愿者嘉奖制度,褒扬和嘉奖优秀学生志愿者,授予荣誉称号,同时将志愿服务纳入学生综合素质评价体系,并推荐校级优秀志愿者参加区级、市级、国家级及国际级评选。

三、成果主要内容及创新点

(一) 成果主要内容

学校依托志愿服务,以价值引导为起始点,以兴趣激发为切入点,以素质提升为着力点,以核心素养培养为落脚点,引导学生自觉选择、自主参加和创造性地开展活动,为学生健康成长提供多种可能性,探索出了"志愿服务+"的育人模式。

1. "志愿服务+"的育人模式

"志愿服务+"是以志愿服务活动为载体,结合学生的兴趣、知识与能力特点以及身心发展规律设计出志愿服务内容,引导学生获得必要的志愿服务相关知识,调动他们参与志愿服务的积极性,在活动中,促进学生提升服务能力、培养志愿精神、塑造公民素养,引导学生成为最美志愿者的育人模式。

这种育人模式具有很强的拓展性,在志愿服务岗位历练、志愿服务课程学习、志愿服务活动锻炼的过程中涵养学生品格,培养社会责任感。

这种育人模式具有很强的灵活性,在志愿服务内容与形式上给予学生很大的自主权与选择空间。

这种育人模式具有很强的创造性,在亲历探究、服务、体验等方式的跨学科实践中，学生学会面对问题、分析问题和解决问题。

这种育人模式具有很强的引导性，引导学生从参与志愿活动到培养服务志趣进而发展到树立奉献社会的人生志向。

2. "志愿服务+"的内容体系

学校以志愿服务需求为出发点，大力组织开展志愿服务活动，不断丰富志愿服务内容，建构了以七大类为主要内容的服务体系：绿色环保类、赛会参与类、社区活动类、支教助学类、国学传承类、健康科普类、应急支援类，推动志愿服务活动常态长效开展，为学校德育工作的内涵发展贡献重要力量。

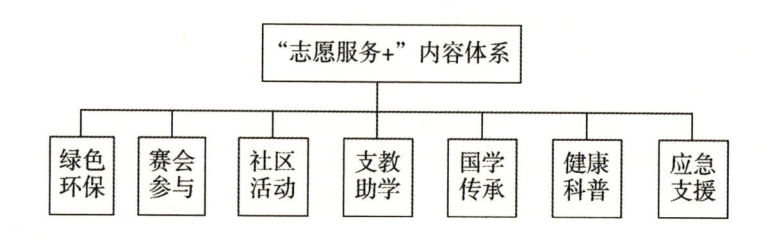

```
                "志愿服务+"内容体系
    ┌──────┬──────┬──────┬──────┬──────┬──────┐
  绿色    赛会    社区    支教    国学    健康    应急
  环保    参与    活动    助学    传承    科普    支援
```

3. "志愿服务+"的支持系统

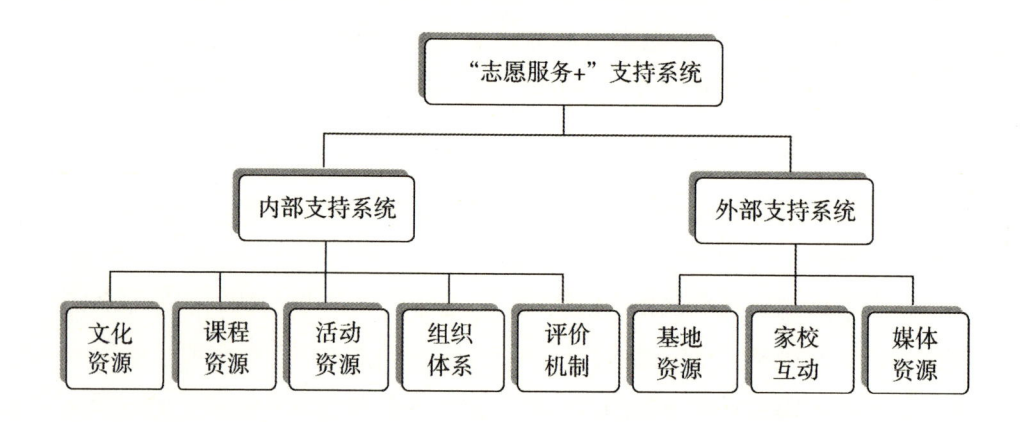

```
                    "志愿服务+"支持系统
            ┌───────────────┴───────────────┐
         内部支持系统                    外部支持系统
    ┌────┬────┬────┬────┐          ┌────┬────┬────┐
   文化  课程  活动  组织  评价      基地  家校  媒体
   资源  资源  资源  体系  机制      资源  互动  资源
```

（二）创新点

志愿服务+	
育人目标	落实立德树人的根本任务，培育学生核心素养，培养学生的社会责任感、创新精神与实践能力，塑造最美志愿者
具体内容	绿色环保类、赛会参与类、社区活动类、支教助学类、国学传承类、健康科普类、应急支援类
活动形式	课程学习+活动历练+项目体验
操作要领	分层服务，分类定岗； 志趣选岗，招标选岗；
评价机制	学生综合素质评价+奖励与激励（优秀志愿者评选，志愿者星级认定等）
资源体系	文化资源：校园文化+志愿文化 课程资源：志愿服务课程+生涯规划课程+魔方课程 活动资源：七大类活动
组织保障	1个学校系统服务总队；6个年级系统服务分队；26个志愿服务中队分队；31个志愿服务团支部分队；1个教师系统服务分队
……	

四、成效及反思

（一）学生素养发生显著变化

1. 志愿服务促进了学生品德发展

校团委通过对全校志愿服务社会实践的专题总结、研讨与反思发现，学生普遍更加热爱生活、尊重生命，具有安全意识与自我保护能力，养成了健康文明的行为习惯；同时，志愿服务也培育了学生文明礼貌、诚信友善、宽和待人、孝亲敬长、团队互助、绿色生活的意识。全校小学生"自我管理"的意识及能力普遍增强；初中生"实践创新"的积极性和能动性得到有效发挥；高中生的"责任担当"不断被强化，在选课、选考、选专业等生涯决策上表现非常突出。

2. 志愿服务让学生的关键能力得到了提高

志愿服务排除了学生的能力发展障碍，有效培养和提升了学生与人沟通、动手实践、总结反思和自我管控等关键能力。特别是在项目设计、团队协作、社会参与以及实践创新等方面，学生的能力得到了显著提高。

（二）学校志愿服务工作取得突破性进展

1. 全员参与志愿服务，覆盖面广，参与度高

从少先队员到党团员，从学生到教师，从学科教学到德育活动，志愿文化渗透到学校的方方面面。目前，学校志愿服务参与率已经实现100%；中小学生综合素质评价合格率已由2015年的95%提高到99.6%，截止到2019年，我校共发起赛会服务、应急支援、文化教育、关爱服务、社区服务、绿色环保6大类200多个志愿服务项目，全校学生志愿者服务总时长为2 305小时。

2. 实现了志愿服务规范化、课程化和常态化

通过历时十年的校本研究和摸索实践，学校建立起了"志愿服务，爱上服务；任务驱动，学会服务；及时反思，优化服务"的良性循环的长效机制。这较好地解决了师生和家长、社会在认识上的偏差。学校通过实行规范志愿服务制度、课程化志愿服务内容的措施，突破了志愿服务与学校教学、德育活动以及综合实践割裂与脱节的发展瓶颈，优化了志愿服务的实践路径、方法，促进了志愿服务的常态化发展和立德树人的大政方针在学校的落地生根。

3. 志愿服务充满生命力，呈现持续性与持久性

全校志愿服务者从无到有，从少到多，队伍不断壮大；从不情愿，到随大流，再到志愿参加，各方面的能力和素养显著变化与提升；从不自觉到自觉，再到自发，社会责任感逐步增强。在志愿服务的过程中，学生经历了"爱上服务、学会服务"的过程，其价值也随之入心入脑。"志愿服务+"的价值引领，充分显示了志愿服务的生命力以及对学生的感召力，推动学校志愿服务呈现持续性与持久性态势。

（三）提升了优质学校声誉和首都学生形象

经过近几年的志愿服务德育实践创新，学校各项工作发生深刻变化，有力地提升了学校的优质品牌声誉。近三年来，全国23个省市和116所学校派代表团到我校实地考察、现场观摩，听取有关德育实践创新，特别是志愿服务工作流程与特色亮点的经验介绍。北京市教委等领导对我校的"志愿服务"项目充分肯定，朝阳区政府王灏书记和区教委肖汶主任等领导到学校实地调研后也给予了高度赞赏。2015年我校在团中央全国学校团委书记培训班分享了志愿服务工作经验，2019年团中央学校部全国共青团研究中心领导到校调研共青团工作，对志愿服务工作给予高度肯定。

我校的志愿者联盟、紫荆花志愿服务队，先后获得"朝阳区优秀社团"和"十大精品社团"等荣誉称号，2015—2019年学校有15名学生荣获"朝阳区中学生社团领袖"称号。双语字幕乙肝公益微电影《鞋带儿》获亚洲乙肝研究机构好评，国学传承项目作品获全国优秀国学文艺作品奖。中央电视台、新华社、中国网等多家媒体对我校的相关志愿服务项目进行了采访报道。因学校志愿服务工作突出、德育工作成绩显著，学校团委被评为2019年"全国五四红旗团支部"，北京市仅有两所中学获此殊荣。

郭子童、张梓静、张艺凡3名学生被评为"北京五星志愿者"，20多名学生获得"复星保德信青少年社区志愿奖"（国际志愿服务奖项）等荣誉。赖思雨、张梓静、王润萱3名同学2016—2018年连续3年荣获"全国最美中学生"称号。志愿服务工作负责人、团委书记王颖2019年受邀参加国庆70周年观礼，青年师生代表参加国庆70周年群众游行。

（四）反思

1. 志愿服务的相关经验推广和研究亟待加强

当前，我国志愿服务的理论研究和实践探索都还十分薄弱和缺乏，中小学志愿服务还处于一种尚未充分发展的状态，缺乏机制化和长效化的工作促进与提升，需要进一步加大科研攻关的力度和实践创新的探索，需要不断总结和推广成功经验与研究成果。我们作为首都学校的一员，具有大量优质资源，理所当然也必须继续全力加强志愿服务的实践探究和成果培植工作。

2. 志愿服务需要不断与国际接轨，拓展服务性学习时空与价值

志愿服务的国际潮流十分猛烈，不仅研究的时间很长，而且成果价值也十分重大。我们需要不断与国际接轨，尤其是要深入研讨国际"服务性学习"的理论成果和实践经验，让我国的志愿服务具有坚实的理论支撑和深度的实践探索。

第二辑 志愿服务之花处处开放

第一节 "志愿服务+" 特色品牌

清华大学附属中学朝阳学校七大类志愿服务品牌

以志愿服务需求为出发点，大力组织开展志愿服务活动，不断丰富志愿服务内容，打造志愿服务七大类品牌：绿色环保类、赛会参与类、社区活动类、支教助学类、国学传承类、健康科普类、应急支援类，推动志愿服务活动常态长效开展，为学校德育工作的内涵发展贡献重要力量。

一、"绿色环保类"志愿服务

其旨在引导广大师生树立关心生态、关注环境、绿色发展的意识，是为共建美好家园而开展的各种环保公益类的志愿服务活动。例如，组织开展的光盘行动、废物利用、知识科普班会、捡拾垃圾、垃圾分类等活动，校内参与师生两千余人，覆盖家长及周边社区居民数万人。该品牌曾入选北京市中学生志愿服务项目支持计划、北京市小微志愿服务项目支持计划（十个重点支持项目中唯一由中学志愿服务组织开展的项目）、首届中国青年志愿服务项目大赛决赛。

二、"赛会参与类"志愿服务

其旨在引导广大师生，借助学校优势资源、利用校内外各种赛会开展

"精彩服务、精彩展示、扬今朝风采"的志愿服务活动。我校参与学校赛会志愿服务百余次、朝阳区赛会志愿服务三十多次、北京市赛会志愿服务十余次、全国赛会志愿服务十余次。通过参与各类赛会服务，我校不仅为师生提供了具有一定专业水平的志愿服务平台和机会，也极大地提升了我校志愿服务的技术含量。

三、"社区活动类"志愿服务

其旨在引导广大师生依托街道社区资源，与学校周边左家庄街道、香河园街道十余个社区联合开展"创文明、树新风，社区建设我们在行动"的常规志愿服务和各社区特色志愿服务。我校师生每年平均参加社区志愿服务近百次，极大拓展了志愿服务活动的内容。

四、"支教助学类"志愿服务

其旨在引导广大师生充分利用自身优势支教助学，"给别人一个梦想，给自己一份成长"。例如，我校联合中华英才培养专项基金，发起"微公益、梦起航"紫光助学项目支教助学活动（2015年延安子长中学，2016年内蒙古兴安盟，2017年河北滦平，2018年内蒙古阿尔山，2019河北雄县）。在这个活动中师生不仅承担了一份责任和义务，也得到了锻炼，此次活动被大家称为"心灵的旅程"。

五、"国学传承类"志愿服务

旨在引导广大师生凝聚多方力量传播和弘扬国学经典文化，进行校内外文化传播，是提升学校文化氛围的志愿服务活动。我校自2015年起将国学活动纳入志愿服务重点工作之一，并创新性推行国学类志愿服务。如：担任学校"国学大道"比赛活动志愿者；参加第五届北京孔庙国子监国学文化节；担任成人礼执事志愿者；等等。通过参加传统国学相关活动，担任活动的志愿者，师生承担起传播、弘扬中华优秀传统文化的历史使命，使之与现实文化相融相通，培育和践行社会主义核心价值观。

六、"健康科普类"志愿服务

其旨在引导广大师生了解健康的基本知识和技能，增强健康保护意识，提升健康水平。经过多年努力，我校从 2016 年起推陈出新，尝试开展健康知识普及类志愿服务，依托北京市禁毒委员会、北京市交通委、斯坦福亚裔肝脏中心等资源，开展禁毒知识普及、绿色出行倡议、乙肝知识宣传等活动，活动受到一致好评并收获多个奖项。

七、"应急支援类"志愿服务

其旨在引导广大师生在遇到突发性事件时，能够结合自身情况和特点，量力而行地参与到志愿服务活动中，为扶贫帮困贡献自己的一份力量。例如，2020 年初在新型冠状病毒疫情袭来之际，学校积极开展"应急支援"志愿服务，结合文字、图片、视频等形式，利用同学们熟悉、喜欢的软件，以"微团课"的形式介绍疫情相关的权威信息、防控措施，疏导恐慌，传播知识，遏制谣言。同时，紫荆花电视台小记者们积极参与"应急支援"志愿服务，充分利用宣传优势在校园网推荐宣传资料，将习近平总书记关于疫情防控的重要指示广泛而有效地传递给广大青年，帮助大家坚定信心、科学防治，鼓励同学们毫不放松、持续用力，把疫情防控做好做实。

第二节 "志愿服务+" 学段目标

教育部在《关于深入推进学生志愿服务活动的意见》（教思政〔2009〕9号）中要求："中小学要把志愿精神作为进一步加强和改进未成年人思想道德建设的重要内容。"

小学学段目标：

通过志愿服务活动，使小学生了解社会、认识社会，充分发挥志愿服务活动的育人功能。应形势的变化，与时俱进，积极探索学生志愿服务活动的新形式、新内容，建立健全志愿服务活动的长效机制，引导小学生根据自身条件，参加力所能及的志愿服务活动。

中学学段目标：

在中学开展志愿服务活动有利于践行社会主义核心价值观，有利于拓宽德育空间，有利于全方位地提升中学生的综合素质。通过志愿服务，引导中学生用具体的行动践行社会主义核心价值观，提升中学生的社会责任感。

志愿服务活动不仅为学生提供了道德实践的机会，使学生在实践中不断探索、体验、沉淀，提升学生的道德水平和能力，完成道德"思、行、意"的完美结合，而且拓宽了中学德育的空间，将政治教育、理想信念教育等有效地渗透到志愿服务全过程。学生在提供服务的过程中提升了学习能力、人际交往能力等，甚至提升了承受压力的能力。志愿服务能充分调动学生自我教育的积极性和创造性，能全方位地提升学生的综合素质。

第三节 "志愿服务+"课程

清华大学附属中学朝阳学校五大志愿服务课程

五大志愿服务课程主要是对课程内容进行设计,解决志愿服务做什么、怎么做的问题。我们将大量碎片化的志愿服务和社会实践活动进行归类,开发提炼,形成了以下课程系列:

一、"绿色环保类"课程

课程目标:引导广大师生树立关心生态、关注环境、绿色发展的意识。

课程内容系列:光盘行动、废物利用、垃圾分类、线上"云"种树等。

二、"国学传承类"课程

课程目标:引导广大师生凝聚多方力量传播和弘扬国学经典文化,进行校内外文化传播,提升学校文化氛围。

课程内容系列:国学大道、孔庙国子监国学文化、成人礼执事等。

三、"健康科普类"课程

课程目标：引导广大师生了解健康的基本知识和技能，增强健康保护意识，提升健康水平。

课程内容系列：健康科普、禁毒知识、绿色出行等。

四、"赛会参与类"课程

课程目标：引导广大师生借助学校优势资源，利用校内外各种赛会来开展志愿服务活动。

课程内容系列：精彩服务、精彩展示、扬今朝风采等。

五、"应急支援类"课程

课程目标：引导广大师生在遇到突发性事件时，能够结合自身情况和特点，量力而行地参与到志愿服务活动中，为扶贫帮困贡献自己的一份力量。

课程内容系列：猫狗咬伤紧急处理、扎伤划伤紧急处理、骨折的紧急处理、传染病阻断常识、新冠肺炎传播途径、心脏复苏等。

第四节 "志愿服务+"培训

清华大学附属中学朝阳学校志愿者培训方案

一、培训目的

为了提升我校师生志愿者队伍的思想素质,使其熟悉志愿者工作的知识,提高关爱社会、关爱他人的意识,我校特制订此培训方案。我校开展了志愿者培训活动,从人性化角度出发,提升志愿者自身素质及服务能力,让他们为大众提供更周到、更热情的服务,使志愿者认识到参与志愿者活动是光荣而伟大的。

作为一名志愿者要努力服务于志愿者事业,并做到以下几点:

(1)了解志愿者精神(奉献、友爱、互助、进步)、行动口号(爱心献社会,真情暖人心)、服务宗旨(立足校园,服务社会)。

(2)学习有关的政策、制度、知识和技能。

(3)了解志愿者的权利和义务,志愿者队伍建设和管理机构。

(4)懂得作为一名志愿者在学习、生活中应该如何去做,在学校、社会、家庭中如何发挥作用。

二、培训时间

每个月第一周的周二。

三、培训地点

学校会议室。

四、主讲人

王颖及相关领域专家、先进个人。

五、培训对象

志愿者服务队全体成员。

六、培训形式

集中学习，知识讲座，交流学习等。

七、培训要求

由学校工会负责整个培训过程的统筹安排。

培训期间，所有人不可以缺席，如有特殊情况，请及时请假。由工会负责每次活动考勤工作。

培训时每名志愿者要认真听讲、做笔记。

八、培训计划

每个月培训主题及做法：

1月：志愿者组织的含义

（1）下发学习材料。

（2）组织学习。

(3)分享学习心得和感悟。

2月：志愿者精神

(1)组织学习志愿者精神。

(2)分享学习感悟。

3月：学雷锋月活动工作安排

(1)学雷锋主题教育活动安排。

(2)分配具体任务，分组讨论。

4月：志愿者应具备的素质

(1)下发学习材料。

(2)开展相关课程。

(3)讨论、分享。

5月：乙肝志愿服务培训

(1)介绍乙肝项目背景。

(2)往期活动经验分享。

(3)档期活动安排说明。

(4)分配任务。

6月：志愿者的权利和义务

(1)下发学习材料。

(2)组织学习。

(3)分享学习心得和感悟。

7月：支教助学志愿服务培训

(1)介绍支教项目背景。

(2)往期活动经验分享。

(3)档期活动安排说明。

(4)分配具体任务。

8月：志愿者服务过程中要注意的事项

(1)对志愿者进行专业指导教育。

（2）下发相关材料进行学习。

9月：绿色出行志愿服务培训

（1）介绍绿色出行项目背景。

（2）往期绿色出行活动经验分享。

（3）档期绿色出行活动安排说明。

（4）分配具体任务。

10月：志愿者服务知识技能技巧、服务理念等

（1）对志愿者进行专业指导。

（2）分小组讨论。

11月：志愿北京平台使用培训

（1）专业指导培训。

（2）活动感受分享。

（3）活动总结。

12月：艺术展演志愿服务培训

（1）岗位指导培训。

（2）活动感受分享。

（3）活动总结。

第五节　"志愿服务+"组织管理

清华大学附属中学朝阳学校志愿服务制度

第一条　为了加强志愿者服务队的管理、规范和促进志愿者服务活动，增强志愿者服务队的纪律，实现志愿者服务工作的经常化，推动志愿服务工作的有效落实，特制定本制度。

第二条　志愿者应自觉遵守宪法、法律及各种规章制度，自觉维护志愿者服务队的形象。

第三条　组织制度

（一）各志愿者服务小队实行团支书负责制，各团小组长密切配合、分工协作。每个团小组设宣传员1名。

志愿服务队中队长职责：按照大队长的指示，对全队的日常事务做决定，对全队负责。

具体工作：（1）全面统筹安排好各项活动，带领小队组织开展每次活动；（2）做好联系单位的交流工作；（3）定期召开例会；（4）做好小队成员的思想工作，调动学生积极性；（5）做好工作报告总结，定期向领导小组报告；（6）做好志愿服务奖励的建议工作。

志愿服务队小队长职责：全面开展工作，负责小队日常事务。

具体工作：（1）做好日常事务工作；（2）积极与团小组长沟通交流，并及时反映信息；（3）负责并开展好各项活动，确保活动的意义性；（4）按活动方案、计划，按时开展活动，做好活动中的考勤、考核工作，活动结束后做好工作总结。

志愿服务队宣传员职责：负责每次活动的宣传工作。

具体工作：（1）做好宣传报道工作，及时向团支部提供活动信息；（2）参加每次活动，组织素材，随时做好宣传；（3）做好活动的摄像、拍照、录音工作；（4）每次活动后及时整理形成工作总结。

（二）开展志愿服务活动时，必须统一穿校服，团员佩戴团徽。

（三）每次志愿服务活动结束后，宣传员在3日内形成活动工作总结，并报团支书，由团支书呈报校团委。

第四条　例会制度

（一）每月召开一次团小组长会议，必要时可临时召开。

（二）会议由团支书主持，传达团委活动方案，讨论、安排志愿者服务队的工作。

（三）严格遵守会议纪律，维持会场秩序，积极发言，认真做好会议记录。

（四）会议遵循民主集中制原则，表决时少数服从多数，个人服从组织。

第五条　学习制度

（一）团支部原则上每学期组织开展集中学习一次，可利用主题团日和主题班会。

（二）学习由团支书组织，学习志愿者的相关知识、其他支部志愿者活动开展经验以及提高志愿者综合素质的相关知识。

（三）各班及时总结上交和展示志愿服务学习记录和心得体会。

（四）团支书利用工作群加强志愿者学习交流，从而达到共同进步、共同提高的目的。

第六条　考勤制度

（一）参加志愿活动以及例会、学习时，原则上不允许请假。如果必须请假，须履行书面请假手续，并及时了解学习内容、会议要求或活动情况。

（二）有事请假者，必须持有假条，由团支书签字认可。

（三）参加活动考勤由团支书记录存档，并作为必修学分的考核项目。

第七条　活动制度

（一）全体志愿者，应有组织、有纪律地开展活动，践行"关爱他人、关爱社会、关爱自然"的活动宗旨。

（二）全体志愿者应服从团支书的统一调遣，自觉服从指示，确保志愿活动准时、高效、有序地完成。

（三）各位志愿者也可结合自身条件，发挥个人专长，积极主动地走向社会，组织一些有保障性、有意义的活动。

第八条　志愿服务组织开展志愿服务活动，可以使用志愿服务标志。

第九条　志愿服务组织安排志愿者参与志愿服务活动，应当如实记录志愿者个人基本信息、志愿服务情况、培训情况、表彰奖励情况、评价情况等信息，按照统一的信息数据标准录入学校指定的志愿服务信息系统，实现数据互联互通。

第十条　志愿者需要志愿服务记录证明的，志愿服务组织应当依据志愿服务记录无偿、如实出具。

第十一条　学校鼓励学生等成立志愿服务队伍开展专业志愿服务活动，鼓励和支持具备专业知识、技能的志愿者提供专业志愿服务，招募志愿者提供志愿服务。

第十二条　发生重大自然灾害、事故灾难和公共卫生事件等突发事件，需要迅速开展救助的，学校建立协调机制，提供需求信息，引导志愿服务组织和志愿者及时有序开展志愿服务活动。

第十三条　志愿服务组织、志愿者开展应对突发事件的志愿服务活动，应当接受学校的统一指挥、协调。

第十四条　任何组织和个人不得强行指派志愿者、志愿服务组织提供服务，不得以志愿服务名义进行营利性活动。

第十五条　志愿服务组织、志愿服务对象应当尊重志愿者的人格尊严，未经志愿者本人同意，不得公开或者泄露其有关信息。

第十六条　奖惩制度

（一）必须按时参加学校组织提供的培训及各项服务工作，无故迟到2次或1次不到者，取消"优秀志愿者"评选资格；无故迟到3次或2次不到者，学校将不给予志愿服务活动记录和学分。

（二）奖励：1. 每次活动没有缺勤现象，工作认真积极表现者，评优时优先考虑；2. 对在活动中表现突出的学生，由团支书填写优秀志愿者申报表，审核通过后对其给予表扬和奖励。

清华大学附属中学朝阳学校志愿服务机构

为了健全工作协调机制，我校成立了由学校党政领导担任学生志愿服务工作总负责人，学校团委书记担任校级志愿者组织负责人的志愿服务工作小组，学校的志愿服务活动由学校团组织负责统筹。

一、成立专项志愿服务工作小组

总负责人：

秦洪明（清华附中朝阳学校执行校长、清华附中望京学校法人校长）

纪建波（清华附中朝阳学校党总支书记兼德育校长）

张晓宁（清华附中望京学校党支部书记兼清华附中朝阳学校高中部主管校长）

负责人：王颖（团委书记）

成员：各校区德育主任、年级组长（含大队辅导员）、班主任（含中队辅导员）、德育处辅导员

志愿服务委员（班级负责人）：各中队的中队长、团支部的团支书

我校对于志愿服务对学生的教育意义和效果高度认可，对于志愿服务工作高度重视，领导小组讨论通过设立中学生志愿服务工作专项经费，用于志愿服务工作的培训、场地、物资、餐饮、交通等费用支出，并纳入学校预算管理。

二、通过志愿者协会和社团组织志愿活动

我校成立由团委领导的志愿者协会，秉承"奉献、友爱、互助、进步"的宗旨，组织校内各志愿者参加校内外的志愿活动。协会由秘书部、宣传部、组织部、外联部等部门组成。同时学校以志愿者协会成员为主体成立志愿者联盟、紫荆花志愿服务社两个社团，这两个社团都受到校内外师生和领导的一致好评。其中紫荆花志愿服务社在学校建立的清华附中朝阳学校紫荆花志愿服务岗，荣获"首都学雷锋志愿服务岗、首都学雷锋志愿服务示范站"称号。

为确保学生志愿服务活动各项工作落到实处，各校区在志愿者协会组织部组织下定期召开专题会议，在各中队、各团支部成立领导机构，制订活动方案，并落实专人负责有关工作。

三、依托志愿北京平台，规范深入推进志愿服务

目前，我校团委共成立1个学校系统服务总队，6个年级系统服务分队，26个志愿服务中队分队，31个志愿服务团支部分队，1个教师系统服务分队，覆盖整个学校。各分队设一名志愿服务委员（班级负责人），由各中队的中队长、各大队的大队长、团支部的团支书、各校区团委副书记（学生）担任，在校团委的领导和中队辅导员、大队辅导员、班主任的指导下组织各分队志愿服务的开展。

清华大学附属中学朝阳学校志愿服务标识、口号、誓词、歌曲

一、清华附中朝阳学校志愿服务标识

二、清华附中朝阳学校志愿服务口号

服务社会，帮助他人，无私奉献，厚德自强。

三、清华附中朝阳学校青年志愿者誓词

我是清华附中朝阳学校志愿者，为使我们的国家和城市更美好、人民更幸福、环境更安全，我承诺，竭尽所能，参加公益活动，帮助困难人群，践行志愿精神，传播先进文化，为构建和谐社会贡献力量。

四、清华附中朝阳学校青年志愿者歌曲

《有一个梦　由我启动》

有一个梦　由我启动

海阔天空　我是阵风

把志愿者的旗帜飞扬到南北西东

自告奋勇　不约而同

忘了自己　宽了心胸

有一个梦　由我启动

海阔天空　我是阵风

共同为人性的光辉感动

自告奋勇　不约而同

忘了自己　宽了心胸

有一个梦　由我启动

海阔天空　我是阵风

等待着你发自内心笑容

萍水相逢　都不平庸

所有光荣　刻在心中

有一个梦　等我启动

把汗水融化成满脸笑容

自强不息　厚德载物

让我们共同努力

用辛勤的汗水

创造世界和平

清华大学附属中学朝阳学校志愿北京平台数据

(截至 2020 年 9 月)

一、成员数量

3 649 人(师生)

二、下级团体

125 个(学校年级、年级组、班级、学生团体等)

三、志愿服务时间

65 586 小时

四、校级项目数量

106 个(学校发起)

五、下级团体项目数量

2 103 个(学校年级、年级组、班级、学生团体等)

第三辑 志愿服务道路上有我们

第一节　文件通知

国务院 《志愿服务条例》

《志愿服务条例》是为了保障志愿者、志愿服务组织、志愿服务对象的合法权益，鼓励和规范志愿服务，发展志愿服务事业，培育和践行社会主义核心价值观，促进社会文明进步而制定。2017年6月7日，《志愿服务条例》经国务院第175次常务会议通过，由国务院于2017年8月22日发布，自2017年12月1日起施行。

第一章　总则

第一条　为了保障志愿者、志愿服务组织、志愿服务对象的合法权益，鼓励和规范志愿服务，发展志愿服务事业，培育和践行社会主义核心价值观，促进社会文明进步，制定本条例。

第二条　本条例适用于在中华人民共和国境内开展的志愿服务以及与志愿服务有关的活动。

本条例所称志愿服务，是指志愿者、志愿服务组织和其他组织自愿、无偿向社会或者他人提供的公益服务。

第三条　开展志愿服务，应当遵循自愿、无偿、平等、诚信、合法的原则，不得违背社会公德、损害社会公共利益和他人合法权益，不得危害国家安全。

第四条　县级以上人民政府应当将志愿服务事业纳入国民经济和社会发展规划，合理安排志愿服务所需资金，促进广覆盖、多层次、宽领域开展志愿服务。

第五条　国家和地方精神文明建设指导机构建立志愿服务工作协调机制，加强对志愿服务工作的统筹规划、协调指导、督促检查和经验推广。

国务院民政部门负责全国志愿服务行政管理工作；县级以上地方人民政府民政部门负责本行政区域内志愿服务行政管理工作。

县级以上人民政府有关部门按照各自职责，负责与志愿服务有关的工作。

工会、共产主义青年团、妇女联合会等有关人民团体和群众团体应当在各自的工作范围内做好相应的志愿服务工作。

第二章　志愿者和志愿服务组织

第六条　本条例所称志愿者，是指以自己的时间、知识、技能、体力等从事志愿服务的自然人。

本条例所称志愿服务组织，是指依法成立，以开展志愿服务为宗旨的非营利性组织。

第七条　志愿者可以将其身份信息、服务技能、服务时间、联系方式等个人基本信息，通过国务院民政部门指定的志愿服务信息系统自行注册，也可以通过志愿服务组织进行注册。

志愿者提供的个人基本信息应当真实、准确、完整。

第八条　志愿服务组织可以采取社会团体、社会服务机构、基金会等组织形式。志愿服务组织的登记管理按照有关法律、行政法规的规定执行。

第九条　志愿服务组织可以依法成立行业组织，反映行业诉求，推动行业交流，促进志愿服务事业发展。

第十条　在志愿服务组织中，根据中国共产党章程的规定，设立中国共产党的组织，开展党的活动。志愿服务组织应当为党组织的活动提供必要条件。

第三章　志愿服务活动

第十一条　志愿者可以参与志愿服务组织开展的志愿服务活动，也可以自行依法开展志愿服务活动。

第十二条　志愿服务组织可以招募志愿者开展志愿服务活动；招募时，应当说明与志愿服务有关的真实、准确、完整的信息以及在志愿服务过程中可能发生的风险。

第十三条　需要志愿服务的组织或者个人可以向志愿服务组织提出申请，并提供与志愿服务有关的真实、准确、完整的信息，说明在志愿服务过程中可能发生的风险。志愿服务组织应当对有关信息进行核实，并及时予以答复。

第十四条　志愿者、志愿服务组织、志愿服务对象可以根据需要签订协议，明确当事人的权利和义务，约定志愿服务的内容、方式、时间、地点、工作条件和安全保障措施等。

第十五条　志愿服务组织安排志愿者参与志愿服务活动，应当与志愿者的年龄、知识、技能和身体状况相适应，不得要求志愿者提供超出其能力的志愿服务。

第十六条　志愿服务组织安排志愿者参与的志愿服务活动需要专门知识、技能的，应当对志愿者开展相关培训。

开展专业志愿服务活动，应当执行国家或者行业组织制定的标准和规程。法律、行政法规对开展志愿服务活动有职业资格要求的，志愿者应当依法取得相应的资格。

第十七条　志愿服务组织应当为志愿者参与志愿服务活动提供必要条

件，解决志愿者在志愿服务过程中遇到的困难，维护志愿者的合法权益。

志愿服务组织安排志愿者参与可能发生人身危险的志愿服务活动前，应当为志愿者购买相应的人身意外伤害保险。

第十八条　志愿服务组织开展志愿服务活动，可以使用志愿服务标志。

第十九条　志愿服务组织安排志愿者参与志愿服务活动，应当如实记录志愿者个人基本信息、志愿服务情况、培训情况、表彰奖励情况、评价情况等信息，按照统一的信息数据标准录入国务院民政部门指定的志愿服务信息系统，实现数据互联互通。

志愿者需要志愿服务记录证明的，志愿服务组织应当依据志愿服务记录无偿、如实出具。

记录志愿服务信息和出具志愿服务记录证明的办法，由国务院民政部门会同有关单位制定。

第二十条　志愿服务组织、志愿服务对象应当尊重志愿者的人格尊严；未经志愿者本人同意，不得公开或者泄露其有关信息。

第二十一条　志愿服务组织、志愿者应当尊重志愿服务对象人格尊严，不得侵害志愿服务对象个人隐私，不得向志愿服务对象收取或者变相收取报酬。

第二十二条　志愿者接受志愿服务组织安排参与志愿服务活动的，应当服从管理，接受必要的培训。

志愿者应当按照约定提供志愿服务。志愿者因故不能按照约定提供志愿服务的，应当及时告知志愿服务组织或者志愿服务对象。

第二十三条　国家鼓励和支持国家机关、企业事业单位、人民团体、社会组织等成立志愿服务队伍开展专业志愿服务活动，鼓励和支持具备专业知识、技能的志愿者提供专业志愿服务。

国家鼓励和支持公共服务机构招募志愿者提供志愿服务。

第二十四条　发生重大自然灾害、事故灾难和公共卫生事件等突发事件，需要迅速开展救助的，有关人民政府应当建立协调机制，提供需求信息，引导志愿服务组织和志愿者及时有序开展志愿服务活动。

志愿服务组织、志愿者开展应对突发事件的志愿服务活动，应当接受有关人民政府设立的应急指挥机构的统一指挥、协调。

第二十五条　任何组织和个人不得强行指派志愿者、志愿服务组织提供服务，不得以志愿服务名义进行营利性活动。

第二十六条　任何组织和个人发现志愿服务组织有违法行为，可以向民政部门、其他有关部门或者志愿服务行业组织投诉、举报。民政部门、其他有关部门或者志愿服务行业组织接到投诉、举报，应当及时调查处理；对无权处理的，应当告知投诉人、举报人向有权处理的部门或者行业组织投诉、举报。

第四章　促进措施

第二十七条　县级以上人民政府应当根据经济社会发展情况，制定促进志愿服务事业发展的政策和措施。

县级以上人民政府及其有关部门应当在各自职责范围内，为志愿服务提供指导和帮助。

第二十八条　国家鼓励企业事业单位、基层群众性自治组织和其他组织为开展志愿服务提供场所和其他便利条件。

第二十九条　学校、家庭和社会应当培养青少年的志愿服务意识和能力。

高等学校、中等职业学校可以将学生参与志愿服务活动纳入实践学分管理。

第三十条　各级人民政府及其有关部门可以依法通过购买服务等方式，支持志愿服务运营管理，并依照国家有关规定向社会公开购买服务的项目目录、服务标准、资金预算等相关情况。

第三十一条　自然人、法人和其他组织捐赠财产用于志愿服务的，依法享受税收优惠。

第三十二条　对在志愿服务事业发展中做出突出贡献的志愿者、志愿服务组织，由县级以上人民政府或者有关部门按照法律、法规和国家有关规定予以表彰、奖励。

国家鼓励企业和其他组织在同等条件下优先招用有良好志愿服务记录的志愿者。公务员考录、事业单位招聘可以将志愿服务情况纳入考察内容。

第三十三条　县级以上地方人民政府可以根据实际情况采取措施，鼓励公共服务机构等对有良好志愿服务记录的志愿者给予优待。

第三十四条　县级以上人民政府应当建立健全志愿服务统计和发布制度。

第三十五条　广播、电视、报刊、网络等媒体应当积极开展志愿服务宣传活动，传播志愿服务文化，弘扬志愿服务精神。

第五章　法律责任

第三十六条　志愿服务组织泄露志愿者有关信息、侵害志愿服务对象个人隐私的，由民政部门予以警告，责令限期改正；逾期不改正的，责令限期停止活动并进行整改；情节严重的，吊销登记证书并予以公告。

第三十七条　志愿服务组织、志愿者向志愿服务对象收取或者变相收取报酬的，由民政部门予以警告，责令退还收取的报酬；情节严重的，对有关组织或者个人并处所收取报酬一倍以上五倍以下的罚款。

第三十八条　志愿服务组织不依法记录志愿服务信息或者出具志愿服务记录证明的，由民政部门予以警告，责令限期改正；逾期不改正的，责令限期停止活动，并可以向社会和有关单位通报。

第三十九条　对以志愿服务名义进行营利性活动的组织和个人，由民政、工商等部门依法查处。

第四十条　县级以上人民政府民政部门和其他有关部门及其工作人员

有下列情形之一的，由上级机关或者监察机关责令改正；依法应当给予处分的，由任免机关或者监察机关对直接负责的主管人员和其他直接责任人员给予处分：

（一）强行指派志愿者、志愿服务组织提供服务；

（二）未依法履行监督管理职责；

（三）其他滥用职权、玩忽职守、徇私舞弊的行为。

第六章　附则

第四十一条　基层群众性自治组织、公益活动举办单位和公共服务机构开展公益活动，需要志愿者提供志愿服务的，可以与志愿服务组织合作，由志愿服务组织招募志愿者，也可以自行招募志愿者。自行招募志愿者提供志愿服务的，参照本条例关于志愿服务组织开展志愿服务活动的规定执行。

第四十二条　志愿服务组织以外的其他组织可以开展力所能及的志愿服务活动。

城乡社区、单位内部经基层群众性自治组织或者本单位同意成立的团体，可以在本社区、本单位内部开展志愿服务活动。

第四十三条　境外志愿服务组织和志愿者在境内开展志愿服务，应当遵守本条例和中华人民共和国有关法律、行政法规以及国家有关规定。

组织境内志愿者到境外开展志愿服务，在境内的有关事宜，适用本条例和中华人民共和国有关法律、行政法规以及国家有关规定；在境外开展志愿服务，应当遵守所在国家或者地区的法律。

第四十四条　本条例自 2017 年 12 月 1 日起施行。

共青团中央 教育部关于印发
《关于加强中学生志愿服务工作的实施意见》的通知

中学生志愿服务工作是加强思想引领和价值引领，培育践行社会主义核心价值观，传播青春正能量的有效途径；是贯彻党的教育方针，坚持实践育人，全面实施素质教育，促进学生健康成长的重要抓手；是开展团员意识教育，提升团员先进性，夯实基层组织，凝聚广大团员学生力量的时尚载体。为大力加强中学生志愿服务工作，特制定本实施意见。

一、主要目标和基本原则

1. 中学生志愿服务的主要目标是立德树人，增强学生社会责任感和社会实践能力，服务教育工作大局，促进学生健康成长；弘扬"奉献、友爱、互助、进步"的志愿精神，培育和践行社会主义核心价值观；推动中学生团员并鼓励普通学生成为注册志愿者，加强团员意识教育，发挥团员先锋模范作用；夯实中学共青团职能，加强中学团组织建设。

2. 中学生志愿服务工作要遵循自愿、公益、安全的原则。学生参与志愿服务，应秉持自主意愿，并具有相应的民事行为能力。未成年学生可以参加与其年龄、智力相适应的志愿服务活动；其他活动根据实际情况应当由其监护人陪同或者经监护人同意，鼓励监护人成为志愿者与学生一同参与。学校组织志愿服务活动，要切实做好风险防控，加强学生安全教育、管理和保护；学生自行组织开展志愿服务，学校应要求学生做好风险防控。

二、工作机制和活动方式

3. 建立健全"教育部门协调指导、共青团组织归口负责、综合素质评价驱动、团员学生自愿参与"的中学生志愿服务工作机制。地方和学校应设立中学生志愿服务工作专项经费，纳入学校预算管理。

4. 中学生志愿服务领域主要包括：扶贫济困、助老助残、社区服务、生态环保、网络文明、文化建设等。服务内容主要包括：普及文明风尚志愿服务、结对帮扶和送温暖献爱心志愿服务、应急救援知识普及志愿服务、面向特殊群体的志愿服务以及网络志愿服务等。中学生志愿服务以学校组织开展为主，鼓励学生自行开展。引导学生从身边做起、从小事做起，将志愿服务融入日常生活。

三、组织实施和项目管理

5. 中学生志愿服务组织实施遵循"县级统筹、学校负责，就近就便、注重实效，激励为主、量力而行"的原则，推行项目管理，逐步实现信息化管理。学校团组织积极组织志愿服务活动，班级团支部要组织动员本班同学主动参与志愿服务，做好记录。志愿服务项目实施遵循以下流程。

论证立项。每项学生志愿服务活动应明确项目负责人，可以是老师、监护人、学生或社会机构。项目负责人向学校团组织提交志愿服务项目计划等材料，包括服务时间、服务内容、需求人数、技能要求、保障条件等内容。学校应结合实际，制定学生志愿服务工作计划，纳入学校相关工作安排。学校团组织进行风险评估，对项目进行审批，协助项目负责人发布信息。有需要、有条件的学校可以协助提供物质保障、购买相关保险和其他必要支持。

招募培训。需要公开招募的志愿服务活动，项目负责人按照公开招募、自愿报名、择优录取、定岗服务的方式开展招募工作。学生志愿者上岗前要做好安全培训和相关指导。

开展服务。开展志愿服务活动，项目负责人要全程参与了解，密切支持配合，及时记录学生表现并向学校反馈。学生参加学校组织的志愿服务，学校、学生志愿者、服务对象应签订服务协议书，明确服务内容、时间和有关权利、义务。

认定记录。学校团组织负责做好学生志愿服务认定记录，建立学生志愿服务记录档案。要明确记录办法，完善记录程序，严格过程监督，确保记录清晰、准确无误。由项目负责人、服务对象提供服务时间、服务内容等证明，学校团组织经过审核予以认定记录。学生志愿服务记录档案应记载学生志愿者的个人基本信息、志愿服务信息、培训信息、表彰奖励信息等内容。

评估反馈。各级团组织、志愿者组织应完善志愿者评价机制和激励表彰制度等，依据学生参与志愿服务认定记录的服务时间、服务成效进行必要的激励表彰。

四、综合评价和注册管理

6. 学校要制定科学规范的评价制度，以日常服务记录、组织评价、服务对象评价为主要依据，对中学生志愿服务工作进行综合评价。学生参与志愿服务情况应纳入综合素质评价，学生志愿服务记录应如实完整归入学生综合素质档案。可将学生完成志愿服务活动情况纳入综合实践课程学分管理。将志愿服务经历作为开展团内评选表彰的重要条件。各地教育部门要指导学校制定办法，合理认定志愿服务指导教师的工作量。

7. 依据团中央《关于推动团员成为注册志愿者的意见》，组织学生依托"志愿中国"网站（www.zyz.org.cn），或与"志愿中国"网站互联互通的地方团属志愿服务信息平台申请成为注册志愿者，网络注册为主，线下注册为辅。抓住集中入团和重要时间节点，广泛发动、集中开展注册工作。入团前，将是否参加过一定时间的志愿服务活动作为考察内容；入团时，同步推动新团员同时成为注册志愿者。在开展"推优入党"工作时，将是否在注册志愿者中发挥骨干作用作为考察内容。将团员成为注册志愿者情况纳入基层团组织基础团务工作内容，列入团务工作统计和相关考核。加强注册志愿者管理工作，探索和完善注册志愿者服务时间储蓄制度。对拒不履行义务的，可取消其注册志愿者身份。

五、强化服务和加强领导

8. 拓展服务项目。在校内设立志愿服务岗，拓展校级、班级志愿服务项目。发挥区域化团建优势，完善供需对接机制，为中学生走进社区、走进企业、走进社会开展志愿服务提供项目支持。充分发挥社会组织作用，探索与公益社会组织合作开发适合中学生的志愿服务项目和岗位。有条件的地方可整合当地资源，设立校外志愿服务基地。通过多种方式广泛拓展项目资源，积极鼓励学生监护人提供志愿服务项目，参与志愿服务活动组织等。

9. 加强教育培训。鼓励将志愿服务内容纳入地方课程或校本课程。吸纳服务对象意见，编写修订中学生志愿服务培训教材。广泛利用团队日、班会及课余时间开展志愿理念、志愿精神、志愿服务基本要求与知识技能、志愿者权利和义务、志愿服务安全知识等通用培训，在少年团校和业余党校中设置专门学时开展应急救援、心理辅导知识等专业培训，根据志愿服务实际需要开展有针对性的专项培训。

10. 健全工作机构。省、市两级团委和教育部门明确责任部门、县级团委和教育部门明确责任人员，专门负责中学生志愿服务工作；各中学普遍成立校级志愿者组织，学校团组织统筹本校学生志愿者具体工作；学校党政领导担任学生志愿服务工作总负责人，学校团组织书记担任校级志愿者组织负责人；班级团支部设志愿服务委员（可单独设立或由组织委员兼任），人数较多的团支部可成立志愿服务队。

11. 落实职责分工。各地方教育部门制定中学生志愿服务工作综合考评办法，每年定期组织检查考核，纳入未成年人思想道德建设工作评估体系。各省级团委要做好本省的统筹规划和协调指导工作，地市、县两级团委负责本区域内的领导、统筹、协调、考核等工作，做好内容设计和项目供给。县级团委要充分发挥区域统筹协调作用，挖掘辖区资源，组织机关企事业单位、社会组织等与学校做好对接。学校团组织依据《中国注册志愿者管理办法》，负责注册、组织、实施、记录、考核、保障、评估等工作，建立健全结对、共建服务机制，保持与服务对象的长期联系。班级团支部负责组织班级团员成为注册志愿者和开展志愿活动等工作。

各地各校团组织、教育部门要结合自身实际制定具体工作办法，确保将实施意见落到实处。

(2016年6月7日印发)

教育部《学生志愿服务管理暂行办法》

第一章 总则

第一条 为规范学生志愿服务工作，加强学生志愿服务管理，进一步推进立德树人，提高学生社会实践能力，增强学生社会责任感，特制定本办法。

第二条 本办法适用于各级各类学校学生志愿服务工作。

第三条 学生志愿服务，是指学生不以获得报酬为目的，自愿奉献时间和智力、体力、技能等，帮助他人、服务社会的公益行为。十周岁以上的未成年学生，经其监护人同意，可以申请成为学生志愿者。未成年学生参与志愿服务，根据实际情况应当在其监护人陪同下或者经监护人同意参与志愿服务。

第四条 学生志愿服务要遵循自愿、公益原则。学生志愿服务内容主要包括：普及文明风尚志愿服务、送温暖献爱心志愿服务、公共秩序和赛会保障志愿服务、应急救援志愿服务以及面向特殊群体的志愿服务等。学生志愿者在志愿服务过程中要弘扬"奉献、友爱、互助、进步"的志愿精神。

第二章　工作机构

第五条　县级以上教育部门协调本级共青团组织明确专门机构，负责本行政区域内学生志愿服务的领导、统筹、协调、考核工作。

第六条　学校有关部门负责指导、协调本校团组织、少先队组织抓好学生志愿服务的具体组织、实施、考核评估等工作。

第三章　组织实施

第七条　学生志愿服务组织方式包括学校组织开展、学生自行开展两类。中小学生以学校组织开展为主，高校学生可由学校组织开展，鼓励学生自行开展。未成年学生自行开展志愿服务，遵照第一章第三条规定实施。

第八条　学校组织学生参加志愿服务，应充分尊重学生的自主意愿，按照公开招募、自愿报名（未成年人需经监护人书面同意）、择优录取、定岗服务的方式展开，切实做好相关指导、培训和风险防控工作。学校应结合实际，制订学生志愿服务计划，有计划、有步骤地组织学生参加志愿服务。

第九条　高校应给予自行开展志愿服务的学生全面支持，扶持志愿服务类学生社团建设，并将志愿服务纳入实践学分管理。

第十条　学生志愿服务程序

（一）学生志愿服务负责人向学校工作机构提交志愿服务计划等材料；

（二）学校工作机构进行登记备案，包括进行风险评估、提供物质保障、技能培训等；

（三）学生开展志愿服务活动；

（四）学校工作机构按照规定程序对学生志愿服务进行认定记录。

有条件的学校应实行学生志愿服务网上登记备案、认定记录。

第十一条　学校应安排团委、少先队辅导员等教职员工担任志愿服务负责人，具体负责学生志愿服务的组织、记录、保障工作。

第十二条　学生参加志愿服务，学校、学生志愿者、服务对象应签订服务协议书，明确服务内容、时间和有关权利、义务。

第十三条　学校组织开展志愿服务，应切实做好风险防控，加强学生安全教育、管理和保护，必要时要为学生购买或者要求服务对象购买相关保险。学生自行开展志愿服务，学校应要求学生做好风险防控，必要时购买保险。

第四章　认定记录

第十四条　学校负责做好学生志愿服务认定记录，建立学生志愿服务记录档案。

（一）学校组织开展的志愿服务，由负责人、服务对象提供服务时间、服务内容等证明，学校工作机构予以认定记录。

（二）学生自行开展的志愿服务，由学生本人、服务对象提供服务时间、服务内容等证明，学校工作机构经过审核予以认定记录。

（三）学校应结合本校实际，制订志愿服务档案记录办法，完善记录程序，严格过程监督，确保学生志愿服务档案记录清晰，准确无误。

第十五条　学生志愿服务记录档案，应记载学生志愿者的个人基本信息、志愿服务信息、培训信息、表彰奖励信息等内容。

（一）个人基本信息应包括姓名、性别、出生年月、身份证号、服务技能、联系方式等。

（二）志愿服务信息应包括学生志愿者参加志愿服务活动的日期、地点、服务对象、服务内容、服务时间与次数、活动负责人等。

（三）培训信息应包括学生志愿者参加志愿服务有关知识和技能培训的内容、组织者、日期、地点、学时等。

（四）学生志愿者因志愿服务表现突出、获得表彰奖励的，学校应及时予以记录。

第十六条　学生在本学段的志愿服务记录应如实完整归入学生综合素质档案。教育部门分级逐步建立学生志愿服务记录档案信息管理系统，实现学生志愿服务记录信息化管理。

第十七条　在大学学段实行学生志愿者星级认证制度。学校根据学生志愿者参加志愿服务的时间累计，认定其为一至五星志愿者。自大学学段以来参加志愿服务时间累计达到100、300、600、1 000、1 500小时的，分别认定为一至五星志愿者。

第十八条　学生在志愿服务认定记录中弄虚作假的，由所在学校批评教育，给予相应处理，并予通报。学校及其工作人员在学生志愿服务认定记录中弄虚作假的，由教育主管部门严肃处理，并予通报。

第五章　教育培训

第十九条　地方教育部门应完善各学段志愿服务教育体系，系统开展志愿理念、志愿精神、志愿服务基本要求和知识技能、志愿者权利和义务、志愿服务安全知识等基础教育。

第二十条　高校应建立健全学生志愿者骨干专业化培训体系，提高学生志愿者骨干参加专业化志愿服务的素质和能力。对于应急救援、特殊群体等专业性要求高的志愿服务，未经专业化培训合格不得参加。

第二十一条　学校应在基础教育、专业化培训基础上，根据志愿服务活动实际需要有针对性地组织开展临时性培训。

第六章　条件保障

第二十二条　地方和学校应设立学生志愿服务工作专项经费，纳入学校预算管理，专项用于志愿服务组织实施、认定记录、认证表彰、教育培训以及根据需要为学生参加志愿服务购买保险、提供物质保障等。专项经费的使用和管理要公开透明，专款专用，提高使用效益，并接受学校监督。

第二十三条　地方教育部门应制订各级各类学校学生志愿服务工作综

合考评办法，每年定期组织进行检查考核，并且纳入大学生思想政治教育和未成年人思想道德建设工作评估体系。

第二十四条　地方教育部门应积极协调本地新闻媒体，传播志愿理念，弘扬志愿精神，普及志愿服务知识，大力宣传志愿服务先进学校、先进学生。学校应积极开展学生志愿服务先进典型宣传。

第七章　附则

第二十五条　地方教育部门应根据本办法，结合实际制订相关实施细则并报教育部备案，各级各类学校应根据本办法，结合实际制订相关实施细则并报相应教育部门备案。

第二十六条　本办法自发布之日起施行。

共青团中央关于印发
《关于推动团员成为注册志愿者的意见》的通知

为落实《关于加强基层服务型团组织建设的意见》要求，加强团员意识培育，建设服务大局、服务青年的骨干队伍，深化中国青年志愿者行动，共青团中央决定，在全团开展推动团员成为注册志愿者工作。现提出如下意见。

一、充分认识推动团员成为注册志愿者的重要意义

1. 加强基层服务型团组织建设的迫切需要。

根据建设学习型、服务型、创新型马克思主义青年组织的要求，共青团中央作出建设基层服务型团组织的重要部署。团员是团的肌体的细胞，既是团组织的服务对象，更是团组织的工作力量；既面临作为青年个体共有的成长发展需求，更担负作为组织成员在社会生活中发挥模范作用的责

任。当前，团员意识淡化已经成为团员队伍建设面临的最突出问题，直接影响着团组织的吸引力、影响力和战斗力。推动团员成为注册志愿者，能够促进团员权利和义务的有机结合，强化团员对团组织和社会的责任，对于增强团员意识，培养青年骨干队伍，更好发挥团员在青年中的模范作用，进而推进基层服务型团组织建设，具有重要现实意义。

2. 培育和践行社会主义核心价值观的重要载体。

团员是青年中的先进分子，应该成为践行社会主义核心价值观的表率。青年志愿者行动是共青团倡导和发起的引导广大青年服务奉献社会的品牌工作，价值引领性强、社会认可度高、青年参与面广、组织基础健全，在青年中具有强大动员力，在全社会具有广泛影响力。注册志愿者作为青年志愿者行动的骨干力量，在广大青年中发挥着引领示范作用。推动团员成为注册志愿者，组织化动员广大团员参与志愿服务，既有利于调动团员参与志愿服务的热情、畅通参与渠道，又能够发挥团员示范带动作用，带动更多普通青年和社会公众参与志愿服务，从而把在广大青年中培育和践行社会主义核心价值观的要求落细、落小、落实。

3. 促进志愿服务事业科学发展的内在要求。

经过 20 余年的发展，志愿服务事业在我国取得了巨大进步，"奉献、友爱、互助、进步"的志愿精神已经成为当代青年普遍认可和追求的价值取向。推动团员成为注册志愿者，对于引导和鼓励青年参与志愿服务，完善注册制度，拓展服务领域，健全组织网络，完善政策措施，加强机制建设，壮大志愿者队伍，进一步深化中国青年志愿者行动，具有重要意义。

二、注重实效、健全机制，积极推动团员成为注册志愿者

1. 加强教育，积极发动。

"努力完成团组织交给的任务，在学习、劳动、工作及其他社会活动中起模范作用""热心帮助青年进步"是团章规定团员必须履行的基本义务。参与志愿服务是体现团员先进性的具体表现，组织团员积极参加志愿

服务应该成为团组织的一项经常性工作。各级团组织要坚持组织化推动与激发团员内在动力相结合，在入团积极分子和团员中做好志愿服务宣传、意识培养和教育培训工作，把志愿服务作为入团教育和团员日常教育的重要内容，把参与志愿服务作为团的组织生活的重要内容，引导入团积极分子和团员逐步认同志愿服务理念，积极参与志愿服务实践。在广大团员中大力开展团员意识和先进性教育，重点教育团员深刻认识和自觉履行作为团员的责任和义务，增强责任感和使命感。及时宣传团员注册志愿者工作的成效和经验，注重选树典型，强化引领作用。

2. 规范注册，壮大队伍。

要按照共青团中央、中国青年志愿者协会于2013年修订的《中国注册志愿者管理办法》的有关要求，积极推动团员成为注册志愿者。各级团组织要采取有效措施，拓宽团员成为注册志愿者的渠道，推动志愿者注册工作的便利化、信息化。专兼职团干部要率先注册，国有企业、机关事业单位、高校等团组织要先行一步，组织推动所在单位全体团员注册成为志愿者。入团前，要将是否是注册志愿者、是否参加过一定时间的志愿服务活动作为考察内容；入团时，要积极同步推动新团员同时成为注册志愿者。在开展"推优"入党工作时，要将是否在注册志愿者中发挥骨干作用作为考察内容。

3. 开展服务，发挥作用。

推动团员成为注册志愿者，关键要发挥团员在注册志愿者中的骨干作用。坚持以需求导向，设计组织好志愿服务内容，努力为注册志愿者提供丰富的志愿服务项目和载体，鼓励注册志愿者采取灵活方式开展志愿服务。组织动员团员围绕重点领域和项目开展志愿服务：一是参与扶贫济困、助老助残、社区服务、生态建设、大型活动、抢险救灾、网络文明、社会管理、文化建设、西部开发、海外服务等领域志愿服务；二是参加青年网络文明志愿行动，将团员的先进性和担当精神延伸到网络空间，在互联网上积极发声，用文明语言和理性态度宣传正面思想、驳斥错误言论，带头发出好声音，主动弘扬正能量，增强网络文明素养，在构建清朗网络空间中发挥生力军作用；三是参加中国青年志愿者助残"阳光行动"、共青团关爱农民工子女志愿服务行动、大学生志愿服务西部计划等全团志愿服务重点项目。根据就近就便原则，引导团员从身边做起、从小事做起，将志愿服务融入日常生活，灵活多样地开展志愿服务；倡导未满十八周岁团员立足居住社区、校园以及校园所在社区等随时随地随手参与志愿服务。倡导和支持团员发挥模范和骨干作用，以多种形式带动更多青年奉献社会，服务他人，共同进步。

4. 建立机制，提供保障。

要把团员成为注册志愿者情况纳入基础团务工作内容，列入团务工作统计和相关考核。规范团员成为注册志愿者的工作机制，完善认证、培训、考核、激励和保障机制。加强志愿服务项目和载体的建设，加强与街道社区、学校、企事业单位、社会组织的联系对接，发挥好青少年综合服务平台的作用，完善供需对接机制。加强对注册成为志愿者的团员进行志愿服务理念、技能等方面的培训，不断提高服务能力。全面推广注册志愿者星级认证制度，将志愿服务经历作为开展团内评选表彰和选拔志愿服务重点项目志愿者的重要条件。建立健全团员参与志愿服务的档案管理、权益保障、服务时间认定等机制。有条件的团组织要为注册志愿者提供人身意外伤害等相应保险。

5. 健全组织，加强管理。

各级团组织要以推动团员成为注册志愿者工作为契机，切实加强志愿服务组织体系建设，健全各级志愿者协会，鼓励以团支部为单位成立志愿服务队，高校要普遍建立青年志愿者协会，中学要成立服务总队，广泛推动网络文明志愿者队伍建设，逐步实现县有协会、基层建队。要按照《中国注册志愿者管理办法》，结合各地实际情况，加强对注册工作和志愿服务活动的管理。

三、加强对推动团员成为注册志愿者工作的组织领导

各级团组织要把推动团员成为注册志愿者作为团的基层组织建设的一项重要基础性工作，提高思想认识，加强组织领导，明确工作职责，抓好工作落实。要向党政领导进行汇报，主动加强与文明办、教育、民政等部门沟通协调，争取政策支持和经费保障。力争2015年、2016年、2017年逐步实现全国40%、70%、90%以上的团员通过各种途径成为注册志愿者。各级团组织要迅速启动推动团员成为注册志愿者工作，根据总体目标明确工作任务，制定工作计划。省级团委要做好本地区、本系统内的统筹、组织和协调工作。

（2015年1月9日印发）

志愿服务基本概念、标志、宗旨、精神

一、基本概念

1. 志愿者：为公共利益而自愿且无偿地奉献自己的时间、精力和技能的个人。广义的志愿者还包括自然人之外的人群及组织等志愿服务主体；狭义的志愿者是指在志愿服务组织登记，不以获得报酬为目的，自愿帮助他人和服务社会的个人。其又被称为"义工"或"志工"。

2. 志愿服务：广义上指以造福近亲属以外的他人（个人或团体）或环境的所有活动。根据联合国的定义，志愿服务有三个特点：①不追求经济回报；②服务出于个人自愿；③造福于他人或社会。志愿服务已成为文明社会不可或缺的一部分，是人道主义援助、技术合作、改善人权、促进民主与和平的重要组成部分，志愿服务也成为许多非政府组织、专业性团

体、商贸机构、民间机构及越来越多的个体组织开展活动的基础，在许多社会运动如消除文盲、免疫和环境保护等领域中志愿者的作用不容忽视。

3. 志愿者组织：从广义上讲，指具有非盈利性质、非政府性质和志愿性质的组织。联合国将志愿者组织定义为：公民所成立的地方性、全国性或国际性的非营利、志愿性组织。它们以促进公共利益为工作导向，提供多元的服务，发挥人道的功能，将人民的需求传递给政府，监督政府政策，鼓励人民参与地方事务，并提供政策分析与专业技能，建构早期的预警机制，协助监督与执行国际协定。

二、"中国青年志愿者"标志

"中国青年志愿者"标志是在广泛征集、严格筛选的基础上，由清华大学美术学院教师陈磊设计的。标志的整体构图为心的造型，又是英文"志愿者"的第一个字母"V"，红色。图案中央是手的造型，也是鸽子的造型，白色。标志寓意为中国青年志愿者向社会上所有需要帮助的人们奉献一片爱心，伸出友爱之手，以跨世纪的精神风貌，面向世界，走向未来，表达"爱心献社会，真情暖人心"和"团结互助、共创和谐"的主题。

三、志愿宗旨

自愿的、不为报酬而参与推动人类发展、促进社会进步和完善社区工作的精神，是公民社会和公民社会组织的精髓。概括起来就是"奉献、友爱、互助、进步"。

四、志愿精神

"奉献"指志愿者在不计报酬、不求名利、不要特权的情况下参与推动人类发展、促进社会进步的活动，是志愿服务精神的精髓。

"友爱"是指志愿服务精神提倡志愿者欣赏他人、与人为善、有爱无碍、平等尊重。

"互助"跨越了国界、职业和贫富差距,是没有文化差异,没有民族之分,没有收入高低的平等之爱,它让社会充满阳光般的温暖。志愿服务包含着深刻的互助精神,它提倡"互相帮助、助人自助"。

"进步"是志愿服务精神的重要组成部分,志愿者通过参与志愿服务,使自己的能力得到提高,同时促进了社会的进步。

第二节 媒体报道

一、清华大学附属中学朝阳学校志愿服务活动集锦

**清华附中朝阳学校社团参加"美丽中国 青春行动
——朝阳群众小河长生态文明嘉年华"**

2020年11月7日,由北京市朝阳区河长制办公室、共青团北京市朝阳区委员会主办的"美丽中国 青春行动——朝阳群众小河长生态文明嘉年华暨2020级朝阳群众小河长毕业巡活动"在北京温榆河公园朝阳示范园举办。北京市河长制办公室,朝阳区委,团中央、团市委社会联络部,朝阳区团教工委等单位领导出席。参加活动的还有2020级朝阳群众小河长志愿家庭、朝阳群众小河长志愿公益社团志愿者、水务辅导员代表、青年汇专职社工,共计1 000余人。清华附中朝阳学校小河长志愿公益社团受邀参加本次活动。

在此次活动中,朝阳群众小河长代表表演舞蹈、原创诗朗诵,激情四射的表演在寒冷的天气里燃爆全场。小河长代表汇报全年巡河情况并递交巡河报告,受到朝阳区副总河长、朝阳区副区长杨建海同志的肯定,希望

小河长们继续努力以实际行动通过小手拉大手、小家带大家，共同保护珍贵的水资源，净化水环境。白姗同学作为学校小河长志愿公益社团代表接受领导颁发的纪念徽章和领取巡河物料箱并参与小河长巡河培训。北京市河长制办公室专职副主任刘凯发言呼吁汇聚全社会的共识和力量，共同守护生命之水。

随后，与会嘉宾与小河长志愿家庭共同来到巡河起点，开启两万公里志愿巡河纪念生态行。活动现场设置综合展示区、志愿服务功能区、特色功能区三大功能区域，志愿公益社团以学校为单位，沿途设置"美""丽""中""国""青""春""行""动"八处志愿服务站。我校房林静、张彤影、白姗同学在老师的带领下在志愿服务功能区第七站点担任志愿者，为朝阳群众小河长进行能量补给，组织进行巡河活动的宣传和益智游戏项目，为完成巡河环节的小河长们打卡、盖纪念戳，同时招募2021年项目志愿者。

朝阳群众小河长志愿服务项目，是积极落实生态文明思想，结合团中央部署，围绕团市委开展的"五大青年行动"中"节水护水青年行动"青少年公益志愿服务项目。清华附中朝阳学校2019年初成立小河长志愿公益社团参与项目，通过一系列丰富多彩的活动和定期巡河工作，同学们加深了环保意识，学到了更多关于巡河、护河的知识，为保护身边的河流贡献了自己的力量。今后，小河长志愿者们也会继续宣传护河知识与环保理念，助力河长制工作落实，营造美好家园。

践行垃圾分类　共创文明新风
清华附中朝阳学校开展垃圾分类主题实践活动

为深化垃圾分类教育，培育中学生社会责任意识，朝阳区教委组织垃圾分类宣讲团进校园活动，开展垃圾分类宣讲活动，普及垃圾减量和垃圾分类知识，掀起中小学生学习垃圾分类知识和进行垃圾分类实践的热潮。清华附中朝阳学校围绕本次活动开展"践行垃圾分类 共创文明新风"系列主题实践活动。

2021年9月29日下午，宣讲团代表、北京市朝阳区白家庄小学孙子孺老师来到校园，进行"我们为什么要垃圾分类"主题宣讲。我校学生代表在四楼会议室认真聆听，孙老师从政治、经济角度介绍了垃圾填埋的危害，用通俗易懂的方式列举了垃圾分类的要求和具体做法，同学们踊跃发言、积极互动，深刻感受到垃圾分类工作的迫切性。

学校志愿者协会从年初开始，结合校园电视台微视频推广垃圾分类志愿服务，少先队大队、校团委开展主题微团课、少先队活动课学习，呼吁少先队员、团员、入团积极分子积极参与社区"垃圾分类 桶前站岗"志愿服务，组织团干部代表开展"我的垃圾分类调查报告"研究行动，理论与实践相结合开展垃圾分类志愿活动。各校区德育处通过动员仪式、学生干部培训、垃圾桶设计大赛、国旗下讲话、手抄报、宣传栏、板报、展板、视频等丰富多彩的形式开展各种宣传教育。

践行垃圾分类，共创文明新风。在国庆到来之际，清华附中朝阳学校通过多种形式，以实际行动传播文明理念，无论在学校还是在社区，学生都将会身体力行，做好宣传，带动身边更多人简约生活、垃圾减量、准确分类、正确投放。

清华附中朝阳学校团委书记王颖参与
清华大学心理学系"抗击疫情,心理援助"公益项目

庚子年初,一场疫情不期而至;病毒无情,人有情;灾难面前,显担当!2020年1月25日,大年初一,清华大学社会科学学院心理学系携手北京幸福公益基金会联合发起"抗击疫情,心理援助"公益项目。社会各界纷纷响应和支持。ZOOM公司、六合心理中心、中国联通等23家机构给予了大力支持。清华大学心理学系彭凯平(清华大学社科学院院长)、樊富珉等专家组成专家委员会。

截至5月30日,热线开通120天,危机心理援助热线总拨打量10 768次。求助者主诉关键词"焦虑""疫情""孩子"。共有68位专家(社会心理学、临床心理学专家,精神科医生,医学专家)开展128节专家直播课,培训受益人群近350万人次。

热线进入武汉方舱医院,获得广泛赞誉并荣膺国务院客户端推荐,国家卫健委健康中国重点推荐,中国心理学会推荐,中国医师协会全媒体平台推荐,中国政府网向海外华人华侨推荐,北京市人民政府向全球侨胞推荐,中国教育部国际司官方微信平台向全球留学生推荐。人民日报、新华社、英国ITV新闻、日本每日新闻等30余家国内外媒体对项目进行了报道。新华社以英语、西班牙语、法语、俄语四种语言向全球华人推荐本热线。

清华附中朝阳学校团委书记王颖,从3 000多名报名者中脱颖而出,入选前30名志愿者,成为第一批上岗专业1群成员,每周3～5天接听热线,利用心理学知识,为保护一线医护人员和广大民众的心理健康,降低疫情所带来的负面影响,尽自己的一份力量。随着志愿者团队的不断发展壮大,王颖同时担任心理4群组长,组织带领新参与项目的志愿者进行学习、交流和工作。

清华的热线不是全国规模最大的热线,也不是启动最早的热线,但是

是反应迅速、架构完备、培训到位、干预及时、合作紧密、氛围温暖，专业规范、凝聚力强、守护生命的希望之线。志愿者、督导师、危机干预导师，绝大部分是来自清华大学心理学系的校友和在读的师生、访问学者、积极心理学指导师，还有很多与清华有各种渊源的专业工作者，起点高，专业强，归宿感强，认同感强，我们都有一个共同的名字叫做"清华心理人"，他们被亲切地称为"最美云上逆行人"。6月20日起，热线常态化心理服务正式启动，王颖将继续在工作之余参与项目，将疫情期间、危难面前，人们激发出来的这种大爱、互助联系、温暖传递下去。

清华附中朝阳学校志愿者代表圆满完成 2019年"朝阳群众小河长"志愿项目并荣获表彰

2019年12月，由共青团北京市朝阳区委员会、朝阳区河长制办公室、朝阳区委教育工委团少工委办公室、朝阳区青少年社会工作协会联合举办的"朝阳群众小河长"志愿服务项目落下帷幕，清华附中朝阳学校志愿者圆满完成任务并荣获表彰。

2019年"朝阳群众小河长"志愿服务项目在3月底启动，启动仪式上初三年级白姗代表学校接受小河长志愿公益社团授班牌，初二年级李恩泉代表学生体验相关课程和活动。

4月份我校志愿者代表邱靖涵、白姗，走进了将府公园，接受"小河长"巡河培训。水务辅导员先介绍了项目情况及全年巡河要求、注意事项，接着带领"小河长"们巡河并查看沿河情况，最后步行至取水点，进行水质检测实验并记录水质情况。

从 5 月份起，我校的"小河长"们还开展了一系列的巡河活动。巡河小组对坝河的北三环河段进行了定期巡查，记录相关水体信息并对水质进行检测。小组成员按时巡查，细心负责，为守护生命之源贡献出自己的力量。在课余生活中，"小河长"们也作为节水宣传员，向身边的人传递"节水、爱水、护水"理念，呼吁大家节约水资源，让更多人参与到节水行动中，成为生态文明的参与者、守护者、贡献者。

12 月份我校的"小河长"们将巡河成果提交并参与评选，其中，白姗、莫子圣两位同学表现突出，荣获"优秀小河长"荣誉称号，并收到主办方的感谢信和奖品。

这次活动不仅让同学们加深了环保意识、用实际行动守护身边的河流，更是将志愿服务的种子播撒在每个人的心中，激励着同学们更加积极地参与志愿活动，用自己的实际行动弘扬志愿服务正能量。本年度的巡河活动已结束，但保护水资源的行动永不停止，志愿服务的脚步永不停歇。志愿者们将带着初心，在践行公益的道路上继续前行！

清华附中朝阳学校学生代表参加
2019 年北京市中小学生防灾科普训练营活动

开营仪式上，我校志愿者代表参观荣誉室、观看 4D 电影、进行安全教育课；户外拓展中，大家体验了地震屋，学习了心肺复苏和外伤包扎技术，进行了灭火演练；倾听了科普讲座，动手尝试了候风地动仪的制作，了解了其中的原理，几天的活动见证了志愿者们的成长。

本次活动旨在加强我市中小学生防震减灾科普教育意识，引导学生学习掌握防震减灾知识和应急避险、自救互救常识，培养学生探知地震科学的兴趣，让学生接受防震减灾文化熏陶，并通过"小手拉大手"，不断向家庭和社会传播防震减灾知识，共同掀起全社会学习防震减灾知识的热潮，促进全社会提高自然灾害防治能力。防震减灾，我们一直在路上！

清华附中朝阳学校参加
"辉煌同行 70 载 共谱公交新华章"北京交通开放日活动

2019 年 6 月 2 日，清华附中朝阳学校 50 多名中学生代表参加首场北京交通开放日暨北京公交集团第四届首都国企开放日活动。北京市交通委副主任容军、北京公交集团党委副书记沙勇出席活动并发言，活动以"辉煌同行 70 载 共谱公交新华章"为主题，全方位展现了新中国成立 70 年来北京公交在服务市民公共出行领域所取得的突出成就。

启动仪式后，300 余名市民观众乘坐旅游版公交车分五路前往分会场，分别开启各具特色的开放日观光之旅。我校师生走进了北京公交大厦，参观了公交文化墙，并与本次活动的智能吉祥物路路对话，了解了北京公交多层次、多角度的文化内涵。

参观文化墙后，同学们走进了《一路同行》的演播室进行参观，亲身体验了北京公交科技的发展成果。

随后，我校师生来到智慧公交分会场线路中，参观北京公交调度应急指挥中心,感受北京公交"最强大脑"的独特魅力。

最后,我校师生聆听了公交驾驶员和培训员的故事,了解了大无轨电车的名字由来,感受到了北京交通的发展变化。

中国网、北京电视台、朝阳有线电视台等多家媒体采访和报道了本次活动。北京电视台、朝阳有线等媒体采访了我校学生代表。

此次活动是我校联合北京市交通委、北京市交通教育宣传教育中心、北京公交集团联合开展的系列活动之一,属于我校知识宣传特色志愿服务项目中的公交文化、绿色出行志愿服务项目。学生们纷纷表示过了一个最有意义的"六一"国际儿童节。作为志愿者把所学所感分享、传递给身边的亲朋好友,身体力行成为和北京交通一样的"流动的北京风尚",我们共同努力!

志愿服务新时代 青春共筑中国梦与全国劳模一起 "学雷锋 勤劳动"公交志愿服务体验

2019年3月4日,清华附中朝阳学校部分团员来到北京公交首个"首都学雷锋志愿服务站"快速公交3线(BRT3)安定门站台,进行公交志愿服务体验,这是中宣部命名的"全国学雷锋活动示范点"。无私奉献,服务他人,一直是此站台的优良传统。

BRT3 线于 2008 年 7 月 31 日开通，十多年来，践行绿色发展理念，是北京首条采用"电鲶鱼"无轨电车的公交线路；同时坚持开展学雷锋活动，提升服务水平、改善候车环境，车厢和站台都让乘客备感"暖心"。

首先，十九大代表全国劳动模范刘美莲为团员们介绍了安定门公交站历史，团员们对自己所就任的工作有了更深的体会。接着，团员们体验了站台引导员的工作，为要上车的乘客引导；参与了公交车清洁的工作，为车擦亮玻璃，给即将上车的乘客一个更好的乘车体验。随后，央视新闻频道记者拍摄活动过程并采访我校学生。我校校园电视台也全程拍摄并采访参与的同学。

团员们表示，通过今天的活动，他们真正认识到了雷锋精神的本质。希望以后在生活中也尽力参与志愿活动，积极践行雷锋精神，争做新时代的好青年。

低碳减排，绿色环保
清华附中朝阳学校持续开展智能饮料瓶回收机进校园系列活动

清华附中朝阳学校以建设节约型学校为目标，向学生宣传和普及节能减排与可持续发展的相关知识。我校于 2014 年加入由北京市教委、市发展改革委、北京盈创再生资源回收有限公司联合发起的"绿纽扣计划"活动，在学校的大力支持和德育处、校团委、总务处的共同努力下，六台智能饮料瓶回收机顺利进驻我校的四个校区，并且几年来一直保持着良好的使用状态。

为了更好地使用饮料回收机，我校各校区志愿者定期联系回收机维修人员对机器进行调试升级，学习、交流相关新功能的具体操作，并利用升旗仪式、校园广播、宣传栏等形式向同学们介绍新增的操作方法，呼吁大家积极参与。

"低碳减排，绿色环保"主题系列活动成为德育处、校团委持续开展的志愿服务项目。

将饮料瓶投放到设备中，进入专业再生资源回收公司进行处理，可以确保废旧资源被正确回收，杜绝垃圾带来的二次污染。智能饮料瓶回收机进校园系列活动，提高了我校师生爱护环境、节约能源的意识。

北京市交通委"绿色出行 畅通北京"交通宣讲团走进清华附中朝阳学校

近日，"绿色出行 畅通北京"交通宣讲团应我校团委邀请走进清华附中朝阳学校，为我校师生开展主题宣讲活动，我校初二年级50余名团课学员在现场聆听了宣讲团的精彩宣讲，校园电视台也将此次宣讲向全校师生进行了传播。

交通宣讲团由北京市交通委员会组建，北京市交通宣传教育中心负责，交通宣讲团的宣讲员均来自基层部门和行业一线，他们围绕北京交通发展、交通行业故事、绿色文明出行等主题展开了生动的讲解，倡导选择绿色出行方式，倡导文明出行。

全国劳模张鹊鸣为同学们讲解了如何做到绿色出行，在乘坐公交车时应该注意什么。宣讲团成员沈凤轩带来有关北京公交发展的《话说交通》，曾庆熹分享了有关文明使用共享单车的《ofo——文明骑行》，演讲内容丰富，生动有趣。

活动中，同学们都在认真地听着宣讲员的讲解，认真做笔记，积极回答问题。这次的活动不仅使学生们学到了知识，也让他们懂得了平常出行中减少私家车的使用，向身边的人宣传绿色出行，为首都的蓝天做一份贡献。活动的最后，我校校园电视台小记者周孟桢对宣讲员和我校师生代表进行采访。

本次宣讲活动是我校绿色出行志愿服务项目系列活动之一，同时也是本学年少先队活动课、团课创新内容之一。劳模及宣讲团成员的身体力行，感染了老师和同学们，大家纷纷表示一定要从自身做起，让绿色出行落实到平时生活的方方面面，让低碳理念在自己的思想意识中生根发芽，通过自身点点滴滴的行动，来营造更加温馨、宜居的美好环境。

清华附中朝阳学校开展"寒冬暖人心，好书伴成长"为新疆和田地区中小学生捐书志愿服务活动

根据团市委对口援建新疆工作安排，结合现阶段新疆和田地区对图书的实际需求，我校开展"寒冬暖人心，好书伴成长"为新疆和田地区中小学生捐书志愿服务活动。我校把捐书活动与中小学生思想政治教育结合，实现图书漂流、爱心传递、知识共享，让两地中小学生通过读书活动加强交流，充实思想，努力成为读书好友。我校五个校区十二个年级师生分别以班级、中队、团支部为单位，在班主任、辅导员、学生干部组织下积极参加此次活动，并以校区为单位在德育处的组织下将所有书籍整理分类。本次活动我校共捐出四千多册书籍，赠给新疆的中小学生，献出我们的爱

心，希望新疆的中小学生通过阅读书籍，丰富自己的知识。此外，为增进京疆两地青少年感情，我校由学生代表全体师生为新疆和田中小学生写了一封信，信中深切表达了我校学生对新疆中小学生的诚挚问候与祝福。

我校全体师生在此次活动中积极参与，用行动奉献爱心，用真情送去温暖，并真诚祝愿新疆的中小学生可以通过此次"寒冬暖人心，好书伴成长"活动，丰富知识，充实生活，让生活变得更加多姿多彩。

清华附中朝阳学校"一学一做"教育实践活动之高一1班团支部校园绿色环保行志愿服务

为响应上级团组织深入学习习近平总书记系列重要讲话精神，深入推进共青团改革，大力推进从严治团，切实增强团员的先进性和光荣感的号召，我校各支部在校团委的领导下，深入学习了解"学习总书记讲话 做合格共青团员"教育实践活动。

高一1班团支部由团支书、团宣委、团组委、班长组织团员和积极分子进行系列活动，利用青年学生喜爱的微信、QQ等平台积极推进上级团组织官方微信有关内容的学习、讨论，让支部成员充分了解"一学一做"教育实践活动的内容、目的、意义，并于近日设计开展支部特色志愿服务，支部团员、积极分子在团支书和班长的带领下利用午休时间在学校开展了校园绿色环保行志愿服务。

活动当天，志愿者们都提早吃完了午饭，在大厅集合，再由负责人安排分工，对教学楼多处进行清扫，德育处张睿頔老师、田素龙老师全程指导、陪同学生活动，并用相机记录学生的活动瞬间。团支书和班长发挥骨干带头作用，分配工作、监督工作，带领大家认真投入工作。在活动过程中，志愿者们个个干劲十足，拿起水桶、抹布，以团小组为单位，认真地完成自己的工作，发挥了不怕累，不怕脏，把欢乐和美好留给他人的精神，向学校展现了志愿者的崇高精神。在四月和煦的春风中，天空中温暖的太阳，就像是志愿者们对志愿服务的热情一般，温暖着整个校园。

这次的志愿服务，不仅仅是对各位团员的一次磨练，也让我们学校学生的学习环境更加整洁、舒适，更重要的是，通过本次志愿服务，团员以及入团积极分子们也都更加深刻地体会到"一学一做"的意义，并且表示在以后的生活中将更好地贯彻落实"做"的意义。

以志愿服务致敬退休老教师

四度春风化绸缪，几番秋雨洗鸿沟；黑发积霜织日月，粉笔无言写春秋。

2017年4月15日上午，我校举办致敬退休教师活动，初中部董伊莎、王一心、胡佳宜和齐佳钰四位同学在此次活动中作为志愿者负责引导路线。她们带着微笑欢迎到达学校的各位老教师。四名志愿者在学校中的主要路段做引导，解答有关问题，提醒、帮助老教师们寻找相关地点，或带领部分老教师前往会场。

通过以学生服务退休老教师这种形式，进一步宣扬"奉献、友爱、互助、进步"的志愿精神，以实际行动引导学生广泛参与志愿服务活动，为构建和谐文明友爱的社会贡献一份力量。

二、清华大学附属中学朝阳学校重点、特色志愿服务

"微公益·梦起航"支教助学项目

材料明细：

（一）"微公益·梦起航"支教助学项目介绍

（二）活动集锦：

1. "微公益·梦起航"清华附中学生支教团赴四川助学活动圆满结束

2. 清华附中朝阳学校师生2015年教育西部行延安支教助学活动圆满完成

3. 给别人一份梦想，给自己一份成长——2016年清华附中朝阳学校师生参加清华附中内蒙古支教活动

4. 一份梦想，一份成长——清华附中朝阳学校师生参加"微公益·梦起航"紫光助学项目暨2017河北滦平支教助学活动

5. 资源共享 放飞理想——清华附中朝阳学校"微公益·梦起航"2018内蒙古化德支教助学活动纪实

6. "微公益·梦起航"清华附中朝阳学校2019河北雄县支教助学活动圆满结束

7. "微公益·梦起航"2020线上支教助学活动正式启动

（一）"微公益·梦起航"支教助学项目介绍

清华附中"微公益·梦起航"支教助学活动是由清华大学附属中学与中国下一代教育基金会中华英才培养专项基金共同发起的教育项目，从2014年到2020年已经连续开展7年，活动得到当地政府的大力支持。

清华附中朝阳学校 2018 年起和清华附中本部共同作为活动的组织校，带领其他分校共同完成活动。

项目组以"给别人一个梦想，给自己一份成长"为行动理念，已累计组织近千名学生赴四川省、陕西省、内蒙古自治区、河北省等地开展多轮支教助学活动。有百年历史的清华附中，秉承教育使命，将继续发扬名校的人文精神，以全体附中师生之力，服务祖国教育事业，共享优质教育资源！

（二）"微公益·梦起航"支教助学项目活动集锦

1. "微公益·梦起航"
清华附中学生支教团赴四川助学活动圆满结束

2014 年 8 月 6 日至 12 日，由清华大学附属中学与中国下一代教育基金会中华英才培养基金"寒门英才培养计划"项目组共同发起的"微公益·梦起航"清华附中学生支教助学活动在四川省南部县保城乡保城小学顺利进行。

清华附中、中国下一代教育基金会中华英才培养基金"寒门英才培养计划"项目组与保城小学师生为了此次助学活动积极准备、密切配合。支教团中 26 位优秀学生从清华附中高一年级数百位报名学生中，通过笔试海选、视频简介、面试与试讲等多轮考核，层层筛选后脱颖而出。他们将肩负使命走上支教岗位。

支教团的"小教师"根据不同年级学生不同的年龄特点和学习特征，设置了不同程度的教学内容，为大家呈现了精彩的数学、国学、英语、科学、手工、音乐、美术和体育课程。保城小学的学生也被教授内容深深吸引，认真听课、踊跃发言、积极参与，课堂气氛欢乐活泼。课下支教团的学生也与孩子们打成一片，大家互相倾听、热情交流。支教时间虽然短暂，但教师与学生们已经结下深厚情谊。

此次助学活动，保城小学从校方到孩子到家长，无不热烈欢迎。支教团在带去文体器材、电脑操作和摄影技术的同时，也带去了清华附中师生的风貌。清华附中支教团的离开不会让爱心断裂，而会把爱心的接力棒传递给更多人。清华附中与中华下一代教育基金会中华英才培养基金会继续将助学活动更好地办下去，一如既往关心山区教育，为孩子们的幸福生活尽一份力！

2. 清华附中朝阳学校师生
2015 年教育西部行延安支教助学活动圆满完成

暑假期间，清华附中朝阳学校初二年级冀昕、赖思雨、石曼欣妤、谢家乐、贺鹏程 5 名同学，在带队老师王颖的带领下，与清华附中本部及各分校的 64 名师生组成支教助学团，于 2015 年 8 月 5 日至 12 日，前往延安开展"微公益·梦起航"——紫光助学项目暨 2015 年教育西部行延安支教助学活动。我们的支教活动，是用己所学、利己之长，实现自身的价值，迸射出更大能量，从小的方向来说是为一份事业的发展，从大的方面来说是为祖国的强盛，充分贡献自己的力量。

在经历了 8 月 5 日一整天的集体备课和一夜舟车劳顿后，支教团的小老师们于 8 月 6 日凌晨抵达子长中学活动基地，当日下午来到清华附中校友俞捷支教的瓦窑堡镇芽坪小学，受到了当地师生家长的热烈欢迎与热情接待。傍晚时分，支教团与 250 名小学生全部汇聚在子长中学，分年级开展了别具一格的班会。大家在欢乐的气氛中认识彼此。

8 月 7 日，在子长中学举办支教助学活动启动仪式，会上我校学生冀昕作为学生代表为当地小学生赠送了助学文具书包。启动仪式后，支教助学团的小教师和当地小学生立即投身于课程。每天从上午 8 点到下午 3 点半，各年级语文、数学、音乐、体育、美术、手工课程安排紧凑。3 点半到 5 点半，则是带领当地小学生练习团队 PK 赛的活动时间。小老师们使出浑身解数，将知识传递给小学生，小学生怀着对知识的渴求与对支教教师的好奇如饥似渴地吸收着知识。不论是老师还是学生，都从细节中，体会到支教的美好！

我校五位学生都是通过前期自主报名，后期层层选拔脱颖而出的优秀学生代表，认真负责，综合能力强。他们的主要任务是配合主讲老师实施课堂教学，同时要扮演"老师"和"学生"的角色，在出色完成所负责学科助教任务的情况下，还主动承担其他学科助教任务及支教团文案编辑组、视频组、晚会组等工作任务，受到当地小学生和主讲老师们的一致好评。虽然当地条件相对比较艰苦——天气炎热又不方便洗澡，但这些都没有影响学生们的支教热情。他们精心地准备着每一节课，课堂教学和管理能力每天都有提高，同时也体会到做老师的辛苦。

8月10日，清华附中王殿军校长率领朝阳学校执行校长秦洪明及各分校执行校长一起来到子长中学，向老师和同学们表达了亲切的问候和诚挚的关怀。秦校长十分关心老师和支教学生的情况，刚到这里就开始详细了解同学的工作和生活情况及师生的支教体会。同学们将自己在子长中学支教的感受讲给秦校长听。秦校长对同学们在支教期间表现出的爱岗敬业、勇于实践、积极面对艰苦环境等良好的精神风貌给予了充分肯定。同时，秦校长也希望同学们要抓住这次难得的支教机会，在实践中锻炼自己、增长才干，不断提高自身素质。同学们纷纷表示一定会珍惜这个支教机会，努力工作，认真学习，积累经验。

当晚，大家迎来了联欢会——支教活动的成果展示。下午天空就开始飘起了细雨，然而这并不影响大家的热情。合唱、舞蹈、武术等各种新颖、精彩的节目让大家惊喜不断，当地许多居民也一同观看了演出。演出结束后，操场上燃起了篝火，火光映照着每一个纯真的笑脸，每个人的心间充满了感动和不舍。

8月11日的早晨，依然飘着细雨。美好的时光总是短暂的，告别的时刻更是难舍难分，送别的孩子们和支教团的小老师们已经泣不成声。拍摄人员用手中的机器拍下了这动人的一幕。当把他们的不舍一个一个收入相机，拍摄人员的眼眶也不禁湿润了。镜头里的他们更加纯真可爱，更加触动人心。

告别子长中学，支教团参观了谢子长烈士纪念馆、宝塔山、枣园旧址及延安纪念馆，追思历史，接受爱国教育。晚上，支教团登上火车，依依不舍地离开这片让大家终生难忘的土地。8月12日上午，支教团抵达清华附中，但每一颗牵挂的心依然还留在那里。也许我们到子长中学不能马上改变什么，可是我想至少我们能给他们带来一缕清新的空气。

支教团带队老师全程保驾护航，在生活上关心照顾学生们，在教学上指导帮助同学们。带队老师用相机记录同学们支教中的点点滴滴，每天通过网络发布有关支教照片以及视频，让更多人了解支教团学生们的生活环境、工作表现、精神面貌；也让挂念孩子的父母们十分欣慰，家长表示每天最期待的就是看老师的支教团直播，总会反反复复看很多遍，看着照片和视频中自己熟悉而又陌生的孩子，仿佛陪伴他们一起经历了这次学习成长之旅，家长们觉得，让自己的孩子成为支教团的一员，是他们无悔的选择，支教生活所焕发的光芒将照亮每一个孩子今后的人生道路。

在这次延安支教活动中，学生们不仅尽了自己的一份责任和义务，同时也得到了学习和锻炼，他们了解到延安地区学校的艰苦，感受到当地学生的纯朴和勤奋，他们体会到了当地学生对知识的渴望，更加珍惜自己上学的机会，这激发了他们对学习的热情和动力，为他们前进的道路指明了方向。

本次支教助学活动对于每一个参与活动的学生而言，是一次社会实践，是一次志愿服务，更是一场心灵的旅程。除了让学生开阔眼界，去到另一个地方，遇见不同的人，体验不同的生活，同时也让学生学会感恩，懂得珍惜，爱惜父母、老师的心血。学生们说他们收获了友谊和无与伦比的快乐，对他们以后的为人处事都将有更大的帮助。同时本次活动也是我校对学生进行"公民教育"的一个重要环节，旨在培养学生成为有健全公民人格，投身公益服务的社会主义现代公民。

3. 给别人一份梦想，给自己一份成长
2016 年清华附中朝阳学校师生参加清华附中内蒙古支教活动

支教活动，是用己所学、利己之长，给别人一份梦想，同时给自己一份成长，奉献自身价值，辐射出更大效能。小则来说为一份事业发展，大而言之为祖国强盛，无私奉献自己力量。在阿尔山这片蓝色的天空下，有一群可爱的孩子，而我们师生支教团队来到这里陪伴他们，传递着希望与梦想，聆听花开的声音。

暑假期间，清华附中和中国下一代教育基金会中华英才培养专项基金联合组织了清华附中"微公益·梦起航"——紫光助学暨 2016 内蒙古支教助学活动。清华附中朝阳学校高一年级张梓静、张艺凡、李瑞琦、王菊怡、赵珅 5 名同学，在团委书记王颖老师的带领下，深入参加了此次爱心奉献活动。

本次支教助学活动对于每一个参与活动的学生而言，是一次社会实践，是一次志愿服务，更是一场心灵的旅程。除了让学生们开阔眼界，去到另一个地方，遇见不同的人，体验不同的生活，感受到当地学生的纯朴和勤奋、对知识的渴望，从而使学生们更加珍惜自己学习的机会，激发了他们对学习的热情和动力，同时让学生们学会感恩，懂得珍惜，爱惜父母、老师的心血。学生们不仅尽了自己的一份责任和义务，同时也得到了学习和锻炼，收获了真诚可贵的友谊和无与伦比的快乐，对他们以后的人生都将有很大的帮助，为他们前进的道路指明了方向。同时本次活动也是我校对学生进行"公民教育"的一个重要环节，旨在培养学生成为有健全公民人格，投身公益服务的社会主义现代公民。相信清华附中师生不怕艰难困苦、勇于奉献爱心的支教精神和独特的教育理念将为阿尔山市的教育打开另一扇大门。

4. 一份梦想，一份成长——
清华附中朝阳学校师生参加"微公益·梦起航"
紫光助学项目暨 2017 河北滦平支教助学活动

2017 年 8 月 4 日，清华附中朝阳学校高一学生王润萱、张杉、罗绍彤、刘祥烨、郝冠华 5 名同学，在德育处秦佳林老师的带领下，参加了清华附中和中国下一代教育基金会中华英才培养专项基金联合组织的清华附中"微公益·梦起航"——紫光助学暨 2017 河北滦平支教助学活动。

一同参与该活动的学校有清华附中国际部、上地学校、永丰学校、朝阳学校、丰台学校、秦汉学校以及来自电子科技大学实验中学、成都七中初中学校，共 90 余名师生和滦平县 200 余名小学生。

本次支教，我校五位同学和清华附中国际部五位同学作为助教教师与清华附中六位主讲同学共同组成了三年级的教师队伍，教三年级的语文、数学、美术、音乐（京剧）、体育（散打）、手工六门课程。

志愿者们第一次与当地小朋友们见面时，还因为初次的支教而显得羞涩和紧张，但是孩子们的纯真逐渐感染了大家，相处得愈发融合，支教的热情也愈发高涨。在一周的时间里，他们用自己飞扬的激情、丰富的知识和多彩的经历帮助当地小学生更好地进步与成长。

滦平支教活动是一种奉献，更是一种责任，因为有爱，让责任变得理所当然，让付出亦成为一种幸福，这种爱毫无保留，也永不止息。记忆留夏，2017 滦平支教活动在笑容和泪水中结束了，但爱和成长永不止步。一份梦想，一份成长，清华附中朝阳学校全体师生将在"行胜于言"的校风指引下，牢记"厚德载物，自强不息"的校训，不断奉献，树立梦想！

5. 资源共享　放飞理想——清华附中朝阳学校"微公益·梦起航"2018 内蒙古化德支教助学活动纪实

2018 年 8 月 4 日至 9 日，由清华附中朝阳学校和中国下一代教育基金会中华英才培养专项基金联合组织的"微公益·梦起航"2018 内蒙古化德支教助学活动在内蒙古自治区乌兰察布市化德县第三小学举行。来自清华附中朝阳学校、永丰学校、西南联大研究院附属学校、电子科技大学实验中学、成都七中初中学校共 50 余名师生组成的支教团，为当地 120 名小学生带来语文、数学、音乐、美术、手工、体育等学科课程以及国学、科技课外活动课程。授课形式别开生面，内容精彩纷呈。

我校高度重视本次支教助学活动，特聘德育副主任李敬国、团委书记王颖、年级组长张建云、校医刘衍华老师作为支教团带队教师并分别担任四个授课班级的导师。为了保证授课质量，让化德县参与的小学生学到有价值、有意义、有收获的课程，支教团利用课后休息时间及假期开展了多轮培训与集体备课，各位导师对学生讲师进行了深入的指导，协助学生讲师确定授课题目、定稿教案、试讲。为确保课程高质高效，支教团对授课题目进行精心打磨、反复修改。

8月5日，小老师们怀着兴奋激动的心情早早进班，迎接同学们。各班首先开展了班会课，在班会课上小老师们通过各种丰富的活动让同学们认识自己，小学生们也积极踊跃地介绍自己。通过班会课，小老师与孩子建立起了信任。

支教团的小老师们针对小学生特点，创新思考，精心设计了各具特色的课程，课堂气氛越发活跃、轻松。小老师们将知识传递给小学生，而小学生们也充满对知识的渴望和对支教活动的兴趣，他们兴致高昂、认真听讲、全程思考、积极提问。为期一周的活动让全体支教团小老师们与当地小学生建立了深厚的友谊。小老师们在授课细节中体会到支教的美好，小学生们也在听课学习中收获成长快乐。

8月7日，清华大学附属中学校长王殿军，清华附中副校长、清华附中朝阳学校执行校长秦洪明及各位校长组成的校长团，中华英才培养专项基金秘书长吴新胜等领导在化德县教育科技体育局党工委书记、局长贾永杰的陪同下亲切慰问了支教团全体师生。领导们深入学生课堂，观摩授课环节，并与当地小学生交流互动，给予支教团师生关怀和指导，对支教团的教育教学成果给予了高度肯定。

第三辑 绽放最美服务 083

难忘 2018 年暑假，清华附中的小老师们，走进化德三小，在这个充满希望的季节，全国各地青少年携起手，肩并肩，资源共享，放飞理想，用脚踏实地的社会实践，用勤勤恳恳的志愿服务，迎接美好的明天。

6. "微公益·梦起航"清华附中朝阳学校 2019 河北雄县支教助学活动圆满结束

"给别人一个梦想，给自己一份成长"。7 月 15 日至 20 日，来自清华附中朝阳学校、永丰学校、丰台学校、西安学校、昆明西南联大研究院附属学校、电子科技大学实验中学、成都七中初中学校共 70 余名师生组成的支教团，来到河北雄县开展支教助学活动。

为了保证支教课程有价值、有意义、有收获，清华附中朝阳学校 4 月起在执行校长秦洪明、副校长张晓宁的组织安排下，从招募到组建 2019 支教学生讲师团，利用在校课余时间、课后休息时间、假期开展了多次培训与备课。

7 月 15 日上午，70 余名支教团师生齐聚清华附中本部报告厅召开行前动员会，朝阳学校团委书记王颖、支教团领队李敬国主任及各学校的带队教师分别发言。

7月16日上午举行开营仪式，同学们精心准备，信心十足。雄县教育局副局长杨勇强、基础教育股梁东新、雄县中学副校长周新华、德育主任侯海燕出席开营仪式，支教团教师王嘉怡和童家博担任主持。

16日下午，清华附中校长王殿军，朝阳学校执行校长秦洪明等组成的校长团及雄县教育局领导一行来到雄县中学，看望支教团的小老师和小朋友。领导们深入课堂，参观体验了语文课《甲骨文》，美术课《团扇》、《京剧脸谱》，音乐课上校长团和小朋友们齐唱《我和我的祖国》。

7月20日上午举行文艺展演。各年级教师与小学生们将多日所学的各学科知识与技能运用其中，以新颖的形式、精彩的节目展现各班风采，现场气氛激动人心。

同学们精心准备的六大精彩课程和课外活动课是本次支教的最大亮点。语文教学"听说读写"面面俱到，"异口同声"巧学配音，"会飞的教室"看图讲故事，"悦读声律启蒙"经典诵读，"妙笔生花"写作技巧等内容丰富多彩；数学课上让同学们自己"破案"，不仅有计算课、图形课，还开展了智力开发和思维逻辑构建等课程，借鉴当下热门的推理小游戏来设计谜题；体育课上，清华附中朝阳学校的排球队队员为小学生带来平时很少能够接触到的专业排球知识讲解和技巧讲授；美术课上，小老师讲解线条的魅力和色彩的冷暖，通过团扇、折扇、面具、刮画纸等材料，在美术中融入传统文化、中国风元素，让小朋友们感受到美术在生活中无处不在；手工课涉猎广泛，有中国古代的纸鸢、宫灯、汉服，也有新潮的超轻黏土、衍纸作画；音乐课程更是别出心裁，由大提琴伴奏的英文歌曲的学习，让同学们感受艺术之美；兼具专业与创新的课外活动课最受小朋友们的欢迎。小朋友们在国学课上体验了陶笛和围棋；微型显微镜和各种标本走进科技课堂，小朋友们在拼装火箭、飞机、军舰模型中丰富航天、军事、国防知识；志愿服务课上进行了乙肝知识大闯关活动，向小学生们普及健康知识。

支教活动很快结束了，每个参与支教活动的人员都十分不舍。支教团的小老师们精心为每位小朋友准备了一张清华大学的明信片，写上了所有小老师对小朋友们的寄语和签名，寄托着老师们的祝福。

7. "微公益·梦起航"
2020线上支教助学活动正式启动

7月20日，第七届"微公益·梦起航"活动正式开始。本次支教活动面对的是云南省大理白族自治州南涧彝族自治县宝华镇拥政小学。由于疫情，今年第七届的支教活动采用线上教学的方式。这是另一种全新的探索，也为清华附中的支教助学开启了更广阔的天地。

把课程搬到线上，为课堂带来了更多的可能和全新的形式。第一天是语文、数学以及手工课程，主讲老师分别是吴梦晗、陈天杨和赵佳琪。课程采用了录播的形式。通过这样的方式，支教团第一次与小朋友们见面了。

乙肝知识宣传志愿服务项目

材料明细：

（一）乙肝知识宣传志愿服务项目介绍

（二）活动集锦：

1. 志愿服务新时代 青春共筑中国梦——清华附中朝阳学校开展2019年乙肝知识大闯关活动

2. 清华附中朝阳学校2018年乙肝志愿服务项目之乙肝知识宣传嘉年华活动成功举行

3. 清华附中朝阳学校2017年"传承雷锋精神 践行志愿服务"学雷锋月系列活动 专题报道四——乙肝志愿服务项目暨全国爱肝日少先队主题活动

> 4. 清华附中朝阳学校 2016 年斯坦福青青奖学金项目——乙肝知识竞赛

（一）乙肝知识宣传志愿服务项目介绍

据国家疾病预防控制中心 2017 年公布的数据，我国目前现有乙肝病毒携带者超过 8 700 万，每 14 个人当中就有一个乙肝病毒携带者。我国乙肝防控之路仍然任重而道远。同时，虽然在我国有相关立法保护，但目前乙肝歧视的现象仍然比较普遍。

2016 年清华附中朝阳学校紫荆花志愿服务队联合斯坦福大学亚裔肝脏中心，依托国际专业机构的知识、技术、物资支持，开展乙肝知识宣传志愿服务项目，旨在通过多种多样的形式，向师生及其身边的人普及乙肝的相关知识、清除误区、增强大家对乙肝的了解，使大家将乙肝防患于未然，减轻人们对乙肝患者的歧视与排斥，鼓励并引导大家互助互爱，并在活动进行过程中，锻炼志愿者的领导力以及团队协作能力。

在第一次成功经验的基础上，我校推陈出新，保留成功环节并且每年的活动都大胆尝试创新。2016—2019 年，我校连续四年荣获斯坦福大学亚裔肝脏中心青青奖学金项目一等奖。

（二）乙肝知识宣传志愿服务项目活动集锦

1. 志愿服务新时代　青春共筑中国梦
清华附中朝阳学校开展 2019 年乙肝知识大闯关活动

阳春三月，清华附中朝阳学校柳芳校区成功开展乙肝知识宣传志愿服务——乙肝知识大闯关活动。本次系列活动是学校参与斯坦福大学亚裔肝脏中心第三期青青奖学金项目的重要活动之一。

本次乙肝知识宣传活动，分别为"乙肝病毒飞行棋""乙肝宣传背背看""消灭乙肝病毒大作战""趣味知识问答赛""字中寻词大挑战"五大项目。同学热情参与，多项活动"爆满"。最终高一 1 团支部、高一 3 团支部、高一 4 团支部获得优秀组织奖，高一 2 团支部、高一 5 团支部、高一6团支部获得优秀宣传奖。

这次活动使每位同学对乙肝有了更全面、更详细的认识,消除了同学们对乙肝患者的歧视,让同学们以一颗平常心去面对乙肝患者。

2. 清华附中朝阳学校
2018年乙肝志愿服务项目之乙肝知识宣传嘉年华活动成功举行

1月8日,2018年清华附中朝阳学校乙肝知识宣传嘉年华活动在新源里东校区举行,我校东校区、西校区师生近千人参与活动。校园电视台全程录制拍摄活动,并采访师生代表,初一、初二中队长和高一团干部担任本次活动的主要志愿者。

本次乙肝知识宣传嘉年华活动是我校申报斯坦福大学亚裔肝脏中心青青奖学金第三期项目的重要创新环节。在成功举办两期活动的经验的基础上,我校不断创新活动形式,以此种中学生喜欢的形式进一步提高学生参与活动的积极性和深度。

本次乙肝知识宣传嘉年华活动设有多项趣味活动,例如:发放乙肝宣传单,乙肝知识趣味问答,翡翠丝带涂鸦,加入乙肝志愿者行列签字、宣言及乙肝知识宣传讲座。此次活动的目的是用不同的方式让大家了解乙肝,消除大家对乙肝的未知恐惧、对乙肝人群的歧视,并增强预防乙肝的意识。

活动后,同学们都对乙肝有了更进一步的了解,纷纷表示受益匪浅,并愿意为乙肝知识宣传出一份力。

3. 清华附中朝阳学校 2017 年"传承雷锋精神 践行志愿服务"学雷锋月系列活动

专题报道四——乙肝志愿服务项目暨全国爱肝日少先队主题活动

春风送暖，阳光明媚。3 月 17 日，我校组织清华附中朝阳学校乙肝志愿服务项目暨 2017 年全国爱肝日少先队主题活动，东校区师生近千人积极参与活动，普及乙肝知识，关爱乙肝人群，弘扬志愿服务精神。

活动通过少先队志愿者们向领导、老师和同学介绍有关乙肝知识，发放乙肝宣传材料，让大家了解、学习乙肝的传播与预防等知识，消除对乙肝的恐惧、对乙肝人群的歧视。活动现场师生积极参与答题互动，在快乐中学习乙肝知识，志愿者们还为答对题目的师生送出纪念品。师生受到感染都希望加入乙肝知识普及宣传志愿者行列，在签名板前郑重签字并对着镜头响亮地说出"我志愿成为乙肝知识普及宣传志愿者"的宣言。校园电视台全程现场采访和录制，记录老师同学参加活动的精彩瞬间和真切感受。为配合活动，学校媒体大力宣传，全天在大屏幕上播放乙肝知识视频和我校学生自导自拍的乙肝公益宣传片。

本次活动让大家充分了解、学习乙肝知识，理解、关爱乙肝人群，同学们纷纷表示受益匪浅，并愿意为乙肝知识宣传出一份力。活动得到斯坦福亚裔乙肝中心的大力支持，它为我校志愿者提供知识培训和活动物资支持。活动还受到朝阳区上级领导的关注和支持，被北京市朝阳教委官方微信——北京朝阳教育，列为2017年学雷锋月重点推荐活动。

4. 清华附中朝阳学校2016年斯坦福青青奖学金项目
——乙肝知识竞赛

2016年1月19日，我校联合斯坦福亚裔乙肝中心举办了此次"清华附中朝阳学校斯坦福青青奖学金项目——乙肝知识竞赛"。高一每班派出3名团员组成一只参赛队，共6只队伍参加比赛，高二团干部负责主持和组织策划。

活动开始由项目负责人张艺凡（柳芳校区志愿者协会会长）同学进行项目介绍说明。接着便由主持人张梓静（柳芳校区校团委副书记）、刘佳昊（柳芳校区学生会主席）对比赛规则进行介绍，活动很快进入了紧张而又刺激的竞赛环节。竞赛共分选择必答题、选择抢答题、填空必答题、填空选答题四部分。同学们都积极踊跃回答问题，场面十分热烈。经过一番竞争后，各参赛队都取得了优异的成绩。随后，团委书记王颖老师对本次活动进行了总结，高二团支书为获奖班级颁发证书，此次活动圆满结束。

本次活动让同学们对乙肝有了更多的了解，这也是我们此次活动的目的所在，宣传乙肝知识，加强防范乙肝意识，消除对乙肝人员的歧视，传播抗击乙肝的信念，让更多人从中收益。

"寒门英才培养计划"

材料明细：

（一）"寒门英才培养计划"项目介绍

项目背景

项目实施

夏令营学员遴选条件

项目领导小组成员

（二）"寒门英才培养计划"活动集锦：

1. 首届英才班学员与清华附中结对学生共赴长白山之旅
2. 第二届"寒门英才培养计划——汉能助梦行动"暨2014年清华之旅夏令营正式开营

3. 清华附中朝阳学校第三届学员冬令营结对活动纪实

4. 2016年清华附中朝阳学校"中华英才培养计划"第四届学员冬令营结对活动纪实

5. "中华英才培养计划——汉能助梦行动"第四届学员培训——暨2016清华之旅夏令营活动在清华附中朝阳学校圆满结束

6. 2017年清华附中朝阳学校"中华英才培养计划"第五届学员冬令营结对活动纪实

7. 清华附中朝阳学校助力中华英才培养计划——"中华英才培养计划"第六届学员冬令营结对活动纪实

8. "中华英才培养计划"2019第七届学员清华之旅冬令营活动圆满结束

9. 2020年"中华英才培养基金"第八届学员遴选工作圆满结束

(一)"寒门英才培养计划"项目介绍

项目背景

近年来,我国在缩小城乡差别、义务教育均衡化等许多方面,取得了举世瞩目的成就。但是,在相当长一个时期内,国家基础教育区域之间、城乡之间、学校之间的差距仍将继续存在。真正意义上的教育公平、教育均衡实现还有很长的路要走。无论是经济发达地区,还是经济欠发达地区,都存在许多家境相对比较贫寒的家庭。

自古寒门出英才!在大量出身贫寒的青年学子之中,不乏天资聪颖、富有发展潜力的资优生。但是他们由于家庭条件比较困难,往往难以获得很好的教育机会,甚至有个别的学生无法正常完成学业。很多英才因此被埋没。培养杰出人才至少需要具备三个方面的条件:第一要有一定的天赋和潜能;第二要有良好的成长环境,这个环境包括社会环境和家庭环境;第三是要在中小学阶段接受良好的培养和教育。

中学阶段是培养兴趣爱好、陶冶高尚情操、树立远大理想的关键时期。但是，很多出身贫寒的学生，甚至没有机会接触社会，没有条件动手做验证，没有机会接触最新科技，也没有机会走出大山、走进发达城市，没有机会开眼界、长见识、增才干。许多出身贫寒、有天赋和潜能的孩子，被我们培养杰出人才的体系排除。人才的浪费是最大的浪费，英才的损失是国家和民族最大的损失！

百年大计，教育为本；千秋大业，人才为本。中国未来发展、中华民族伟大复兴，关键靠人才，基础在教育，希望在下一代。关心支持下一代教育，意义重大、使命光荣。

清华附中作为全国名校，不仅要培养好自己的学生，还应该担负起更多的社会责任，要让更多的优秀学子能分享我们的教育资源，发挥好示范和辐射作用。在中国下一代教育基金会的支持下，依托清华附中，设立了"中华英才培养专项基金"。这个专项基金推出的第一个项目就是"中华英才培养计划——汉能助梦行动"（原"寒门英才培养计划——汉能助梦行动"），旨在助推中华英才梦想起航，为实现中国梦奠基。

"中华英才培养计划——汉能助梦行动"，得到汉能控股集团的鼎力资助。汉能控股集团表示要为今后5年活动提供资金保障。汉能控股集团是一家横跨水电、风电、光伏发电和技术研发、高端装备和光伏电池生产、光伏电站建设和光伏建筑一体化（BIPV）等太阳能光伏全产业链整合的高科技清洁能源企业。汉能秉赤诚之心，持报国之志，走创新之路，以"用清洁能源改变世界"为使命，凭借高度的社会责任感，让汉能在为社会提供清洁能源的同时，关注并努力兼顾各相关方的愿望和利益，带动经济和谐发展，实现经济、环境和社会三大责任的有机统一。汉能人崇尚感恩，在为社会提供清洁能源的同时，长期为救助艾滋病遗孤、库区移民光彩学校、环保、医疗、研究机构等公益事业捐款，集团为各类公益事业捐款逾亿元，以实际行动践行"自立，关爱社会"的企业社会责任。

"中华英才培养计划——汉能助梦行动"，是中华英才培养专项基金的基本战略，计划每年从全国贫困县招收40名农村籍、品学兼优的初一毕业生，参加"中华英才培养计划——汉能助梦行动"学员遴选活动，入选学员将由清华附中及全国优秀教师进行培养，每年参加两次集中面授课程。平时回到原学校通过"中华英才空中课堂"进行学习。中华英才培养基金将组织最优秀的教师为学员提供学习、生活、创造思维等方面的培养，为每个学员创造一个多元化的学习空间，使他们得到全面发展，形成正确的人生观。中华英才培养基金争取在三年之内实现联合全国多所中学一起参与该计划，十五年内为祖国培养数百名英才，树立良好的社会影响与教育品牌，为实现中国梦加速。

项目实施

1. 从2013年暑期开始，在陕西、甘肃、宁夏、四川、贵州等五个省（区）选四个国家级贫困县（这是第一批，今后逐步覆盖全国500多个贫困县），每一个县挑选五名户籍为农村的家境贫寒的优秀学子，到清华附中参加"寒门英才培养计划——汉能助梦行动"夏令营活动。

2. "寒门英才培养计划——汉能助梦行动夏令营"开展各种适合中学生的活动及项目，以集体活动、授课、讲座、参观名胜古迹、聆听大师教导、开展课题研讨等形式进行，启迪学生的大脑思维，开阔眼界，为学生打开通往梦想的大门。

3. 夏令营通过五维考核系统和各项活动，考核候选学员的思想品格、学业潜能、身心发展、兴趣特长等综合素养，确定入选"寒门英才培养计划——汉能助梦行动"的20名学生。对入选学员通过各省系统进行家访，确认其资格，并填写有关信息，保证符合遴选标准，并通过学校、基金会网站进行公示。

4. 入选"寒门英才培养计划——汉能助梦行动"的学生有资格参加每年1~2期的训练营活动，并在"中华英才大课堂"虚拟学校接受日常的培训课程，接受清华附中（含清华附中朝阳学校等一体化学校）的优质学习资源，学生可通过网络相互学习、相互帮助，随时随地提出问题，指导教师随时随地解答问题。

5. 训练营从初一至初二年级暑假开始，到高二至高三暑假截止，历时5年，参加训练营的学员，可以享受服装、学习用具、特困生生活补贴等资助，参加训练营学员的往返交通费及训练营期间费用全部由中华英才培养基金承担。

6. 项目培训内容：

爱国主义教育课程、学科知识提升课程、人生观教育课程、国防与军事教育课程、国学博览、科技博览、演讲与辩论、科学发明、团队辅导、名师讲堂、人文考察、拓展训练、院士面对面等。

7. 学员成长记录：

项目为每一位学生建立专门的培养档案和成长记录，全程记录入选"寒门英才培养计划——汉能助梦行动"学生的学习与成长过程，并建立学生档案库。

8. 项目还建立了奖学金制度，为综合素质评价优异、表现突出的学生提供奖学金。

夏令营学员遴选条件

1. 陕西、甘肃、宁夏、四川、贵州等五个省（区）的 20 个国家级贫困县（以国务院公布的为准）第一中学（或县中）的优秀农村学生。

2. 学生 2013 年初一毕业的准初二学生，农村户籍，父母也必须是农村户籍，家境相对贫寒。

3. 县教育局出具承诺书（保证是农村籍品学兼优的学生，见附件）。

4. 在所在学校进行公示（见附件）。

5. 每个学校选 5 名学生，一名校长和一个带队教师。

项目领导小组成员

■ 顾　问：田淑兰

（现任中国关心下一代工作委员会副主任、教育部关心下一代工作委员会主任）

- 主　　任：王殿军（清华附中校长）
- 副主任：曹志祥、王淑琴、陈永红、吴新胜
- 秘书处：计　澂

（二）"寒门英才培养计划"活动集锦

1. 首届英才班学员与清华附中结对学生共赴长白山之旅

7月11日至17日，首批入选"寒门英才培养计划——汉能助梦行动（以下简称"寒门英才培养计划"）"英才班的20名学员与来自清华附中的20名结对学生，共计40人，共同前往长白山进行科学考察活动。

此次长白山科研考察之旅是首批"寒门英才培养计划"学员2014年清华之旅夏令营的重要内容。学员们此行参观了伪满皇宫博物院、东北沦陷史陈列馆、杨靖宇将军殉国地、张鼓峰事件纪念馆、吴大澂石雕像，走访了延边防川边防军哨所，登上龙虎阁一览中俄朝三国边界。经此一行，同学们更为深入、全面地了解历史真相，接受了爱国主义情感熏陶，坚定了自己爱国、报国的志向。学员们还在清华附中优秀生物教师的带领下，登上长白山，进入地下森林，探究不同纬度生物的生长情况，并来到长白山自然生命博物馆与长白山火山监测站，请教监测站的研究人员，了解长白山当地的地质活动状况。学员们在老师和研究人员的专业指导下，通过实地考察、小组讨论，独立完成生物课题。本次长白山之旅不仅深化了学员的爱国主义教育，还培养了学员的观察能力、思考能力、研究能力以及创造性思维。除此之外，学员们还深入东北农村的兴隆小学，与当地小学生进行"手牵手"活动，相互分享学习与生活中的点滴，为当地小朋友带去欢乐。

2. 第二届"寒门英才培养计划——汉能助梦行动"暨2014年清华之旅夏令营正式开营

2014年7月19日上午，由中国下一代教育基金会中华英才培养基金、

清华大学附属中学主办，汉能控股集团赞助的第二届"寒门英才培养计划——汉能助梦行动"暨2014年清华之旅夏令营在清华附中正式开营。

全国工商联副主席、中国下一代教育基金会副理事长沈建国女士，中国下一代教育基金会副理事长贺邦靖女士，中国下一代教育基金会理事、中华英才培养基金常务主任、清华大学附属中学校长王殿军先生，中国下一代教育基金会副秘书长文若鹏先生，易题库创始人武星宇先生等参加了本次夏令营开营仪式。

第二届"寒门英才培养计划——汉能助梦行动"在陕西、四川、云南、甘肃、宁夏五省分别举办了公益活动，并选拔出100名优秀寒门学子，与第一届20名学员一起来到清华附中参加2014清华之旅夏令营。

今年入选的100名学员，分别来自20个国家级贫困县，包含8个不同民族的学生，其中白族学生5名，藏族学生2名，回族学生11名，傈僳族学生7名，苗族学生2名，纳西族学生3名和壮族学生1名，少数民族学员占本次学员总数的31%。"寒门英才培养计划——汉能助梦行动"为两届学生精心设置了不同的培训内容：参观北京著名人文景观，开展爱国主义教育，开设数学、英语、语文、物理、历史、国学、硬笔书法、写作、心理与计算机等课程，帮助学员开阔眼界、增长知识。

"寒门英才培养计划——汉能助梦行动"是中华英才培养专项基金的基本战略，计划每年从全国贫困县招收100名农村户籍品学兼优的初一毕业生，到清华附中参加集中培养教育活动，由清华附中及全国优秀教师对这些学生进行培养。项目每年安排1~2次集中面授活动，平时在原学校通过"中华英才空中课堂"进行学习，力求为每个学生都创造一个多元化的学习空间，使每一个学生得到全面发展，让其形成正确的人生观，激发学员的梦想。

该项目争取用十五年时间为祖国培养一批英才，并树立良好的社会影响与教育品牌，为加速实现中国梦尽职尽力。

3. 清华附中朝阳学校第三届学员冬令营结对活动纪实

2015年12月13日,清华附中本部、清华附中朝阳学校、清华附中上地学校、清华附中永丰学校,共同承担了2015"寒门英才培养计划"第三届学员冬令营结对活动。本次活动,我校共有10个初二学生家庭接待了来自陕西和内蒙古的10名寒门学子。经过几天的交流学习和生活,我校学生与寒门学子结下了深厚的友谊。

清华附中从2013年开始发起"中华英才培养计划"项目,其目的是为农村地区优秀学生提供一个增长见识、接触了解城市重点中学课程及教学方式的机会。

4. 2016年清华附中朝阳学校
"中华英才培养计划"第四届学员冬令营结对活动纪实

2016年12月4日—12月17日,我校承担了2016年"中华英才培养计划"第四届学员冬令营结对活动。本次活动，是由清华附中中华英才培养基金会发起，清华附中本部、清华附中朝阳学校、清华附中上地学校、清华附中永丰学校共同承办的。我校共有8个初二学生家庭接待了来自内蒙古突泉县的8名中华英才学子。我校参加本次活动的同学是：初二1班解天茗、初二1班童家博、初二1班王梓豫、初二2班于琬宸、初二3班乔晶、初二4班刘润桐、初二8班陶钰洋、初二11班董若男。

在结对活动的两周里，我校学生与中华英才学子共同学习、共同生活、共同参加学校活动、共同分享生活中的点点滴滴，并结下了深厚的友谊。结对家庭的家长们更是对英才学子们给予了无微不至的照顾与关爱。

两周的结对活动很快过去了，清华附中朝阳学校这个温暖的大家庭留下了中华英才学子们的身影，祝英才学子们平安返回家乡，愿英才学子们未来繁花似锦。

5. "中华英才培养计划——汉能助梦行动"第四届学员培训——暨2016清华之旅夏令营活动在清华附中朝阳学校圆满结束

2016年7月14日至26日，由教育部关心下一代工作委员会、中国下一代教育基金会中华英才培养专项基金、清华大学附属中学、汉能控股集团联合发起的"中华英才培养计划——汉能助梦行动"第四届学员培训暨2016清华之旅夏令营活动在清华附中本部和清华附中朝阳学校同时举办。

清华附中朝阳学校承办了第二届91名学员的暑期活动课程，每天上午安排学员进行物理、化学、生物的实验操作，并穿插英语外教的课程，通过动手实验提高学员对于课程的兴趣，并通过外教风趣幽默的教学风格迅速激发学员学习英语以及了解外国文化的浓厚兴趣。下午朝阳学校的老师们为学员安排了羽毛球、舞蹈、跆拳道、航模、篮球、乒乓球、模拟飞行等丰富多彩的德育课程，让学员德智体全面发展。晚上由班主任带领学员们在机房熟悉计算机的使用与操作，上机完成夏令营的暑期作业，学员的计算机操作水平突飞猛进。

活动期间，基金会组织学员与艺术家进行联谊活动。活动以"引领生活之美""成就音乐之美""创作梦想之美"为主题，艺术家们与学员座谈交流，畅谈对艺术的理解。学员们还欣赏了艺术家的表演，他们度过了一个难忘的晚上。

6. 2017 年清华附中朝阳学校
"中华英才培养计划"第五届学员冬令营结对活动纪实

2017 年 12 月 3 日—12 月 16 日，我校承担了 2017 年"中华英才培养计划"第五届学员冬令营结对活动。本次活动，是由清华附中中华英才培养基金会发起,清华附中本部、清华附中朝阳学校、清华附中上地学校、清华附中永丰学校共同承办的。我校共有10个初二学生家庭接待了来自河北省滦平县、河北省隆化县的10名中华英才学子。我校参加本次活动的同学是:初二1班贾树源、初二3班张佳玮、初二4班丁逸飞、初二4班陈佳伊、初二5班王禹衡、初二6班徐邦威、初二7班徐英翔、初二9班马骥、初二11班崔硕、初二14班聂莉洋。

在结对活动的两周时间里,我校学生与中华英才学子共同学习、共同生活、共同参加学校活动、共同分享生活中的点点滴滴,并结下了深厚的友谊。结对家庭的家长们更是给予了英才学子们无微不至的照顾与关爱。

两周的结对活动很快过去了,清华附中朝阳学校这个温暖的大家庭里留下了中华英才学子们的身影,祝英才学子们平安返回家乡,愿英才学子们前程似锦。

7. 清华附中朝阳学校助力中华英才培养计划——"中华英才培养计划"第六届学员冬令营结对活动纪实

筑梦献爱心,依依惜别情。2018年12月15日,清华附中朝阳学校10个家庭,送走了朝夕相处半个月的10位中华英才学子。

"寒门英才培养计划"是清华附中一项大型公益活动,清华附中朝阳学校承接10位来自青海的同学分别进入初二年级8个班学习。10个家庭都做了精心周到的准备。学校也从班级安排、课本校服等方面提供便利,让孩子们从心里感到安全与温暖。戏剧演出,首博参观,班会联欢……同学们建立了深厚的友谊,彼此学习,共同进步。

清华附中朝阳学校今年已经是第五次承接中华英才项目的学生,正如启动仪式上张晓宁校长所说"秉持着一颗颗大爱之心,践行着一件伟大的事业,传递爱心与正能量,我们每个人责无旁贷"。

8. "中华英才培养计划"
2019第七届学员清华之旅冬令营活动圆满结束

2019年12月1日至14日,由教育部关心下一代工作委员会、中国下一代教育基金会中华英才培养基金、清华大学附属中学联合发起的"中华英才培养计划"2019第七届学员清华之旅冬令营活动分别在清华附中本部、清华附中朝阳学校、清华附中永丰学校、清华附中上地学校举行。英才班学员与清华附中一体化学校的结对学生及家庭参加了冬令营活动,活动取得了圆满成功。

活动采取"一对一结对"的形式,英才班学员与清华附中一体化学校的学生结对,进入班级一起上课,课余时间一起参加学校活动,入住家庭并共同生活两周的时间。在两周的活动中,英才班学员亲身感受作为清华附中的学生的学习与生活,享受优质的教育资源。在此期间,英才班学员与清华附中一体化学校的学生互相帮助,携手成长。

9. 2020 年"中华英才培养基金"
第八届学员遴选工作圆满结束

2020 年 6 月—7 月,"中华英才培养计划"第八届学员遴选活动分别在云南省南涧县、河北省青龙县、山西省吕梁市和岢岚县进行。由于疫情原因,基金会根据各省县实际情况,采取科学安排、灵活组织的形式,保证了三省遴选工作的顺利进行。同时,活动得到了各省关工委、县政府、教育局以及相关学校领导、教师的大力帮助与支持。遴选期间中国下一代教育基金会理事、中华英才培养专项基金主任、清华附中校长王殿军与中华英才培养基金副主任赵会杰多次检查并亲自参加部分学生的面试工作,保障学生在做好防疫工作的情况下参加遴选活动。

遴选分为初选和复选两个阶段。根据各县情况,初选工作分别采取线上或线下的形式进行,学生由教育局组织分散进行。复选的测试环节均采用线上模式,学生登录相关网站进行考试;面试环节由当地教育局或学校组织基金会的老师们通过腾讯会议与学生连线进行。

三、清华大学附属中学朝阳学校优秀志愿者

北京市五星志愿者事迹材料
郭子童——清华附中朝阳学校 2016 届毕业生

获得荣誉：

2013 年、2014 年、2015 年朝阳区文明礼仪标兵

2014 年区级优秀学生干部

2015 年市级优秀学生干部

2015 年北京市五四红旗团支部

2015 年北京市十大重点支持小微志愿服务（负责人）

2015 年北京市朝阳区中学生社团领袖

2015 年复星保德信青少年社区志愿服务奖

（起源于保德信青少年社区志愿奖，是美国最大的、授予青少年的、完全基于自愿的社区义工服务的奖项，2013 年进入中国，与美国、日本、韩国、爱尔兰以及印度的志愿者活动同步开展，鼓励全球各地青少年通过参加志愿活动帮助别人、服务社区、奉献社会）

2016 年朝阳区优秀团员

接受媒体采访：

接受北京青年报、朝阳教育、朝阳有线采访。

校内外曾任及现任职务：

团支书

校学生会学习部部长（柳芳校区）

校学生会主席（柳芳校区）

志愿者协会组织部部长（柳芳校区）

志愿者协会高中部柳芳校区负责人（主管高三）

校团委组织部部长（柳芳校区）

校团委副书记（柳芳校区）

北京市学生会、社团联合会我校负责人

协助团委负责大型活动：

2014年全国青少年徐特立科学营（北京理工大学）暨清华附中朝阳学校团委暑期社会实践

2014年朝阳区社团嘉年华

2015年宪法日法制班会课

2015年朝阳区社团嘉年华

2015年北京市十大重点支持小微志愿服务

2016年高三成人礼

2016年复星保德信青少年社区志愿服务奖评选相关工作

组建校园电视台（高中部）

个人事迹：

郭子童，1997年10月15日生，于2013年7月加入中国共产主义青年团，就读于清华附中朝阳学校，担任班内团支部书记。

我在担任团支部书记的三年中，不仅学到了许多文化知识，还在一次次和同学的互助中，体会到了团结的力量，在老师的关怀中体会到了亲人般的温暖。我总是让自己以乐观、开朗、阳光的一面示人，与朋友们一起分享快乐。通过老师的教导和与其他学生干部的工作交流，我学到了许多为人处世的道理，获得了许多处理问题的经验，思想更加成熟了，更善于与人交往了。在这里，无论是学习，还是工作，我都取得了一定的进步。

作为班内的团支书，我会定期与团组委、团宣委合作，带领支部内成员积极参加校团委组织的各种活动，积极配合学校开展的各项工作，在学校的各项评比中，总能带领班级取得优异成绩。在团员队伍建设方面，我部每学期会在 5 月、12 月定期开展团员发展会。班内同学纷纷表示会规范自己的言行，更加刻苦努力地学习，争取早日入团。到目前为止，经我部入团的同学已有十余人。

同时我还是一名在校的学生志愿者，我在清华附中朝阳学校紫荆花服务总队的三年中，协助团委老师，负责柳芳校区志愿服务工作，参加了六大类志愿服务，共计 100 余项，志愿服务时间达 2 214 小时。其中每日都定时进行的校内志愿服务工作有 4 项，协助团委组织活动共 48 次。

其中小微项目"校园绿色环保行"还成功入围北京市十大重点支持小微志愿服务。作为该项目的发起人之一，我在学校的帮助下号召同学们保护校园及周边地区环境，并开展相关志愿服务活动和宣传活动：光盘行动、废物利用比赛、知识普及班会、捡拾白色有害垃圾、与校外组织合作开展演讲、回收等。我参与志愿活动，是因为想要通过这些活动来提高社会责任感，进一步增强维护绿色校园的使命感，同时养成低碳生活的好习惯，了解环保与其重要性，以切实的行动将环保理念宣传出去。

正是因为这些志愿服务的机会，我对志愿服务这四个字有了不同往日的理解。以前我一直认为志愿服务就是去帮助别人，同时自己也会因为受到别人的感谢与赞扬而收获快乐。但是现在我认为，志愿服务的意义不仅仅是服务那些需要帮助的人，还是一种传递正能量、传承真善美的体现，它是提升社会文明风气，促进社会和谐的一块基石。同时志愿服务的乐趣也不单单是因为他人的感谢，他人对自己的需要和认可在不知不觉中会带来莫大的幸福感，久而久之志愿服务就会变成一种习惯。更何况一个志愿者在助人的同时，还能逐渐学会与人沟通，学会怎样更好地关爱他人，也为我提供了一个接触社会的机会，提供了一个锻炼自己的机会，为今后走上社会积累了不可多得的经验。

我十分感谢学校以及老师给予我这么多机会，我认为团员应当是同学们的榜样，更是传递正能量、传承真善美的体现者。

张梓静——清华附中朝阳学校2018届毕业生

获得荣誉：

2016年学区级优秀学生干部

2016年复星保德信青少年社区志愿服务奖

（起源于保德信青少年社区志愿奖，是美国最大的、授予青少年的、完全基于自愿的社区义工服务的奖项，2013年进入中国，与美国、日本、韩国、爱尔兰以及印度的志愿者活动同步开展，鼓励全球各地青少年通过参与志愿活动帮助别人、服务社区、奉献社会）

2016年斯坦福大学青青奖学金（负责人）

（与斯坦福大学亚裔肝脏中心合作开展的有关乙肝的防治与宣传的志愿项目，且该项目已获得美国总部的支持）

2015年北京市五四红旗团支部

2015年北京市市级三好生

2014年朝阳区文明礼仪标兵

2013—2016年连续四年获得优秀志愿者称号

2013—2016年连续四年获得优秀团支书称号

接受媒体采访：朝阳有线。

校内外曾任及现任职务：

团支书

校学生会秘书部部长（柳芳校区）

志愿者协会组织部部长（柳芳校区）

志愿者协会高中部柳芳校区负责人（主管高二）

校团委副书记（柳芳校区）

校园电视台主持人

协助团委负责大型活动：

2016 年中华英才培养基金会——内蒙古支教助学行动志愿服务项目

2016 年高三国子监成人礼志愿服务项目

2016 年斯坦福青青奖学金乙肝知识志愿服务项目

2016 年复星保德信青少年社区志愿服务奖评选优秀志愿者

2016 年参与录制朝阳有线"文明校园"宣传片志愿者采访

2016 年朝阳区社团嘉年华志愿服务项目

2015 年、2016 年一体化运动会志愿服务项目

2015 年北京市小微志愿服务项目十大重点支持项目：校园绿色环保行志愿服务项目

2016 年社区志愿服务项目

2016 年北京市高中生演讲联盟第二十一次演讲角活动志愿服务项目

2016 年联合柳芳社区举办"拥抱梦想放飞青春"青少年文艺演出志愿服务项目

2016 年参加朝阳区业余党校的培训

2016 年开展团支书讲团课活动

2016 年网络安全宣传周志愿服务项目

2016 年北京市交通委与我校联合举办的"2016 年绿色出行进校园"活动志愿服务

个人事迹：

张梓静，2000 年 6 月 16 日生，于 2013 年 5 月加入中国共产主义青年团，现就读于清华附中朝阳学校，担任清华附中（柳芳校区）志愿者协会

负责人。

我从小就非常热爱志愿服务，所以当听说我校的紫荆花志愿总队后，便迫不及待地加入了。通过这几年的志愿服务，我的能力得到了锻炼和提升，从最初的懵懵懂懂到现在已经可以独当一面。独立组织了一次活动，收获了老师们的肯定与同学们的称赞，还有许多的真情。对于志愿服务的理解也更为深刻，志愿服务不单单只看最终结果，更重要的是用心投入的过程。当全身心地专注于其中时，别人对我的需要和认可在不知不觉中会带来莫大的幸福感，久而久之志愿服务就会变成一种习惯。

作为一名在校的学生志愿者，我在清华附中朝阳学校紫荆花服务总队的四年时间里，协助团委老师，负责新源里校区（初中）、柳芳校区（高中）的志愿服务工作，参加了六大类志愿服务，共计100余项，志愿服务时间达1 768小时。其中每日都定时进行的校内志愿服务工作有4项，协助团委组织活动共50余次。

在这若干次的志愿活动中，我有幸加入中华英才培养基金会——内蒙古支教助学行动。这次的支教助学行动虽然辛苦但同时我也收获了许多。我从原来一个不善于与小朋友交谈的人渐渐变得会与小朋友交流，会考虑小朋友的感受。在去支教之前，我一直担心自己会处理不好与小朋友的关系，但与他们相处一段时间后我发现，他们其实非常单纯，只要我用一颗真心去对待他们，就一定会换回他们的一颗真心。在这次的支教活动中，我不仅得到了锻炼和提升，同时也与小朋友们建立了深厚的感情。小朋友们有时会担心我们累不累，也希望我们不要走，这都让我非常感动。我们还互相留了联系方式，方便以后的交流，这是一段不可磨灭的回忆，也是我人生中的一次不同的体验，更是我人生中无法用金钱衡量的一笔财富。

我所负责的斯坦福大学青青奖学金项目是为了帮助大家了解乙肝，预防乙肝，消除对乙肝人群的歧视。我们在学校和斯坦福亚裔肝脏中心的帮助下积极开展校内外的知识讲座和科普展示，录制宣传短片投放到校内电视台，发表文章至《拾香报》，在国旗下讲话上进行呼吁和倡导，发放乙肝知识手册，举办知识竞赛，开展有关的主题班会活动等。这个项目，直接和间接影响了许多人，为热爱公益的我提供了一个参与公益的平台，使我自身能力得到了提升。

同时我加入的"校园绿色环保行"还成功入围北京市十大重点支持小微志愿服务。我每天中午会定时去食堂倡导大家进行光盘行动，并收拾餐桌上的剩余饭菜和空盘，为大家营造一个更为温馨的就餐环境。每周都会到周围的社区捡拾白色垃圾，同时负责饮料瓶回收机的管理工作。我参与志愿活动，是因为想要通过这些活动来提高社会责任感，进一步增强维护绿色校园的使命感，同时养成低碳生活的好习惯，了解环保与其重要性。

在这几年的志愿服务中，我觉得我身为一名学生志愿者能做的事情可能并没有成年人那么多，那么专业，但我会用青少年特有的热情去努力做好每一件能为身边人做的事。而且我认为在每一次活动的背后，我们不仅能帮助别人，更是一次提高自我，增加阅历的机会。

我志愿，我奉献，我快乐。在今后的学习生活中，我仍会认真投入，真心付出，为志愿服务贡献出自己的一份力量。

张艺凡——清华附中朝阳学校 2018 届毕业生

获得荣誉：

2016 年复星保德信青少年社区志愿服务奖评选并荣获优秀志愿者

（起源于保德信青少年社区志愿奖，是美国最大的、授予青少年的、完全基于自愿的社区义工服务的奖项，2013 年进入中国，与美国、日本、韩国、爱尔兰以及印度的志愿者活动同步开展，鼓励全球各地青少年通过参与志愿活动帮助别人、服务社区、奉献社会）

2016 年斯坦福大学青青奖学金乙肝知识宣传志愿服务项目（负责人）

（与斯坦福大学亚裔肝脏中心合作开展的有关乙肝的防治与宣传的志愿项目，且该项目已获得美国总部的支持）

2014年北京市五四红旗团支部

2013—2016年连续四年获得优秀志愿者称号

2013—2016年连续四年获得优秀团支书称号

接受媒体采访：

2016年参与录制朝阳有线"文明校园"宣传片，作为志愿者被采访

校志愿者联盟荣获2015年朝阳区十大精品社团，作为学生代表接受朝阳有线采访

校内外曾任及现任职务：

团支书

校学生会主席（柳芳校区）

志愿者协会组织部部长（柳芳校区）

校团委副书记（柳芳校区）

校园电视台主持人

协助团委负责大型志愿服务活动：

2016年中华英才培养基金会——内蒙古支教助学行动志愿服务项目

2016年高三国子监成人礼志愿服务项目

2016年斯坦福大学青青奖学金申请志愿服务项目

2016年朝阳区社团嘉年华志愿服务项目

2015年、2016年一体化运动会志愿服务项目

2015年北京市小微志愿服务项目十大重点支持项目校园绿色环保行志愿服务项目

2016年社区志愿服务项目

2016年联合柳芳社区举办"拥抱梦想放飞青春"青少年文艺演出志愿服务项目

2016 年参加学校业余党校的培训

2016 年开展团支书讲团课活动

2016 年网络安全宣传周志愿服务项目

2016 年北京市交通委与我校联合举办的"2016 年绿色出行进校园"活动志愿服务项目

2016 年禁毒教育志愿服务项目

个人事迹：

张艺凡，2000 年 7 月 3 日生，于 2013 年 5 月加入中国共产主义青年团，现就读于清华附中朝阳学校，担任我校（柳芳校区）学生会主席、志愿者协会成员。

在我 8 岁那年，我的妈妈成为了北京奥运会的志愿者，那时的我觉得志愿者是一个神圣而又遥远的名词，但就是这样一个遥远的名词指引着我走向今天，如今的我已经成为万千志愿者中的一员，从小就受到志愿服务精神的影响，使我热爱这样一份充满爱心与责任感的服务工作。当我走进高中校园的那一刻，学校的志愿者团队使我深深感受到了来自陌生人的温暖。开学后，我也申请加入到这个团队中，并动员班里同学加入志愿服务，从开学到现在，我们共完成了大大小小 100 余项服务，如：绿色社区行动、光盘行动、各种赛会服务活动等。随着这些活动的开展，我对志愿服务的认识不仅停留在服务那些需要帮助的人，还更加深刻地意识到它是在传递正能量、传递真善美。

作为一名在校的学生志愿者，我在清华附中朝阳学校紫荆花服务总队的两年中，协助团委老师，负责并参与柳芳校区志愿服务工作，参加了六大类志愿服务，志愿服务时间达 1 684 小时。其中每日都定时进行的校内志愿服务工作有 4 项，协助团委组织活动共 50 余次。

在众多的志愿活动中，2016 年内蒙古支教助学活动，使我明白支教活动与社会地位、慈善无关。它吸引我的不过就是和一群善良的人一起上路，跋山涉水到达另外一群善良的人身边，给他们带去知识与梦想，和他们一起做一些更加善良而又美好的事情。如今，我总是想起在内蒙古阿尔山与小朋友一起度过的纯真幸福的时光，无论是上课，团队比赛，联欢晚会，还是最后一天的告别，小朋友的纯真与善良，简单与美好都深深地印在我的心中。总是想起与小朋友分别时的情景，那时的泪水已经不再是简单的不舍，更多的是对他们的祝福与期待。现在想想，支教于我而言曾经是一种期待，一种向往，现在则是一种幸福感，一种正能量。这次支教助学活动对于我而言，是一次社会实践，是一次志愿服务，但这更是一场心灵的旅程。除了让我开阔眼界，去到另一个地方，遇见不同的人，体验不同的生活，感受小朋友们的纯朴和勤奋、对知识的渴望，也使我更加珍惜自己的学习机会，激发了我对学习的热情和动力，让我学会了感恩，懂得了珍惜、爱惜父母和老师的心血。我不仅尽了自己的一份责任和义务，同时也得到了锻炼，收获了友谊和无与伦比的快乐。

2016年斯坦福大学关爱乙肝人群的志愿服务活动，使我明白对乙肝人群最好的关爱不是给他们捐款进行救治，而是消除对乙肝病人的歧视，给予他们发自内心的关怀与帮助。这个志愿服务项目经过我们志愿者团队为期一个月的努力设计、修改优化，斯坦福大学亚裔肝脏中心对项目申请书的多轮审核筛选，最终成功入选斯坦福大学亚裔肝脏中心2016年秋季斯坦福大学青青奖学金第一期乙肝科普实践项目，并将获得青青奖学金项目提供的资金、物资及活动支持。此次志愿服务项目包含：启动仪式、负责人项目说明、志愿者培训、乙肝知识科普讲座、乙肝知识竞赛、制作乙肝知识宣传片、校园电视台进行活动宣传等环节。身为这个项目的负责人，我对这次志愿服务的认识更加深刻，对乙肝的认识也更加深刻。这次志愿服务活动不仅让我体会到了帮助别人的快乐，更教会了我很多关于乙肝的知识。因为参加、策划、组织此次志愿服务活动，我才有机会和一群热心公益的人一起上路，经过学习分享给予另外一群不幸的人关爱，给他们带去温暖与正能量，陪他们一起做一些更加快乐而又幸福的事情。

同时我加入的"校园绿色环保行"还成功入围北京市十大重点支持小微志愿服务。我每天中午会定时去食堂，倡导大家进行光盘行动，提醒大家勤拿少取，并协助食堂的叔叔阿姨收拾餐桌上的剩余饭菜和空盘，打扫食堂卫生，为大家营造安全舒适的就餐环境。每周都会到周围的社区捡拾白色垃圾，同时重视垃圾分类，引导同学们对垃圾进行分类整理，回收再利用。我参与这个志愿活动，是因为想要通过这些活动来保护我们的生态环境，提升生活幸福感，提高社会责任感，践行社会主义核心价值观，进一步增强自己维护绿色校园的使命感，这样做还可以提高资源利用率，节约资源，减少环境污染和资源浪费，促进生态的可持续发展。

　　2016年大大小小的100余项服务活动每次带给我的体验都是不一样的，教给我的知识也是不一样的，但是成为志愿活动的初心从没有变过——给别人一份帮助，给自己一份快乐；给别人一份温暖，给自己一份成就；给别人一份梦想，给自己一份成长。

　　虽然，我只是一名学生，我所能做的事情很少并且简单，但是我会用我所有的热情与努力认真地帮助每一个人，给他们带去温暖。我认为每一次活动带给我的收获绝不仅仅是帮助别人的快乐，更多的是提高了我的个人素养，培养了我的集体意识，让我得到精神上的鼓励与支持，传递社会正能量，积极践行社会主义核心价值观，弘扬中华民族传统美德。我志愿，我奉献，我快乐。在今后的学习生活中，我依然会服务于他人，为志愿服务奉献出自己的一份力量，使志愿服务变成一种习惯。

2020年度清华附中朝阳学校优秀志愿者名单

初中部：　　　　　　　　　　　　**高中部：**

初一年级	初二年级	高一年级	高二年级
唐嘉阳	卢佳杉	王晨煜	董伊莎
史思婷	李　妍	赵君如	王嘉怡
董凯琳	杨义萌	胡佳宜	何泰来
王子涵	苏羡琳	赵一琦	温戴祥瑞
袁歌笛	王奇琦	常　扬	徐雅萱
蔡一涵	郭子琪	赵紫萱	王一心
张佳瑞	霍　奖		
徐楚蓉	万宇振		
马雪煜	孟科璇		
孙霁轩	王兆樾		
崔继元	杜小北		
樊昕宇	倪晗瑞		
	李恩泉		
	邱靖涵		

第三节　社会各方面评价反映

在体验中成长，在奉献中收获

习近平总书记在党的十九大报告中明确指出，要推进诚信建设和志愿服务制度化，强化社会责任意识、规则意识、奉献意识。志愿服务活动是一种表达对这个世界善意的方式，志愿者通过志愿服务活动播撒自己的爱心，用自己的关怀去点燃火炬，温暖他人。并且将这份温暖不断传递，最终形成一股暖流。同时志愿者自己也通过志愿服务活动增长了相关的经验和能力，提高自己的品德修养。

支教服务　撑起梦想

"微公益·梦起航"活动中师生们不仅承担了一份责任和义务，同时也得到了学习和锻炼，此次活动被大家称为"心灵的旅程"。我校的支教活动得到当地政府、学校、学生、家长的大力支持和一致好评，取得了良好的教育效果与社会反响。

从2018年起清华附中朝阳学校还和清华附中本部共同作为活动的组织校，带领其他分校共同完成活动。社会各方面评价反映良好。

家长们反应，支教对于高中的孩子来说是一次锻炼自己的机会。生于北京、长于北京的孩子体会不到贫困地区教育资源多么匮乏以及他们自己多么幸福。支教回来后的孩子给我最大的感受就是学会了珍惜，珍惜学习资源，珍惜老师和家长的心血。同时，也学会了自立，遇到困难时不再是急于求助而是寻找新的方法解决问题。

学校组织的支教带给孩子不一样的学习生活体验，更加坚定了他们成为一名教师的理想。支教让他们收获了友谊和无与伦比的快乐，对他们以后为人处事有很大的帮助，给他们前进的道路指明了方向。

家长们深有体会，表示：

经历这次支教活动之后，孩子对于付出与收获的感受更深了一些。孩子回来告诉家长现在觉得做老师是一件非常神圣而又快乐的事情，也表示在自己接下来的学习生活中会对自己的老师多一份敬畏与感同身受。支教活动不仅体现出孩子心理的成长，更多的是让孩子把这种乐于实践、敢于付出的精神付诸行动。

在化德县的支教过程中，无论是生活还是授课都让孩子充分体会到了离家在外的不易，同时也能让父母体会到，只有让大雁翱翔于天空，才能真正在以后的生活中如鱼得水。每天晚上看到孩子忙于备课的照片，看着他们悉心为班级上的每一位同学着想的身影，甚至没有时间与家长沟通、交流，也一句抱怨都没有，全身心地投入到支教工作中，我们由衷地感到自豪和骄傲。这背后必然少不了带队老师们对孩子们的关心与照顾，对他们授课方式等方面的指导，这也让我们真正看出清华附中朝阳学校教师的实力和优秀的工作作风，希望孩子们在接下来的人生中还能有这样的历练之旅。

绿色出行，奉献青春

北京市交通宣传教育中心活动反馈：我单位（北京市交通宣传教育中心）自2016年9月与清华大学附属中学朝阳学校建立联系，并成为我单位"绿色出行推广共建学校"以来，双方在推广绿色文明出行、提升青少年出行素养方面积极合作。组织"绿色出行 畅通北京"交通宣讲团走进学校课堂，为学生讲述交通行业的故事、倡导绿色文明出行，并引导学生发挥"小手拉大手"的作用，带动学生家长一同绿色文明出行，为首都缓堵和环保贡献力量；带领学校学生参观北京市交通运行监测调度中心（TOCC）以及公交车队、车辆保修厂、地铁运营车辆段等交通基础设施场所，让学生深入了解交通工作和交通行业的发展成就，让来自北京交通的"正能量"感染和激励学生更好地参与交通改善；组织学生参与北京市交通委员会等单位举办的"义务修车学雷锋，绿色出行助畅通""暖心站台""交通开放日""绿色出行进校园"等一系列活动，更好地让学生在了解交通的同时，参与社会志愿服务活动，发挥志愿精神、奉献青春力量。

社区服务　亲近社会

社区团委就我校社区志愿服务活动反馈：加强社区工作，就是贯彻落实习近平总书记系列重要讲话精神，深刻认识总书记指出的"社区是基层基础，只有基础牢固，国家大厦才能稳固"。

清华附中朝阳学校志愿者走进社区，宣传垃圾分类，慰问孤寡老人，共庆节日，共同学习，相互理解，促进了学校与社区的友好关系，协助完善社区环境卫生，改善居民精神面貌，提高居民生活质量。学校将社会主义核心价值观融入日常生活中，充分调动了志愿者的积极性。

近年来，学校将志愿服务精神融入"自强不息 厚德载物"的校训中，通过志愿服务在学生内心深处播种善良的种子，在服务他人与社会中汲取精神力量，实现自我价值；通过志愿服务引导学生学会发现身边的服务需求，学会制定服务行动方案，学会运用知识与能力解决实际问题，学会反思自身服务实践，不断改进服务水平提升服务能力，促进学生从想法到自觉行动的转变，从被动参与到主动参加的转变，从"不敢""不会""不愿"到"敢于做""善于做""乐于做"的转变，实现人人都是最美志愿者，处处绽放最美服务的价值追求。

第四节　师生感言

一、爱的传递，美好时光篇

2015年陕西子长支教学生日志

付出最多的小老师

赖思雨

今天早晨的时间我们安排得合理，一点儿都不紧张，而且同学们休息得很好。今天的助教课程很紧，只有第一节的数学课和第四节的体育课，我可以跟二年级的孩子们待在一起。第一节课时孩子们的状态比较好，所以第一节课上得非常成功，所有的孩子都能很好地掌握课程内容。

第四节的体育课给我感触特别深。昨天我和其他助教交流的时候他们都表示和孩子们相处得很好。从孩子们的举动也能看出来他们真的喜欢这些老师——他们都亲切地叫着姐姐，像小年糕一样黏在老师身边离不开。我很喜欢和小孩子玩，我以为自己能和他们相处好，但是现实却和我想象的有很大差别。他们很听话，但我还是感觉和他们很生疏。上体育课的时候我已经很累了，看到他们的笑脸我还是跟他们玩了起来。玩的时候我突发奇想教孩子们一个游戏。说实话，一开始我不太有底气，因为这个游戏需要记五个十分相似的动作，而且规则也比较复杂，令我吃惊的是，他们很快就记住了！孩子们很开心，并且一直要求下午还要和我玩，到了中午吃饭的时候也和我打招呼。由此我也明白了一个道理：之前我和孩子们相处的时候更多是以一个老师的姿态，想要管住孩子们，但我应该以大姐姐的姿态面对他们，让他们真正感受到我的爱心和热情。

在之后两节四年级、五年级的美术课上，我继续保持着这种心态与孩子们交流。虽然我不是这两个年级的主讲，但是与孩子们相处融洽。他们还让我留下了联系方式，非常可爱！虽然我比其他助教的课时要多，但是我觉得这是一种幸运，因为我有了更多的机会接触这些不同年龄的孩子们。

下午参加团队训练的是几个我不大熟悉的孩子，虽然训练效果有些不好，但是我相信一定会好起来的！

最负责的小老师

石曼欣好

最真实的自己

早上五点二十的闹铃准时响了起来，宿舍里的小伙伴都起床啦。大家匆匆洗漱后便十分激动和兴奋地等待着第一天上课。

早饭过后是开幕式。欢迎小朋友和我们的到来。开幕式过后我来到了班里，看到一张张稚嫩的面孔，我心里暖暖的。孩子们显然对我们的到来也很激动，很期待今天的课程。第一节课是语文，在备课的时候我以为讲冰心的童话对二年级小孩子来说是很难的，却没想到他们听得很认真，掌握得也很快，课程进展得也很顺利。课堂中没有故意捣乱的孩子，每个人都很配合。记得我二年级的时候还在学习拼音和简单的词语，他们却已经理解"肆虐"等难度稍高的词语。一双双渴望学习的眼睛，不懂就问老师的勇气，深深打动了我。

　　第一节体育课，孩子们说那是他们最喜欢的课。延安的白天很热，老师和孩子们一同顶着太阳，奔跑在操场上，享受着难得的惬意时光。美术课上孩子们用手中的彩笔画出的一幅幅画卷，都映着他们纯洁的心灵。

　　下午准备团队比赛，第一天的练习很辛苦，每个老师都带着自己的小队员分组练习、展示，我们组的两个男生很用心，在展示中得了第一名，别的小朋友都夸奖他们。这些孩子真的很聪明、很用心，我不知不觉中已经爱上了这个"家"，他们那么亲切、有爱。一天的课程结束后我的嗓子有些沙哑，说不出来话，我喝了好多水，还吃了润喉糖和治嗓子的药。嗓子的问题丝毫不影响我上课的情绪和质量，和他们在一起的时光我永远是最真实的自己。

奔跑在爱的世界中

　　今天是和孩子们在一起的最后一天了，坐在教室里和他们一同听课的我有些失落。支教时间不长，但是我却体验到了做老师的不易，也感受到了难舍难分的情谊。

　　阳光照进教室，映着孩子们的笑脸，他们踊跃地举着小手，争先恐后地回答问题。和我想的确实不一样，他们没有吵闹、淘气，他们那么可爱，每一个孩子都是天使。和他们在一起的几天我竟然没有好好看过他们，到了将要分别之时遗憾着之前没有珍惜。他们教会我坚强、努力……

　　中午吃饭时，一个小朋友走到我身边和我一起刷碗，他问我："姐姐，要不要我帮你，那天你帮我，我觉得我也该帮你，你那么辛苦！"他多么真诚，多么会关心别人。下午有小朋友拿着他们手工课做的百合花送给我，有很多小朋友记下了我的联系方式。

　　我是爱他们的，如同爱自己的亲弟弟妹妹一般，但是我们注定是要分开的。晚上的篝火晚会，孩子们很棒，有的在舞台上表演着我们精心排练已久的舞蹈，有的在台下喊着我的名字。他们说他们爱我，那么小的孩子对爱的定义最单纯吧，但是这最单纯的爱多难得啊。天空飘着雨，我们手拉着手，奔跑在爱的世界中。

最好的精神良药

谢家乐

今天是正式上课的第一天，我教的是二年级的体育，作为助教，我所要做的就是帮助主讲老师完成他要求我做的事情。

不得不说，二年级学生是所有年级中最具有活力的。他们没有一年级新生的胆怯，也不像三四五年级那样更为成熟好管。二年级的孩子真可谓是天不怕地不怕。他们的脑海里充满了想象。

第一节课上完以后，我和很多助教老师一起带着学生们下楼来到了操场。我们首先做了自我介绍，然后开始带着他们热身，玩游戏。整堂体育课洋溢着快乐的气氛。不知不觉中，我和小朋友们的感情越来越深厚。看着那些发自内心的笑，我心想：或许支教的时间不长，或许我们记不清彼此的名字，但这笑容却是永恒的，深深地印刻在我们每一个支教同学的心里。

一节体育课下来，我不仅仅感受到了孩子们的天真纯洁，还体会到了当老师的劳累。想起自己的老师，我心中不禁感叹：我们的老师不也是这样的吗，把学生的快乐与进步当成是自己劳累后最好的精神良药。

最美好的笑容

冀 昕

离别这一天，是我永生难忘的一天。

我是一个感性的人，一件小小的事就会感动我，让我哭得稀里哗啦。我不止一次告诫自己，短暂的分别是为了更美好的相聚，不许哭……开始挺好的，真的，我出来时所有的小朋友都笑着和我说再见，我开始也很高兴，我们开开心心道别，只为下一次更美好的遇见。但是我听到了广播里播放的歌曲《一路顺风》，歌词一点一点溜进我的心中，心开始变得酸酸涩涩，我有些手足无措，大脑一片空白。周围的哭声开始慢慢变大，孩子们先是小声抽泣，后来开始大声哭。我不禁想起见到这些孩子的第一面，我们互不相识，眼中都带着对彼此的陌生与欣喜。我们做自我介绍，做一些小游戏，慢慢熟识、了解彼此。我们在相处的过程中，有过不愉快，有过争吵，有过质疑，有了我们的小秘密和只属于我们的小快乐。

我们一起上课，一起玩耍，一起吃饭，就像一家人。回忆这四天相处的点点滴滴，再想到可能很久见不到对方，我们的眼泪就止不住地往下流。

这时，有一个小朋友跑过来，抱住我，说："姐姐，你不要走好不好，你不要走了，你在这里陪着我好不好……"她一直重复着让我不要走，当时我心中十分感动，很想抱着她就这样哭一场，没有人明白我的脆弱，我多想一直在这里待着，和孩子们一起度过美好的时光，但我不能。

宴席终有散的时候，我只能一遍一遍地安慰她："我们还有机会再见面，你可以到北京找我玩啊，我有时间也一定会来看你们的，不要哭了，我们总有机会再见面的。"她也不言语，就一直抱着我，默默流眼泪，紧紧抓住我的衣服不放手。

这时老师说该集合了，我们往前面集合，我扯掉她的手，忍住眼泪，说："拜拜，宝贝儿，我一定会再来看你们的，别哭了，坚强一点儿，好吗？笑一个给老师看。"结果，真的有小朋友笑给我看。

我觉得这是世界上最美好的笑容，没有什么能比过这个笑容，这将是我在本次支教中收获的最好的礼物，我会将这个笑容永远印在我的脑海中。我坐在车上，去往我该去的地方，心中久久难以忘怀。孩子们快乐的笑声犹在耳边，我仿佛还能听到他们甜甜地叫我"姐姐"，但是我知道，都已经过去了，我们在一起相处的美好时光，就这样过去了，就这样过去了……

2016 年内蒙古阿尔山支教学生日志

沉甸甸的梦想

张艺凡

　　支教结束了，我不忍回想在内蒙古阿尔山与小朋友一起度过的五天纯真幸福时光。无论是上课、团队比赛、联欢晚会，还是最后一天的告别，小朋友们的纯真与善良，简单与美好都深深印在我的脑海里。我不忍再去回忆与小朋友分别时的情景，那时我的泪水已经不再是简单的不舍，更多的是对他们的祝福与期待。

　　现在想想，支教与我之前想的完全不一样。支教曾经是我的一种期待，一种向往，而今我终于明白它的意义所在，它与那些高大上的社会地位、慈善活动无关，它吸引我的是和一群善良的人一起跋山涉水到达另一群善良的人身边，给他们带去知识与梦想，和他们一起做一些更加善良而又美好的事情。

　　早上，我起得特别早，满心期待与忐忑，心中无数次想象着和小朋友们相见的场景，想象着他们的样子。我在 9：00 到达了清华附中。之后全体人员在会议室召开了会议，会议介绍了基金会负责人、带队教师、学生负责人等。白雪峰校长做行前动员，岑老师提纪律要求和出行注意事项，陈老师介绍整体安排和注意事项。

　　会议结束后，大家进行分组试讲。我负责的是三年级的语文、手工和美术课，这些是我擅长的科目，我有信心，我一定可以做好。下午 1：00 我们出发前往北京站。队伍在北京站集合等待出发的时候，大家的行李都堆在一起，红的、黄的，散发着明亮而耀眼的光彩，正如这次支教，像彩虹一样让人憧憬和期待。白色的支教服分外显眼，沉甸甸的背包，装的是沉甸甸的梦想。支教的梦，给内蒙古的小朋友们带去欢乐与希望的梦，圣洁纯朴的梦。天气很热，却比不上心中那团期待与憧憬的火。我们手中提着的不仅仅是送给小朋友们的礼物，还是一份梦想，更是一份成长。现在的我坐在火车上，跟我们的团队规划着接下来几天的生活，我想起一句话：把梦留在这里，让它们开花，在生活中磨砺与成长。

一段不可磨灭的回忆

张梓静

这次的支教助学行动虽然辛苦，但是同时我也收获了许多，也从中体会到了阿尔山小朋友的淳朴与勤奋。我从不善于与小朋友交谈到渐渐学会与小朋友交流，学会考虑小朋友的感受，用尽量温和的语调让他们听自己的话。在过来支教之前，我一直担心自己会处理不好与小朋友间的关系，但与他们相处一段时间后我发现，他们其实非常简单，只要用一颗真心去对待他们，就一定会得到他们的回应，换回他们的一颗真心。

这次的支教活动我不仅得到了锻炼和提升，还与小朋友建立了深厚的感情，收获了他们的真情。小朋友有时会担心我们累不累，也希望我们不要走，这些都让我非常感动。我们还互相留了电话号码，加了微信，以方便今后联系。这些都是我今后一段不可磨灭的回忆，更是我人生中一次不同的体验，我一定会永远珍藏这段记忆。

支教日志：第一天

早上九点我们举行了开幕仪式。清华附中本部的白雪峰校长和陈明秋老师等以及阿尔山市的部分领导出席了本次活动。支教团团长王一茹作为我校代表进行了发言。阿尔山市小学的各年级学生代表、支教团的团长和分团长出席了捐赠仪式。

十点时各年级班主任和助教带领小朋友们开展了班会。同学们在三年级的班会课上进行了自我介绍，并参与到活动中，与小朋友进行交流，对他们有了初步的了解。班会课开得非常成功。

十一点的数学课上，我校两名同学作为助教参与到课堂教学中，这是我们支教团的第一堂课，支教的同学们上台进行情景扮演，帮助学生理解题目。课堂上学生们秩序良好，思维活跃，踊跃举手答题，课程取得了比较好的效果。

通过这一上午与孩子们的接触，我们感受到了孩子们的热情，同时更体会到了他们的天真烂漫、阳光活泼。孩子们都非常可爱，脸上常常挂着笑容，尽管有一些还比较腼腆，不太爱与人交流，但我相信在今后几天的教学中，他们一定会慢慢放开自己，展现自我。

下午的团队 PK 赛，我校五名同学积极组织小朋友参与活动。我们对自己所负责的二十名小朋友进行了分组，每个人分别负责几名小朋友，对他们进行辅导，与他们进行交流。在这个过程中，我们对于小朋友有了更深层次的了解，知道了他们的性格与兴趣，小朋友们也对我们有了更深的认识，进一步拉近了彼此之间的距离。

支教日志：最后一天

支教活动的最后一天，也是与相处了四天的小朋友分别的日子。无论是我们还是小朋友们都非常不舍，大家都哭了。回顾这几天的支教历程，有欢乐有泪水。尽管劳累，可是我依旧幸福，因为我感受到了小朋友们的热情，也收获到了他们的信任与友情。我的付出是值得的。我不后悔来到这个地方。

九点，我们出发参观阿尔山国家地质公园和阿尔山国家森林公园。公园里面有许多古时火山喷发留下来的遗迹，还有许多熔岩坑和喷气碟，火山洞口的天池更是展现了大自然独特的美。公园内还有大兴安岭的原始森林。我们漫步在森林的栈道之中，呼吸着大自然新鲜的空气，远离了城市的喧嚣，更缓解了这几天的劳累。这次的参观活动可以说是对大自然的一次探索之旅，是一次对大自然美的发现之旅。

共同的成长

王菊仪

这次支教我最大的感受是认识到了自己的不足和渺小。在来支教前我曾无数次在心中模拟见到小朋友们的场景，自以为胸有成竹，但当真的与他们面对面沟通时，我自己负责的几个小朋友都让我手忙脚乱。

然而经过这些天的实践锻炼，我能更好地完成自己的本职工作，同时还有余力去帮助他人，变得更加处事不惊了。这种内在改变才是最珍贵的收获，也是这次支教更重要的意义。

终于盼来了第一节美术课，经过美术主讲老师讲解后，小朋友们开始亲手实操。我负责一组的七个小朋友，虽然只有七个人，但是初来乍到，我也有些许的手足无措，心里十分想帮助他们却用不上力。这时我发现其中有一个小朋友久久没有提笔，即使画了两笔也会快速擦掉。我走到她身边鼓励她，先是询问她想要画一个怎样的场景，室内还是室外等，引导她找到自己的思路，鼓励她大胆地画，每个人都能画出自己的特色。

果然，在我的一番帮助之后，她开始动笔画起来，甚至速度还渐渐超过了其他同学，这让我感到十分吃惊和欣喜，因为这也是我迈出的第一步，让我感到自己能带给他们帮助，让我认识到自己是个有价值的存在。这给了我莫大的鼓舞。

俗话说，好的开始就是成功的一半。经过这个好开端，下面的课程我进行得越来越顺利。我开始注意观察每个人的画面和进度，适时给他们一些提示和引导。小朋友们也渐渐放下拘束，大胆画出心中所想。每个人都画得不亦乐乎！一节课结束，大家都意犹未尽，很多小朋友的作品还没有画完，在收画的时候他们都围着我问"老师我这幅画还没画完怎么办啊？""老师下节美术课是什么时候啊？"我看着这一张张求知的、天真的脸庞，真恨不得上一整天的美术课。

经过了两天的团队 PK 赛的练习，今天下午终于迎来了正式的比赛。随着裁判员的一声哨响，两组小朋友正式开始了比拼。第一个项目是乒乓球拍端沙包。经过了两天认真的练习，各组的小朋友们都能有条不紊地完成折返跑，绕过障碍再传给下一个同学。在紧张的环境下他们能做到速度快，端得稳，顺利完成比赛。两组成绩不相上下。

第二个比赛是手拉手钻呼啦圈。这个游戏讲究的是要团结配合，比赛时他们再次给了我们一个惊喜，每个人都在为队友打气助威，轮到自己时尽力快速穿过并帮助下一个同学，最后我们队赢得了比赛。

但是，我认为比赢得比赛更重要的是孩子们懂得了团结的力量，懂得了给予他人支持，懂得了只要拼尽全力就一定会收获成功！这次活动不仅让小朋友们之间更加团结互助，还增进了我们与小朋友们之间的感情，使我们与小朋友们在收获友谊的同时共同成长。

支教日志：最后一天

赵 珅

今天是我们支教团最后一天给小朋友们上课的日子。在今天晚上我们也将举办一个联欢晚会，表演各式各样的节目，大家一起开心一下，与小朋友们真挚告别。在上午的语文课上，语文老师讲了渔夫与魔鬼的故事，这是一个有关渔夫误将魔鬼放出，又机智地将其封印回去的故事。小朋友们对这个故事十分感兴趣，同时我也深深地感受到了他们丰富的想象力。

而在体育课中，这些聪明的小朋友们也让我看到了一些问题。在集体跳大绳的环节，活泼的小朋友们很激动，需要我们来组织队形和活动。小朋友们学会在何时入绳是一个难点，这便需要我们耐心地教。这次体育课使我成长了许多。

联欢晚会的举行也意味着不久我们就要与小朋友们分别了。他们也很清楚这一点，尽管节目十分精彩，可是他们边看边流下了眼泪。我霎时间不知道应该怎么做了，只是望着他们晶莹的泪水从脸颊上滑落，一动不动。我想去安慰他们，告诉他们明早上还能相见一次，可是我却不想这样做，因为这样只会让他们觉得分别的时刻更近了。就这样，直到晚会结束，望着生活老师领着小朋友们离开，一种离别的感伤涌上我的心头。

2017 年河北滦平支教学生日志

初 见

张 杉

八月四日早上同学们在清华附中集合,纷纷换上志愿者的衣服,乘坐三个多小时的大巴车来到了滦平四小。滦平四小这个名字于我们来讲本会是永远陌生的,而从这一天起却变成一个我们永远不会忘记的名字。

安排好宿舍稍事休整后,我们便来到了即将负责的三年级学生的教室,与清华附中本部和清华附中国际部的学生一起为迎接三年级同学的到来做准备。我们互相帮助着摆放桌椅、布置欢迎板报、打扫卫生。这些对我们来讲本是很平常的工作,但是当我们的身份从学生变成老师后,面对这些工作我们更加认真用心,想方设法地为我们的学生着想,同时更能体会平常老师的良苦用心。一开始我们这十六个人相互之间还并不熟悉,在略微尴尬的气氛中,彼此客气礼让,这是我们的第一次协作。

原本两个小时的准备时间过的比想象的快得多。一眨眼,学生到校的时间就到了。于是,我们分成几个小组在不同的地方迎接我们可爱的孩子们。我们希望用热情、快乐感染他们,让他们来到新环境、遇到新老师不会太紧张、太害怕。我记得自己拼命地笑,想说出漂亮又亲切的话,却一句也说不好。

终于孩子们都到齐了,"喜相逢"班会开始了。初到新环境的孩子们很安静,紧张中也带着些谨慎,而我们作为老师又何尝不是?可是当站上讲台时,我们将最灿烂的笑容送给孩子,把言语中的颤抖留给自己。这也是第一次,我觉得自己是一个老师,是很多孩子的老师。

孩子们面对着眼前的十六个老师,我们真的不知道他们记住了谁没记住谁,既希望被他们记住,又不敢奢求被他们记住,这大概也是一个老师的心情。

这是我们与孩子们的初见，是我们支教团十六个老师的初见，在情理之中，又在意料之外。我们期待着接下来不长也不短的五天。

兴　奋

王润萱

今天是我们来到滦平四小的第二天，也是真正意义上支教开始的第一天。

经过了昨天晚上各科备课组老师们认真演示、商讨后，我们怀着激动、紧张的心情迎接了我们的学生。我在上课时全神贯注，很怕出什么差错。一开始还是有一些紧张、羞涩，但是看着一张张纯真的笑脸，我才真正切实明白了小说中"他那双眼睛，里面布满了星星"是什么样子，眼睛乌黑明亮，里面真的好似有漫天繁星。他们的纯真无邪感染了我，使我支教的热情愈发高涨，与这些孩子们的关系越来越融洽。

上课情景与我们想象中的有点儿出入。走进课堂，迎接我们的是孩子们兴奋的尖叫声。我本以为一堂课大家会配合得很好，很轻松，但是这一群刚升上三年级的孩子们还是太小了，自觉性与专注力都比较缺乏。这些孩子是由一小、二小、三小、四小组成的，程度参差不齐，这给我们造成了一些小麻烦，不过好在大家都十分有耐心，足够变通再加上不失严肃的指正，教学效果逐渐好了起来。

这一天的接触下来，我记住了起码一半孩子的名字，他们真的跟自己的亲人一样。我也真的体会到了当老师的不容易。尤其是由于我负责团队 PK 赛，我喊了一节课，既要调动孩子们的兴奋情绪，又要维持课堂秩序，还要与其他四位支教同学一起商讨比赛顺序，仅仅一节课下来，我的嗓子就哑了，但是我丝毫不觉得累，反而活力满格，积极备好明天的课。

加　油

郝冠华

那些孩子们来得越发早了，有时候我们到教室略晚一些，就会看到几个孩子跑着跳着进了班。孩子们陆续进了班，一天的学校生活又开始了。

数学课教授了关于规律、统筹安排的知识，难度较大，孩子们的接受程度差别也很大。这一点在后面的课程中我会有所改进。

虽然我在体育课的散打教学中发现了一个挺有天分的孩子，但教学进度依然因操场开阔，孩子们玩心、好奇心重而减慢。

音乐课我简单教授了京剧的知识，并为之后的汇演做了准备。孩子们认真观看了相关视频，并试唱《说唱脸谱》。那稚嫩带有一丝不熟练的磕磕绊绊的清脆的童音真是给了我一惊喜。

美术课之前，助教们在主讲的带领下分别准备了脸谱的线描稿和上色稿。我本来打算带孩子们进行模仿绘制，但是之前并没有依照孩子们各自的兴趣进行分组，准备工作不算充分，因此进行绘制的时候很多孩子并没有依照各自组的脸谱进行绘制，都仰头盯着大屏幕，导致其中的一些脸谱比例失调，效果并不好。这些孩子的美术水平参差不齐，统一教学并不合理，最好的方法是依照每个人的各科学习水平来进行教学，这一点应该是我以后要改进的地方之一。紧张的课时导致大部分孩子并没有完成自己的作品，但由于汇报演出要使用这些作品，最后只好由老师们帮忙填补完成脸谱。当然，这是后话了。

下午进行了团队 PK 赛的第二次训练，可能是我前几天对待小孩子的态度过于温和，使得他们越来越不听话，中途还闹了各种各样的矛盾，我只好发了几次脾气才把他们镇住。这大概就是需要"温柔而坚定"的理由吧。很多问题都是到了这里才发现的，也算是考验了我们随机应变的能力。孩子们精力依旧旺盛，不停地缠着老师们。虽然有些累，但是很开心。

明天加油！

成　长

刘祥烨

　　经过了两天的支教，我们已经基本熟悉了工作模式，会在合适的时间去门口接孩子。他们除了一天比一天来得早以外，与我们更加熟悉，看见我们就主动过来，挥着小手认真、高兴地向我们问好，而且个个都自信满满地说可以自己去教室，我们还没抓住他们的手，他们就已经迈着大步快跑到楼里去了。于是我们某个人就会边大喊"别跑，小心"边赶紧追上去。

　　第一节课是陈亦宁老师的语文课。陈老师接着上节课的声律启蒙讲下去，讲的是对仗。尽管之前已经做好了孩子们听不明白的准备，可是反复讲解后，孩子们依然一脸茫然的情况还是让我们非常着急。我们发现，他们的水平参差不齐，有的听一遍就能理解透彻，有的却听了数遍之后还是百思不得其解。于是我们下课之后立即讨论，研究改进方法，希望下节课情况能够有所改变。

　　第二节课是曹涵老师的数学课，也是曹老师支教的最后一节课。曹老师在运用爬树这个形象类比帮助孩子们复习了几种数学基本思想方法以后，便让孩子们自己试着解决几道题。我们来回走动，帮助无力解决数学题的孩子们一点点剥开题目，让他们认清问题的本质。这节课又一次体现了孩子们之间的差距。王傲一和韩雨昕小朋友惊艳到了所有人，他们在没有我们的帮助下解开了题目，还学会举一反三。

　　上课期间，一个叫杨明赫的小女生用搞怪的画风，为所有老师画了肖像画，还给坐得近的我多画了几张。这也许就是她对我们的喜爱吧。

　　两节音乐课，或者说京剧课更加贴切一点儿，一节在训练中度过，另一节就在教室里继续练习歌曲。孩子们很听话，基本上按照我们的要求行动，认真练习积极对待。上课虽然不轻松但是很有成就感。之后，支教音乐课就结课了。

下午的美术课我在备课室里休息。校长团如期而来，了解了上课情况，和我们在教室合了影。见到秦校长，我感觉很亲切，使我们在一天的劳累之后舒心不少。全体合影后，校长们便打篮球去了。

下午有团队 PK 赛，在大太阳下坐一个多小时，孩子们早就没有耐心也没有兴趣了，很快就视比赛与老师们的要求于不顾，自顾自地玩起了游戏。不时会有孩子吵着要喝水或者上厕所。我们除了要保持队伍纪律，还要时不时地派一两个人拎两个水壶去教学楼接水，耳朵还得像雷达一样捕捉着最新的比赛要求和通知。一个多小时下来，我们连什么时候结束比赛都不知道。虽然 PK 赛我们输给了国际部，但我们组的队员们在落后时奋起直追，大声加油，个个激情澎湃，一副说什么都要在比赛中胜利的架势。我们组是团结的、坚定的、勇敢的，每一个孩子都是好样的。我们为学生不断进步超越自我而感到高兴与自豪。尽了自己最大努力，使自己表现好才是最重要的。虽然比赛期间发生了一些不愉快的事情，但是我们的兴奋和自豪丝毫不受影响。

一天很快结束了，我们目送孩子们怀揣着梦想离开，准备着美好明天的到来。

别　离

张　杉

我们一排排站在舞台上，看着台下的孩子们，还是忍不住哭了，我们哭，孩子们也哭。我们告诉孩子们，要笑，要开心告别……

有几刻，这群淘气的三年级小孩子吵得我头疼。

有几刻，这群闹腾的三年级小孩子喊得我嗓子又痛又肿。

有几刻，这群可爱的三年级小孩子的真诚与纯洁让我无限感动。

……

请允许我以这样一段有点儿莫名其妙的文字作为这次支教的最后一篇日志的开头，因为无论哪一刻想起这最后一天，总是这个场景最先涌入脑海。

最后一天要比想象的来得快，真的要和孩子们分别了。这一天的安排其实很简单，孩子们来党校大礼堂看汇报表演，结束后和老师们告别回家，老师们的支教之旅也就结束了。

可是告别这么简单的事，我却开不了口……有那么几个瞬间，我都以为可以永远陪着这群会欢笑会哭闹的孩子上课，但从这种恍惚中醒来，要面对的却是支教旅程的结束。

这一天，孩子们不用再去滦平四小；这一天，滦平县的党校大礼堂格外的热闹；这一天，真的就是，最后一天了。节目没有春晚节目那样华丽精美，但却是支教团每一个老师、滦平四小的孩子们参与的，我们都为此付出精力，我们也要以此作为最好的告别。

在支教团所有老师和五年级同学一起合唱完 *We Are the World* 之后，我们一排排地站在舞台上，刺眼的光打在我们脸上，想说的话很多，但都不及那一句"我爱你们"。是的，所有的话都在这一句里了。

从小到大我都极为抵触老师这个行业，不是因为害怕讲不好，而是拙于、怯于与孩子们相处。而在这次的支教中，作为一个助教，我最重要的任务就是与孩子们相处。

我一直觉得，我与他们的相处是失败的，我也有温柔和耐心，却总忍不住凶他们，总以更高更严格的标准去要求他们。可是最后分别的时候，总被我凶的几个孩子抱着我哭，哭得厉害，哭着说"我舍不得你"，那一刻，我突然觉得我的支教生涯好像并不是那么失败。那一刻我似乎明白了支教的意义。

我认识了十五个可爱的三年级支教团老师，我们一起吐槽默哥，一起唱《说唱脸谱》，一起尬聊，一起尬歌，一起尬舞……这些是我们心中很美好很难忘的记忆。

这些日子，很开心，和孩子们，和你们。

这些日子，很感谢，感谢孩子们，感谢你们，也感谢自己。

2018 年内蒙古化德支教学生日志

今年夏天，我爱你们

孙禹馨

支教日志：第一天

清晨，我早早起床到清华附中本部集合，等待时陆陆续续来了许多认识的、不认识的老师和同学，大家换好统一的服装，全部落座，就这样，我们支教团的所有人就聚齐了。出发前我们召开了第一次全体会议，会上介绍了带队的老师和学生负责人。每一位参与支教活动的人都是优秀的，都在学校参与了许许多多的工作。这也激起了我的斗志。我希望这次支教自己能够表现出色，学习、进步、成长。

之前听说过支教活动，我就羡慕能够去的学长们。今天当我真正参与进来，并且还是学生负责人之一时，感受到了其中的不易，这对于我来说无疑是一种锻炼和挑战。

坐在大巴车上，沿途的风景提示着我已经远离北京，将要面对的是未知的风景，内心的激动让我一路都没有入睡。等到了地方，我很是惊叹，这真的不像是需要吃苦的地方：教学楼、操场、住宿楼应有尽有，无不向我们展示着内蒙古对于教育的重视。当地小学的校长热情地招待了我们，她温暖的笑容让我感觉十分亲切。

晚上的备课，主要是准备明天的课程和班会课。导师、助教虽然是第一次见面，但是他们热情地指出了我们备课中的问题并给出了建议。为了明天的活动能开一个好头，我们讨论到很晚。

支教日志：第二天

今天我们进了教室，又开始慌慌张张准备昨天晚上没布置完的班会课道具。当我和另一位班主任带小朋友时，看着满屋子的孩子们，我的心里只剩下紧张，想去回忆小学五年级的我是怎样的心态和想法。可当我开口那一刻，看着他们真挚的双眼，我不怕了，我希望和他们相处，希望和他们成为朋友，他们仅仅比我们小三四岁，比我们少了些成熟，可那是属于他们的青涩。一起做游戏时，我们尽力融合，和他们在一起，我仿佛可爱了许多。

今天我还有一节数学课和两节音乐课。我想让小朋友们了解数学的魅力，于是准备了一些"小奇迹"，同学们的聪明才智，助教小老师的协助，让我的课进行得很顺利。

音乐课是我最担心的课程，许久未在这么多人面前唱过歌，紧张、羞涩、害怕充斥在我的心中。我想到最好的办法就是分组练习了，那样可以减少要面对的学生人数。当我在一组六个人面前唱的时候，他们听得很认真，偶尔我会跑调、破音，他们也只是一笑而过。我一句一句教，一组一组纠正，放开了自己，声音一次比一次大，我克服了我心中的恐惧！下课前的合唱展示，他们着实让我震惊，本以为歌曲的难度会让合唱拖到下一节课才能完成，没想到他们不仅音准好，还声音洪亮，课后狂找水喝的我，心中闪过一丝欣慰，同时也为他们骄傲！

支教日志：第三天

今天我只有两节课，但我还是早早地进班。当我进班的那一刻，一群孩子就冲了过来，围着我问东问西。

今天我的课是数学和科技，他们很积极地配合我，有不懂的问题会及时问我，那时候我就会停下来，放慢速度，再讲一遍，不行就讲两遍。下课后我问："学会了吗？"那一声声的"学会了"让我再一次体会到当老师的自豪与骄傲。

其他课就有趣多了，美术手工课上，虽然我的绘画水平和动手能力都不是很好，但我还是想参与进去，哪怕只是画一幅简单的彩色画，捏一个变了形的水母，会有人说好看，也会有人说好丑，那一刻我仿佛回到了小学的时光。

支教日志：第四天

今天我所有的课都迎来了最后一节。数学课我安排的是趣味移木棍，孩子们认真思考，不断尝试，速度甚至比我自己尝试解题时还要快。

科技课的内容是制作飞机模型，显然他们还记得之前我所讲的重点。当去操场试飞的时候，我抬头望去，满天的飞机十分壮观。

下午，校长团来到学校参观，同学们一起展示了音乐课的成果——《少年中国说》。《少年中国说》充分表达了梁启超先生鼓励少年肩负责任，为了祖国的繁荣昌盛发奋图强、积极进取，为祖国美好的明天做出贡献的意愿。看见校长们露出笑容，对我们频频点头，我们感觉到这几天的努力被充分肯定。

下午教育局领导还邀请我们去草原。草原上微风习习，海一般广阔的草原一眼望不到边，我们身边还围着一群可爱的孩子，"姐姐，我们去那里！"不忍心打断热情的他们，我只好忍着步行许久的劳累，继续前行，他们好像有用不完的劲。孩子们好似小精灵，一眨眼就不见了，再一眨眼就带回来一株株叫不上名的小野花：红的、白的、粉的、紫的，等到了回去的时候，我手里已经有一大把好像艺术品的花束，即使已经被太阳晒蔫了我也舍不得扔掉。

我曾站在一座较高的山上向下俯瞰，绿色的草地上孩子们在奔跑，就像马儿一样，他们仿佛就是属于这片草原的。抬头望去，蓝天白云，有的云一层一层的，有的聚成一团，看起来就像那群孩子们的笑容。我向上伸出手臂，云层仿佛触手可及，这里的风景实在是太美了！

支教日志：第五天

今天是支教的最后一天，上午我没有课，但有一个艰巨的任务——在明信片上写下给孩子们的寄语。我想了好久，找了好多励志的句子，希望他们看到明信片时能够理解上面的话，最好能想起我。写完这些我就要走了，我还是想再去看看他们，一起聊聊天，看着他们因为一幅美术作品而开怀大笑。我印象最深的是王雨用六幅太空画竟拼成了一张人脸！

他们仿佛也意识到离别将近，纷纷拿出纸笔留下我们的联系方式，从电话、微信到QQ，有的孩子制作了个性卡片来让我签名。我还收到了许多礼物，有手工课上编的手链，有折纸做的花朵……

下午我们一起去了少年宫彩排，总体来说是顺利的。排练好上场队形，准备好谢幕口令，彩排就结束了。剩下的就是我们小老师的活动时间了，校长带我们去了英雄纪念碑，上到山的最顶端，俯瞰城市，那感觉绝对与在高层楼房上看城市不一样。当时正好是黄昏时刻，蓝、白、黄三色云彩相互融合，形成渐变色挂在天际。翻过了一座座山，欣赏了黄昏后不同的风景，等到了回去的时候，夜幕已经降临，爬过的山峰上亮起了一盏盏灯，不同于城市中的霓虹灯，是内蒙古独特的灯光。

今天晚上是我睡得最晚的一次了。为了明天汇报演出顺利进行，我和老师们留下处理遗留问题，处理完问题已经一点左右了。我们回宿舍的时候发现操场上还有一群没有睡觉的伙伴，他们或坐或躺在操场上，欣赏在首都见不到的星辰。漫天的星星让我驻足，懂天文的伙伴为我们介绍，那星星聚集成长条的就是银河，那边最亮的是金星……这些在北京是看不到的，在内蒙古的经历梦幻且独特，是我的幸运。

支教日志：第六天

最后一天是汇报演出。远远地看着孩子们蹦蹦跳跳地下了车，有说有笑的，可我却想到了分别，随即又立刻打断了这个思绪。《少年中国说》的演唱让我感受到孩子们在尽力而为，没有麦克风的他们，声音盖过了有麦克风的我们，盖过了伴奏，整个场地回响着他们所唱的"少年自有少年狂，心似骄阳万丈光，千难万挡我去闯，今朝唯我少年郎，天高海阔万里长，华夏少年意气扬，发愤图强做栋梁，不负年少"。那声音震撼着我的心灵，仿佛要冲破屋顶，直冲云霄！

班主任寄言的时候，我说："本以为我们的交流会因为年龄、地域的差别而有困难，没想到你们的理解力竟然如此强大，对于新知识的渴望也异常强烈，并且没有因为我们的能力薄弱而改变对我们的态度，相反，你们以最饱满的热情和我们一起完成了学习任务。

相处的这五天,你们绽放的笑容,大大的拥抱,还有一声声的'老师',都是我们逐渐熟悉的见证。

感谢三小的老师、学生们!老师们为我们准备了最好的条件,积极配合我们的工作,真的很感谢你们,给你们添麻烦了;小朋友们也是积极、热情的,虽然我们教的不是正课,但是你们还是在认真地听,认真地理解,认真地记,让我们感到很欣喜。下课后你们习惯来找我们聊天,分享内蒙古的特色。这几天的点点滴滴,我们都不舍得忘记,每一个画面都历历在目。天下无不散之筵席,希望你们带着我们最真诚的祝愿成长,期待下一次的相遇!"

真的感谢内蒙古化德县三小的所有师生对我的教导和照顾,我体会了当老师的乐趣与责任,同时锻炼了自己,还收获了许许多多的友情,《今年夏天》这首伤感的歌曲放在这里正好合适,"我爱你们"和"我也爱你们"的互动将所有的感情点燃,老师和我们说过要控制自己的情绪,如果自己都控制不好还怎么让孩子们不哭?可是我还是没有控制住自己,从唱歌的时候开始哭,到结束的时候看见孩子们冲过来,我紧紧地抱住他们,不知道该怎么劝说。当我们分开的时候,我用力抽泣,又擦了擦孩子们的眼泪说:"不哭了,想我们的时候可以手机联系,放假的时候来北京找我。现在好好学习,将来考到北京上学,我们都还是有机会见面的!"不知道这样说能不能缓解我们彼此的悲伤,但我还是笑着将他们送了出去,我想给他们留下的是高兴的画面。本以为是我们送走他们,可谁想到最残忍的是让他们看着我们离开,大巴车开过,路边站着几排孩子,哭的笑的都在向我们用力地挥手,这个画面我将会永远埋藏在记忆深处。

第二次的离别就是和老师、伙伴们的了。伙伴们,感谢这几天的帮助,相近的年龄让我们的相遇变得容易,相信我们一定会在某时某地再次重逢!老师的分别礼物是书签,老师给我们每个人都写了几句话,对我这几天工作的肯定让我很感动,我一定会好好保存!我们也给老师写了书签，美丽的李芳老师、高大的李敬国老师、温柔的刘衍华老师、可爱的张建云老师、敬业的王颖老师，谢谢你们这几天的指导和照顾，只言片语说不清这感谢，留下这几天美好的回忆和一句"我爱你们"！

被风吹过的夏天

吴泽熙

支教日志：第一天

经过一天漫长的旅途，我们到了内蒙古乌兰察布市化德县第三小学。

还没下车的时候就看到各位老师、工作人员夹道欢迎我们，一天的疲惫都随着这份热情一扫而空。我问过带头的罗校长，原来老师今天不上班，但为了迎接我们还是坚守在学校，看得出三小各位老师十分重视这次活动。

我们在教学楼里熟悉了接下来要和小朋友相处的环境。虽然教室里并没有小朋友，但在我心中已经浮现出了一张张孩子的笑脸，鲜活的、明媚的，像是向日葵，充满着希望。

备课过程中，来自成都科实的老师一直在耐心、细心地指导我们，同学们也都仔细聆听，捕捉我们之前备课时没有考虑到的部分。这无疑是一种挑战，一种经历，我们和不同学校的师生为了共同的目标，倾力奋战。

支教日志：第二天

今天是我正式见到小朋友的第一天，在经历了漫长的准备之后，这次的见面有意料之中的稳妥，也有意料之外的喜悦。

我初次成为大家口中的老师，心中就像是压了一块巨石，如此沉重，沉重的还有我肩上的责任。

第一节语文课时，有一个小姑娘哭了，而我却没有及时察觉，这是我的失职，同时我也发现不能仅仅关注积极回答问题、紧跟课堂节奏的学生，还要捕捉其他孩子内心的波动，发现问题及时疏导排解。

在与人配合方面我也感受颇多：作为主讲时，我不能我行我素，让助教揣摩指令，而应该给助教下达最清晰的指令，方便他们协助我完成课堂教学；而作为助教时，我们要包容主讲做得不好的地方，并在讨论阶段及时告之，不仅要告之学生，弥补团队的错误，更要告知主讲，提升下节课的效率。

我们应该有"眼力见儿"，比如主讲放视频时，就快速调整灯光；主讲讲到精彩部分，那就要适当录像了。在这里，个人的表现已经不那么重要，集体圆满完成这次活动才是重要的。

支教日志：第三天

作为李虹霖老师的美术助教，我仔细观察了每个孩子的表现。有一个十分负能量的小孩子，我试着用正能量来影响她，但是收效不大。当李虹霖老师展示自己的画作时，这个小孩子一下子就热情高涨，甚至下课了都不愿意停下来。于是我明白了，要想让这个孩子认真参与集体活动，更多的是要捕捉她的兴趣点，一味地用自己的言行来影响她是不够的。

有一个认真但是没有什么绘画天赋的孩子，她先后尝试了画小猪佩奇、蜡笔小新，每一个作品都十分普通，都是半成品。于是我尝试引导她坚持到底，她果然听了我的话，坚持画完了海绵宝宝，最后她十分满意自己的作品。这两个孩子只是我们五一班中普通的一员，却有各自的性格。因材施教，古人诚不我欺。

下午上国学课，而且只上半节课。听到消息的那一刻我是震惊的。不得不说我并没想过会把课拆开，虽然王老师很人性化地给了我一节课的准备时间，但我的国学课要以语文为基础，所以课程效果不尽如人意。但是我也发现了孩子们的优点：他们熟悉台词并和最近的人校对之后，自发地到教室后面从头排练，这是我没有想到的。而且在这个过程中，没有具体的组织者，每个人都会提出自己的意见，听取有用的建议。我没能充分控制课堂，小朋友们为了使自己的话被听到，声音"一山更比一山高"，这也是我失职所在。

支教日志：第四天

今天的语文课是我准备最充分的一节，不出意料，也是目前为止我上的最好的一节。

这节课我综合了之前的种种经验。比如课前我在黑板上书写了"看山是山，看山不是山，看山还是山"。这一"谜题"，极大地调动了小朋友的积极性，一整节课都听得很认真，虽然我并没有为他们准备学案和白纸，但他们仍然自己记了笔记，十分认真。我还在"茉莉花茶"部分抛出了一个噱头吸引他们的注意力，他们就不再吵闹了。所以我发现，勾起他们的兴趣才能让课堂按计划进行。

班里有五个患鼻炎和对花粉过敏的小孩子：王雨、蒙晓歌、郭嘉宁、贾东晨和邦世举。虽然我一再强调他们不可以出去，但是小孩子还是不太好管，于是我让王雨来管理这几个孩子，孩子们也乐意听他的。

下午我们去了大草原，方丹、武云蕾、袁家慧等八个小朋友一直跟着我，在一望无垠的草原上让他们保持在我的视线之内是很难的，于是我告诉他们要爬上对面的山顶，有了明确的指令，他们也就不再乱作一团了。在路上，刘旭丹一直尖叫连连，她害怕虫子。虽然我也很害怕，但是我也要保护她。这也算是提升了我的责任感吧。

今天一天我收到了很多礼物，比如手链、零食、千纸鹤等，后来我见人就炫耀，当老师还是很有成就感的。

支教日志：第五天

今天是我正式授课的最后一天了，每一节课我都有不同程度的提升，这节课就让我自己十分满意。

相处了五天，孩子们绽放的笑容，大大的拥抱，都让我深受感动。

三小的孩子们都十分热情，有组织力。有时候我们有事抽不开身，小朋友们都会自己维持纪律，这让我们十分欣慰。他们也是体谅人的，在操场上上体育课时，我们助教的嗓子喊哑了，就有小朋友特别积极地说："我帮你喊。"还有我们每天早上都会到校门口迎接小朋友，有的小朋友问我们："你们昨天备课到几点啊？早点休息对身体好。"我听了就感觉有暖流涌过全身，疲惫都一扫而空了。

孩子们都十分认真，虽然我们上的课不是正课，但是他们每一节课都会聚精会神地听，有时候不要求做笔记的地方他们都会拿着笔和纸很认真地记下来，作为小老师的我们十分欣喜。

在化德三小的这几天，和孩子们相处的每一幕都令人感动，令人不舍。希望将来孩子们都可以考上好大学，有更好的发展前途。

支教日志：第六天

最后一天看见他们，舞台上的孩子们都朝气蓬勃，所有人专注地做同一件事，虽然我们班的《少年中国说》并不特别出彩，但是看着我的教学有成果，我十分欣慰。最后一曲《今年夏天》是我们音乐课刚刚教过的，没想到离别到来得如此之快。台上的小朋友奔向我，我强忍着不哭，在他们面前，我必须强大，安慰好每一个孩子，把他们送出门，这一切都看起来很正常。我内心的不舍被很好地掩盖了，我们一起拍照，手机里全是他们的照片，我却还是想再贪心一些，多拍几张照片，抱着一颗侥幸的心觉得不会走。当我们第二次出来时，孩子们还在冲我们挥手告别，此时的我终于忍不住了，我并不是什么端庄优雅的老师，就像我们一起玩"破冰"游戏时我说的，我只是他们的小姐姐。到了车上，书是看不下去了，仿佛目光所及之处全是我五一班的孩子们。昨天有人在黑板上写"五一班从此解散"，不，不会散的，永远不会散的，只是短别离，待历尽千帆，归来仍是少年！

以梦为马，不负韶华

赵璟轩

支教心声：今年夏天，我得到了很多的经验与体会，还收获了孩子们纯真的、满满的爱。他们都是不谙世事的懵懂少年，还需要历练才能成为顶天立地的大树。

支教日志：第一天

早在放假前，老师和同学们就开始准备八月份的支教活动。我很开心并且感到很幸运能成为支教团的一员。在准备期间，各位主讲老师珍惜一切机会，先后利用在校课后休息时间和假期对我们进行了多轮的培训与集体备课。感谢老师们与我们深入交流，指导我们，使我们的教案与课堂更加生动有趣。

从确定授课题目到最后教案定稿，我们一路精心打磨，反复修改，为了确保课程的高质高效，师生们都付出了很多的心血与精力。经过了一系列的准备工作，我们终于迎来了支教生活。在出发的前一天晚上，我久久不能平复内心的激动，很晚才进入梦乡。我期盼着支教生活的到来，对化德支教活动充满了期待。

到了8月4日，我们来到了位于海淀区的清华附中本部，所有人聚集在一起，换上了带有清华附中标志的紫T恤，就这样，我们成了一个大的集体。随后便乘坐大巴车开始了八小时左右的旅程。从小就非常容易晕车的我不凑巧在前一天晚上没有找到晕车药，怕晕车，还要同行的同学照顾我。很惊讶，也许是因为内心有期待，我一路上都没有感到不适，这还真是个好的开头。傍晚时分，我们到达了目的地——化德三小。看到三小后，我们惊呆了，这个学校的环境也太好了吧！真的是让我们来支教的吗？短暂地感叹后，我们进入到了分配的宿舍，收拾行李，稍事休息并且用完晚餐后，备课时间到了。每位同学都很认真地在听和讲，尽自己最大的努力去使课堂充实有趣。晚上回到宿舍后，因为我明天没有主讲任务，所以相对轻松很多，于是去帮助同宿舍的同学准备明天的内容。

支教日志：第二天

正式上课的第一天到来了，我早上醒来后就一直处于亢奋的状态，心里又激动又紧张。早早进入班级后，我怀着兴奋激动的心情，完成了与同学们的初见。我们首先进行了班会课，在班会课上，老师们先后完成了自我介绍，我们通过小游戏来让同学们相互认识，也认识我们。小朋友们都非常热情，他们都很积极地介绍着自己。

通过短短的班会课时间，老师与学生们之间建立起了信任。今天一整天我都在班里担任助教，通过一整天的接触，我与孩子们很快熟络了起来。让我印象最深刻的是在课间休息的时候，孩子们围绕着我讲自己的趣事，有调皮的小孩子与我开玩笑，一开始是在我的身后悄悄比身高，到后来便是明目张胆地面对面比身高。

这些孩子们愿意跟我玩耍、开玩笑。和孩子们相处，我感觉自己都变成小孩子了，可以放肆地不顾形象地大笑，无论什么烦恼都消失殆尽了。到了晚上，我开始备课，一切都还算顺利。

支教日志：第四天

今天第一节课，我在班里担任数学老师的助教，课堂上发生了一些不愉快的事情，但好在很快就没事了。第二节课我不用作为助教待在班里了，便去了二层的备课教室。短短的课间，发生了两件令人开心的事情：一是我正要走出教室时，身后有好几个孩子问我要去哪里并且说不想让我走，当时我内心涌过一阵暖流，我能感觉到小朋友们对我的喜爱，我非常高兴。二是惊讶于助教老师的准备速度，绳子本是说前一天晚上剪好，但当时助教们已经非常累了，他们便决定在今天的一、二节课时再剪。绳子数量很多，而且剪子是非常钝的，第一节课时在二层的助教只有两三个，但是当第一节课结束时，她们已经将绳子剪好了，感谢她们的配合。

其他的时间我作为助教和小朋友们一起试飞了飞机模型，还合唱了《少年中国说》这首歌，表达了梁启超先生对少年的激励。每个环节都顺利地进行了下去。

下午我和小朋友们一起去了草原，这里一碧万顷。化德的草原真的好美，也因为有伙伴和孩子们的陪伴，草原多了一份别样的美丽，这美好的风景我会一直记在脑海中。孩子们好像有用不完的力气，拉着我奔跑，当时的我们属于这片大草原，大家一起奔跑一起欢笑的感觉很棒。

支教日志：第五天

时间像流水般消逝了，转眼间已经到了分别的倒数第二天，上午没有我作为主讲的课程了。我坐在二层的备课教室里，心里多了很多的不舍，一笔一画地在明信片上写着对孩子们要说的话，原本想要快快乐乐地过完这几天支教生活的我一时之间竟差点儿落泪。

希望孩子们看到明信片时能够想起我们。仿佛心有灵犀般，我们都意识到了离别，到了班里后一群可爱的孩子拿着纸笔奔过来让我们留下联系方式。

我还收到了琨琨小朋友送的在手工课上学会的手链、用纸叠成的小花和爱心，非常感动。下午和孩子们一起去了少年宫彩排，一切都很顺利。我们又去参观了西山的英雄纪念碑，这里的风光与北京的不同，有一种让人想放下一切去感受生活的美好，远离城市的喧嚣浮躁的感觉。我站在山顶上俯视着沉浸在黄昏中的高低错落的建筑，顿感心旷神怡。回到学校后，夜幕降临，漫天的繁星闪烁着光芒，那是多么美丽的景象啊！可惜没有看到美丽的流星，因为流星来临之际，我已经进入了梦乡。

支教日志：第六天

时间像流星划过天际一样就这么消逝了，虽然相处的时间只有五天，但是这期间我和小朋友们一起学习、玩耍、生活，很喜欢这样的日子。

五天的时间过得那么快，就好像只是过了五秒一样。感谢伙伴们的帮助和老师们的指导，还有可爱的孩子们。擦去彼此流下的泪水，重新展开笑颜，各自踏上锦绣的明天。

演出很成功，为这意义非凡的支教活动画上了圆满的句号。为期六天的支教伴随着欢笑与泪水结束了，与化德就此分离，友情到永远……

学习的旅程

赵瑞生

支教日志：第一天

今天是支教的第一天，我怀着激动的心情来到清华附中，准备出发去内蒙古化德三小。见到支教团的同学，听完了他们的介绍，我感觉大家非常亲切，我有信心和他们一起出色完成这几天的教育教学任务。

刚到化德三小，我非常惊讶，因为我没有想到这里的条件会这么好，这里优美的环境缓解了我一路的疲惫，老师、工作人员都很热情，他们的款待让我感到很亲切、很幸福，这让我更有动力去完成我的工作。

晚饭期间，我与助教团成员慢慢熟识了，这时我才知道他们都是初中生，但是他们的思想很成熟，能够积极配合我开展活动。我们相处十分融洽，之后分组备课。有了助教的帮助，我更有信心讲好明天的课。

支教日志：第二天

今天是第一天与小朋友们接触，我怀着激动、兴奋的心情到多功能厅迎接我们班的小朋友。我发现他们见到我们时眼睛里闪烁着喜悦和期待，我知道我将要面对的是一群可爱的、真诚的、纯洁的小朋友，决定用我的爱心、真诚和耐心去感动他们，让他们在获得知识的同时收获喜悦与幸福。在"破冰"游戏中，我们建立了初步的信任和友谊。在语文课上，我还有一些紧张，但因为有助教和导师的帮助，我对课程内容进行了及时调整。在下午的国学课中，因为我是临时被调上来的，所以总是担心会不会准备不充分，但是在助教的帮助下，我将备课时准备的内容完美地展现了出来。

今天让我印象最深的就是我的语文助教说："需要我随叫随到。"她的这种敬业和乐于助人的精神让我很感动，尤其是她在还不知道会面临怎样的问题之前，就能这么爽快地答应我。

支教日志：第三天

今天我上了语文和体育课，因为天气不好，早上的体育课被调到了下午，因此我有了足够的时间备课，在上语文课之前我增加了看图识句的游戏环节，以便时间宽裕的时候可以用上。在课堂上我按照昨天的方式继续讲解语文知识，其中我也融入了一些新的课堂内容，同学们都在认真地倾听和思考。

下午的体育课，因为场地很大，同学们又对体育课的期望很高，所以他们到室外后非常兴奋，尽管有很多助教帮忙管理，可是同学们依然不能很好地"控制"自己，所以我只能不停地维持纪律。课后我反思了一下，在上课之前，我应该先和小朋友们讲清楚上课的纪律和本节课的学习目标，让小朋友们有初步了解，这样他们才能够遵守纪律，也便于老师管理。

今天的支教总结中，有一个很特别的项目，那就是给我们班的一位老师过生日。他们学校的同学很有心，给她准备了蛋糕、祝福语、藏头诗，他们之间的这种感情深深感动了我。

今天让我印象最深的一句话就是助教团领队说："其实我们来就是学习的，我们都很谦虚。"因为之前我知道助教团成员在学校里面都是学习很棒的学生，我以为这会给我带来很大的压力，但是通过这两天的相处，我发现他们真的都很谦虚，都在全心全意地帮助我。

支教日志：第四天

今天是支教的第四天，我只剩下最后一节语文课了。我从昨天的课堂中发现孩子们很喜欢识别诗句这个环节，所以特意在今天的课堂上延长了这个环节的时间，还可以让同学们回顾之前的所学内容。之后我就开启了全天的助教活动，和同学们在一起上课，跟他们聊天，了解他们的性格特点，同学们似乎都很喜欢我。他们给我画素描，送给我手链。这让我感觉到欣慰，因为我的真诚和付出能够得到他们的认可。我这么久的付出能够让他们接受，就是给我最大的鼓励，也是让我最开心的事情。

后来，我们带领着小朋友们到草原玩。这是我第一次见到草原，眼前的草原一望无际，头顶的蓝天陪着我们一路前行。小朋友们有的围在我的周围，有的给我带路，我非常感动。

晚饭后，我接到了担任汇报演出主持人的任务，于是开始和搭档写主持稿。我们一直奋战到 12 点，为明天的彩排做了充足的准备。

今天让我印象最深的一句话就是一个孩子说："老师，我把这个花送给你，你小心一点儿，别扎到，整个草原只有这一朵。"他送给我一朵很漂亮、但是有很多刺的花，后来我发现并不是只有这一朵，但是他已经把自己心中认为的最好的、独一无二的花送给了我，他的真诚、可爱让我难以忘怀。

支教日志：第六天

今天是支教的最后一天，汇报演出结束后，我就要和可爱的小朋友们分别了，很舍不得他们。早上收拾东西的时候我很难过，虽然只有短短几天，但是我却跟他们有了感情。

到了演出的地方，看着屏幕上播放的这几天的视频，回想起这几日的种种，我感到深深的失落。

在主持的时候我身后是哭泣的支教团，面前是哭泣的小朋友，因为我的身份、我的责任，我只有控制好自己的情绪，不去想这些离别的伤痛，就像主持稿里写的那样："支教团的辞别并不是爱心助学的结束，今日的离别是为了来日更好的相聚。告别今天，我们将站在新的起点；展望明天，我们将用奋斗塑造更加辉煌的未来。"

汇报演出之后就要与小朋友们分别了，看他们相拥而泣，我躲到了后台。不知道是谁跑过来抱住我，把我拉到舞台上，我知道我又恢复了小老师的身份，我必须要稳住他们的情绪。我跟他们讲，我们要像苏轼那样，做个豪放的人，做个乐观的人，我们下次北京再见，聚首清华！

希望我们的友谊长存，期待我们早日再见！

今天让我印象最深的一句话就是我的主持搭档说："别紧张。"虽然我有过主持的经历，但是在一个新的环境，面对新的观众，我还是会很紧张。他一直在旁边鼓励我，帮我捋稿子，陪我找感觉。台下他安慰我，台上他跟我默契配合，我一点点放松下来，不再紧张。

不忘初心，一路向前

姚　远

今天是支教之旅的第一天，为了能够在七点五十以前到达清华附中本部进行集合，我在四点半的铃声中醒来。虽然有些早起的困倦，但还是怀着激动的心情赶上了地铁的首班车，前往清华附中本部。在第一天，我感受到了前所未有的使命感、责任感和喜悦感，希望我能在支教过程中帮助别人，充盈自己！

支教的第二天，也是正式上课的第一天。经过昨天晚上与我们五年级2班来自成都七中的助教相互认识，一同备课，我本来对今天的课程充满信心。但不幸的是我感冒了，嗓子又肿又疼，总是咳嗽。我坚持上完了第一节的班会课，和各位小同学互相认识，进行了"破冰"游戏。中午，我的病情更严重了，状态实在是太差，只能回寝室休息了。下午最后一节的国学课也只能和别的主讲调整了一下顺序。

支教第三天，早上起来以后我感冒的情况更加严重了，所以一整天都待在寝室休息。下午我感觉自己情况好了一点儿，嗓子也不再那么疼，就坐起来看教案和课件。对于我的班级，我感到非常抱歉，由于我感冒了，我们班的主讲、助教、指导老师都比其他同学更加辛苦，在此我衷心地感谢大家帮助我，填补我的空缺。还要感谢校医刘老师、王颖老师对我这个病号的照顾。这使我真正意识到了是这次支教活动使我们变成了一家人。

早晨的第一、二节课是四年级2班的美术课，经过一天半闷在寝室的闭关备课，我的教学过程非常顺畅，而且小朋友们都非常配合我，我也非常感动。在小朋友们自由绘画的时间里，有一个小姑娘因为觉得自己画得不好而不想给我看她的画，捂住了自己的画也不给别人看。我安慰了她一会儿，告诉她画是没有好坏的，绘画和写作、舞蹈、唱歌都是一样的，是表达自己内心的一种方式，只要能够表达出自己心里想要表达的东西，那么这幅画就是完整的，就是好的。小姑娘又在桌子上趴了一会儿，很快又拿起笔，继续给画面上色。下午我们和学生们一起去了草原，体验到了内蒙古的清新空气和大片的绿色。天空很蓝，云彩仿佛离我们很近，大片大片的，使人心旷神怡。很多学生摘了小野花插在我的头上，还捉蚂蚱吓我玩，仿佛我们之间没有了距离。

支教的第五天，也是正式见到五年级 2 班孩子们的第四天，我终于迎来了正式给这个班的孩子们上的第一节课。在这节课之前，我去开了一个班主任与最后一天文艺汇演相关的会议，第二节课又在操场上和孩子们共度了一节体育课。我们一起踢足球、玩游戏，一起出汗，感受到了许多快乐。第三、四节课是我的美术课，和已经熟悉的同学们一起上课，他们都格外配合，问我问题，问我他们的画好不好看。我与孩子们一起交流意见，在交流中，我发现小朋友们具有非凡的想象力，正是因为这样，他们才能够看到这个世界上很多我们无法看到的美丽。下午，我们彩排了明天的文艺汇演，很累但是很充实。晚上，我们一起去了西山公园，爬山，看落日，感受傍晚内蒙古凉爽宜人的天气。晚上睡前，室友提议一起出去看星星，我的兴致一下子被激发了，忙点头同意。我们套上外套，穿上鞋袜，来到操场。满天都闪烁着星星，简直是美极了。有几个其他学校的同学懂得许多天文知识，我们就一起躺在操场上跟他们辨别星座。望着浩瀚的星空，一瞬间感觉自己非常渺小。时空遥远，无限蔓延，只能失神仰望，无法触及。不知不觉间，时针指向了凌晨一点，我才起身回寝室休息，一躺下就睡着了。

　　今天是支教的最后一天，早起，六点半将行李放上车，吃完早饭七点二十前往汇报演出的地方。我们抓紧时间最后彩排了一遍教师节目，然后见到了小朋友们。一股悲伤弥漫在我们心头，久久不能散去。今天上午我一直不太清醒，但身处这样悲伤的氛围，我还是被迫清醒，去面对分别。最后的大合唱环节之前，我代表五年级 2 班发言，我们将带着这些真挚美好的祝愿，收藏孩子们志存高远、自强不息的信念，坚持"苔花虽小也学牡丹"的精神，永远珍惜这次支教带给我们的珍贵收获，风雨兼程，逆水行舟，不忘初心，一路向前。

　　这是我第一次参加支教活动，很荣幸得到了这个机会并且肩负班主任这项重担。主讲和助教不断磨合，相互帮助。我们也得到了小朋友们的喜爱。这次支教活动让我明白真心、真诚对待别人是多么宝贵的品质。

没有比脚更长的路，没有比人更高的山

李佳钰

支教日志：第一天

汽车飞驰在高速路上，仿佛在穿越一条神秘的时空隧道。山林逐渐变为一望无际的草原，天空一点儿一点儿被渲染成深蓝，我们离云端的距离越来越近……忽然，车停了。经过八个多小时的车程，我们终于到达了目的地——内蒙古化德县第三小学。如果说北京是酷热的，那这里便是意想不到的凉爽；如果说北京是喧嚣的，那这里便是宁静与安详。简会结束，已是深夜，我们来到分配的宿舍。月光柔柔地撒进屋内，这里仿佛人间仙境。这里的确是人间仙境，因为这里充满纯真与生机。我拿出明天需要用的教案，认真备课，仔细重复每一句话，紧张而激动。这个夜间，注定难眠，因为，光是想到明天与孩子们的见面，就足够让我兴奋。不知夜里几时会进入梦乡，是梦到他乡还是梦回故乡？

支教日志：第二天

第一天的教师体验，问题与收获并存。孩子们的基础出乎我的预料，所有的问题，他们都能很快解答。这严重打乱了我的课堂节奏，最后我只能硬着头皮去讲一个完全没有准备的课题，草草收场。在这一天中，无论是在小朋友面前的自我介绍，还是授课时的发挥，我都略带紧张。如果用一个字来形容我今天的感受，那就是"乏"，不仅是身体上的疲乏，还有处理课堂失误时经验的缺乏。下午举行了课堂经验交流分享大会，在和同学们的交谈中，我意识到了自己存在的问题，也得到了更多解决问题的方法。晚间，我照例备课。正如汪国真诗中所说，"没有比脚更长的路，没有比人更高的山"，乏并前行着，累并快乐着。希望我能以孩子为镜，反思自己，照亮希望，指点未来。有了今天讲课的基础，我对明天的授课更有自信，同时希望明天的手工课能与小朋友们一起愉快度过。

支教日志：第三天

　　支教生活很美，可也不只有诗意。早晨起床，我在床单上发现了几只虫子，身上有被虫子咬过的痕迹。内蒙古的虫子很大，也极不怕人，每个宿舍都有人被叮咬。大家共苦着也互相鼓励着。今天是体验当教师的第三天，也许是因为三尺讲台的责任感与威严感，让我觉得自己说的每一句话都有可能成为孩子一生的指引，因此，在今天的讲课中，我还是有些紧张。还好今天是手工课，在与孩子们的逐渐交流中，我慢慢变得自然。孩子是可爱的，他们对谁都可以敞开心扉，我喜欢他们的天真无邪，羡慕他们的童言无忌。在这一节课里，我的举止或许还有些手足无措，但是应该承认的是，我确实比以前进步了太多。人，应该更无拘束地去博取属于自己的世界，以星星之火，点燃熊熊生命。

支教日志：第四天

　　当清晨的斜晖穿透窗帘时，《时代在召唤》的铃声从手机中传来，同伴们的身影活跃在操场上——新的一天到来了。这是支教团在内蒙古化德县的第四天。从早间8时开始，至午间11时结束，孩子们在轻松的氛围里了解了屈原，学习了数独，领略了写生……学生因学到知识感到开心，而教师因孩子们开心而开心。我与同组成员激烈讨论，与导师们不断交流，调整教案。下午，校长团从千里之外赶来，对支教团全体成员进行指导。手工课上，孩子们热情地将自己编的手链送给校长们，场面和谐而融洽……"细雨湿衣看不见，闲花落地听无声"，在我看来，支教团成员对孩子们的教导，也正如细雨闲花一般，纷纷扬扬，划过天际，不留一丝痕迹；轻轻坠地，不留一丝余音。但是，雨虽湿衣看不见，可谁说这感情不磅礴，不然，怎地打湿了整件衣衫；花虽落地听无声，可谁说这场面不壮烈，不然，怎的铺满了整条街道……

支教日志：第五天

　　今天是在内蒙古支教的第五天，也是我的课程的最后一天，数学课的结尾，我送给了孩子们一段话，把它记录在这里，留给我回忆。

"同学们，我们的三节数学课到此就结束了，感谢大家这几天的积极配合，也感谢各位老师的辛苦付出。这几天，我感受到了独特的民俗，也被同学们的朝气深深打动。与你们相处的这段时光，注定会成为我生命中的一段难忘岁月。最后，我想送给大家一首美国女诗人狄金森的诗：

  我本可以忍受黑暗，

  如果我不曾见过太阳。

  然而阳光已使我的荒凉，

  成为更新的荒凉。

"我觉得这首诗对于求学的人来说，有独特的寓意。知识宛如一道阳光，它能照亮我们平淡无奇的人生。无论是学习数学，还是学习其他学科，都是用知识填补自己的过程。一个有知识的人，才有可能成长为有思想的人；而有思想的人，才能拥有更厚重的人生阅历。我希望在未来的求学道路上，大家能以一种端正的心态，静下心来，努力学习，开拓自己的知识领域，丰富自己的精神世界，成为一个自信、自强、自由的人。希望我的追求与你们同行，同在！再次感谢所有同学和老师！"

支教日志：第六天

支教的最后一天有令人期待的文艺汇演，前几天的辛苦排练，都要在这一天进行展示。可以看到，每一个班级都为此精心准备。精心准备的结果，是为在场的每一个人带来了一场视听盛宴。最后一个节目是全场一起演唱《今年夏天》。不知怎么的，在演唱的过程中，我的泪水夺眶而出。或许是因为看到了孩子们的泪水而倍感心酸，或许是因为心生一种留恋且难舍难分的情绪，又或许是因为看到祖国新生希望的感动与欣慰。这个夏天，我们相遇在这里，婉转浅笑，相遇而又分离。不知何时再见，不知何处重逢。只是，这些人，这段生活，这种品质，将永远被封存在我的心底，成为一段美好的回忆。在未来的人生道路上，它将伴我左右，时时给予我前行的决心与勇气。也许人生的道路并没有改变，沿途的风光也依旧美好，但是，我一定会从中看出不一样的精彩，因为我的心态与思想，因为这次支教活动而悄然转变。

最好的礼物

王梓羽

支教日志：第一天

早上，48名师生登车出发，一路北上，历经八个小时，来到内蒙古化德县。

放眼望去，蓝天白云，晴空万里，化德三小偌大的校园整洁有序。每一个小老师有序回到宿舍并领取基金会准备的生活用品。

下午六点，化德三小的老师们为我们准备了丰盛的晚餐。晚餐后，罗校长带领大家来到教学楼的备课会议室，介绍了未来几天支教的注意事项和教室安排，并请罗主任为每个班调试电子设备，为接下来的支教活动做好了充分的准备。

下午七点，支教团的第一次集体备课开始了。在经过简短的介绍后，首先是每一位主讲老师的试讲。起初，陌生感使得同学们没有很好地进行交流，但是在一个又一个问题提出后，气氛开始活跃起来。主讲老师和助教老师相互促进提高，互通有无，助教们为主讲老师提供了非常多的宝贵意见。正是由于小老师们和两位导师的细心负责，在细化班会课流程和主讲、助教分工安排中都取得了非常好的效果。

在繁忙的备课环节结束后，小老师们都怀揣着一点点初次上课的紧张、即将见到小朋友们的期待和对课程安排的十足信心结束了支教生活的第一天。

支教日志：第二天

怀着期待和一点点紧张，我在化德县六点的晨曦中醒来。放眼望去，偌大的操场上，紫衣服星星点点。我直奔教学楼四一班。望着空空如也的教室，幻想着孩子们一个个睁大充满着期待的双眼，心里不由得一颤——要当老师了，我像准妈妈期待自己的孩子一样，期待与他们相遇。

我从未如此期待着八点的到来，多想隔着门缝偷偷看他们一眼。

"四一班的同学们好，我叫王梓羽，在未来的这五天里，我将是你们的班主任老师。"我将一张张陌生的面孔飞速录入脑海。我笑一下，孩子们也跟着我笑，有的还跃跃欲试，要拉起我的手。那一刻，我的心都化了。我不经意间瞥见了身旁的另一个班主任刘臣韪，一个一米九的大男生的眼里充盈着深情。

班会课上，助教小老师们和主讲小老师们进行了简单的自我介绍。紧接着，又请小朋友们轮流自我介绍。孩子们大多都在12岁上下，花一般的年纪，身上洋溢着青春的美好。初次见面的陌生感使得孩子们的表现略显拘束。

担心了一个晚上的语文课终于来了。昨晚备课的时候，我和助教老师修改了一个更为通俗的版本。上课的时候效果出奇好，每个孩子都看着黑板，和老师呼应，回答问题。孩子们的知识储备量变得出乎我的意料，课程进行十分顺利，时间把控相当好。我还加入了猜谜语的互动环节，每个孩子都争先恐后地发表自己的见解和想法。午饭的时候，我和同伴们分享了一下刚刚结束的语文课的体验、经验和教训。

下午的音乐课出现了一些小插曲。新歌导入环节，孩子们已经可以跟着伴奏熟练地哼唱了。没有电子琴的辅助，孩子们开声练习时磕磕绊绊。好在我临时调整了上课形式——每小组围一圈，由助教老师辅助孩子们练习，使得音乐课顺利进行，两节课完成了歌曲《白龙马》的学习。

支教日志：第三天

化德三小的操场是紫衣的天堂，活跃在跑道上的小老师们释放着活力。不一会儿，场中央的绿草坪上聚集起了人群。张老师带着小老师们踢起了足球。我球技不精，便在场外用照相机记录美好瞬间。

吃过早饭，看着孩子们一个个兴高采烈、一颠儿一颠儿地跑进校园，我欣慰极了。几个孩子看到我来了，蜂拥而上，围着我又是拉又是扯，把我拥进了班里，我那叫一个开心和满足啊！

经过昨天一天和孩子们的熟悉，手工课主讲杨老师紧张的心情舒缓了很多。手工课的主题是海底世界。老师先让孩子们说了说自己心中的海底世界是什么样子的。接着，老师又展示了现如今被污染的海洋。这触目惊心的对比，无疑加深了孩子们环保的意识。分发黏土后，二组的几个孩子跃跃欲试，也有两个孩子无所适从。我就把八个孩子分成两个小组，大家一起做。我看着孩子们被 PPT 上的图片束缚了想象力，再加上蓝色的黏土本就稀少，我就让他们想一想海边的沙滩、海底的火山。孩子们一下子思路开阔了许多，都拿着自己的黏土开始大胆尝试。两节手工课很快就过去了。下课的时候，我收到了一份来自一个小女孩的黏土礼物——一朵玫瑰花和一朵荷花——第一份来自我的学生的礼物。

令人期待的体育课终于来了。老师先带着孩子们跑步热身，然后围成一个大圈做热身运动。在简单的足球教学后，孩子们分成小组自由练习。十分钟后，同学们分成了两个队伍踢比赛。看着孩子们在操场上挥洒着汗水，我多想让时光在此刻多停留一会儿。

体育课结束了，孩子们又该回到《西游记》的世界里来了。每组不同的孩子扮演不同的角色，孙悟空、牛魔王……孩子们以情景对话的方式读课文，一边读，一边分析文本。这样不仅大大加深了孩子们对原著情节的理解，还让每个孩子都能参与进语文课堂。

下课了，放学了，孩子们收拾好自己的小书包，里面塞满了今天的收获。我一路把孩子们送到校门口，孩子们带着微笑向我们招手。

"明天见！"

吃过晚饭，回到四一班的教室里，白天充满着欢声笑语，晚上便充盈着美好回忆。时间并未留下痕迹，光阴却又犹如白驹过隙。

化德寂寥的夜空，等待着小老师们的归来，期待着他们明天更加出色的表现。

支教日志：第四天

明媚的阳光穿过窗户，叫醒了小老师们。大家不约而同地聚集在化德三小的操场上，展开了八人足球赛，而我也"不幸"被拉入伙。

孩子们陆陆续续进了校园，阳光下闪动着青春的影子。

教学楼前，一个男孩子突然摔倒了，我急忙跑过去，一看，原来是我们班那个爱哭鼻子的小男生。看见我来了，他硬生生把眼泪憋了回去，跟我说"不疼不疼，没事没事"。他站起身，拍拍身上的尘土，拉着其他比他高很多的大男生冲向操场。"小心些，别摔着了，早点儿回班！"我看着他转身的一刹那眼泪掉了下来，我相信，那不是弱者的眼泪，而是坚强在示威。记得他之前受委屈的时候，还委屈得一把鼻涕一把泪。我总是跟他讲"男子汉要坚强""男儿有泪不轻弹"之类的话。今天的他，在我面前忍住了眼泪，说明哪怕是不经意的一些安慰，孩子们也会记在心上。为人师者，任重而道远。

到班里的时候，看见几个小老师已经到了，我打趣地跟他们说："最后一节课了，上完就轻松了。""得了吧，我们组有两个孩子可喜欢你的语文课了，要是知道这是最后一节课了，那得多伤心啊。"语文课就要结束了，但如果始终秉持着一颗热爱语文的心，那么语文永远也不会结束，因为生活中处处是语文。

美术课上，老师带着孩子们运用上节课所学的简笔画知识，完成了有关龟兔赛跑的连环画。一开始有的组按图一、图二、图三、图四或者铅笔稿、勾线、上色进行分工，但总会有同组的小朋友无事可做。我就让二组的孩子先改变思路——四个人同时作画或者让每个孩子掌管不同的色块。这样不仅加快了进度，还让每个孩子都同时参与到美术课中，培养了孩子们团队协作、礼貌谦让的优秀品质。

鉴于前两节音乐课孩子们掌握歌曲《白龙马》的速度过快，我昨天晚上和音乐刘老师备课的时候，对接下来的课程内容进行了改动。在这几天和孩子们接触中，孩子们常常送给小老师们礼物，我们也想给孩子送一份特殊的礼物。于是我们决定教孩子们一首新歌——《今年夏天》。夏天是个充满希望的季节，有种令人不舍的感觉，夏天也是个离情依依的季节。我想，今年夏天的回忆，是小老师们送给孩子们最好的礼物。

音乐课的出彩，获得了校长和局长的一致好评，这是孩子们和小老师们共同努力的结果。为奖励孩子们的出色表现，教育局局长特地安排了一次草原行。

孩子们兴高采烈地跑上了学校安排的公交车，男生让女生，高个子让小个子。这一幕幕的谦让，一点点的进步，让我这个任期只有短短三天的班主任心里的自豪感油然而生。

很快，车窗外便是一片苍茫葱翠的草原。一下车，我连忙跑去和孩子们会合。不同以往的是，孩子们排成整整齐齐的两列队伍，安静地站好，等待着我们的到来。孩子们分成不同小组后，每组由两个小老师带领"四散逃开"。我和另一个班主任带领三组直奔山头，意外和一组会合。孩子们一路上采着花，有的把花卷成一束送给老师们，有的直接把花插在了我的头上。孩子们的热情深深地感染着我，回归草原，回归自然，回归内心的平静。

日薄西山时，孩子们要回家了。

"明天见！"

虽说明天只有半天的课，晚上的备课依旧忙碌而充实。有课的小老师照常备课，没课的小老师赶制明后天的道具。回到宿舍，已将近午夜了。

支教日志：第五天

清晨的足球赛依旧照常，小老师们你追我赶地在化德三小的操场上释放青春活力。

第一节课，老师给孩子们带来了一堂别样的数学课——错觉。一开始孩子们还坚信自己的眼睛，在草稿纸上写写画画，后来在老师的带领下做好了一个莫比乌斯环，亲手感受到了眼睛带来的视觉错觉。

明媚的阳光给了操场暖意。体育课上老师带孩子们学习了武术。孩子们第一次接触武术，兴致很高。从一开始摇摇晃晃的仆步抡拍到后来稳稳当当的震脚砸拳，短短的四十五分钟，孩子们不仅学到了标准的武术动作,还领悟到了坚韧不拔的武术精神。

  下午的时候,我将孩子们分成了表演组和唱歌组,分开排练。半个小时后的合排特别顺利。出发试场地前,所有小老师们拿出准备了一晚上的明信片、书签、布袋、文具套装送给了孩子们。教室里,有的孩子在认认真真地看小老师们写给他们的话,有的孩子拿着笔和本让小老师们给他们写一些话。由于时间原因,我就把孩子给我的本子收了上来。结果一收就收了二十多本——真是一份沉甸甸的爱啊!

  全体到少年宫初次合排,第一次上场表演不太顺利,与设想的效果有所偏差。在候场的楼道里,我狠狠批评了不听指挥、不团结、乱动乱晃的孩子和小老师们。孩子们一改刚刚的嬉皮笑脸,认真听我讲改动方案。简单的排练后,第二次上台后虽说只是练习走场,但大家个个精神抖擞,站得笔直。

  "明天见!"

  整体合排后,小老师们陆陆续续回到了车上。

  "刚刚看你训孩子,从没见过你跟他们这么严肃过,也算是见到了'瞋视而有情'是一种什么样的状态,你是真挺适合当老师。"

  "支教前我还真想过将来当老师,自从见到孩子们后,想当老师的心愿就越来越坚定了。"

  驱车回到化德三小,看着备课教室里的那一摞来自孩子们的本子,空荡荡的四一班教室里,我在一笔一画书写着这几天和孩子们最纯真的回忆。不知不觉间又到午夜了。缓缓垂下的天幕间,繁星点点,银河无边。抱着孩子们的小本子,躺在星空下,展望着无限的未来,怀抱蓬勃的希望。从陌生的闭区间到爱的开区间,流淌的是岁月,不变的是时间,只是有段师生情,会被永远铭记。入夜微凉,再美的星空也挡不住我冲向温暖被窝的迫切心情。一摇一晃回到宿舍,其他小老师疲惫了一天都早已沉醉在梦乡里,那里可能还有孩子们洋溢的笑脸——因为小老师们的脸上都甜甜的,好像在微笑。突然间,我发觉还有几个孩子的本子没有写好,开了一盏灯，悄悄地继续写。尽管夜里的空气是冰凉的，可孩子们的热情似乎住在了本子里，让我的心里暖洋洋的。凌晨三点，我画上了最后一个圆满的句号。

支教日志：第六天

今天的操场格外安静，昨夜的星空，似乎还停留在脑海里。再看你一眼，我们就要说再见，不知何时会相见，曾相处的画面不停地在眼前重复上映。早饭的时候，小老师们都默默不语地低头吃饭，剥着鸡蛋便不觉落下泪来。这伤感的情绪不久便传染开来，几个大男生也缄默不语。

再见到孩子们，他们还是那样整整齐齐，满脸期待。一看到我们来了，便挥手欢笑。老师一声令下，孩子们迅速站好，精神抖擞，身形挺拔，有模有样。进了少年宫，孩子们安安静静地在座位上坐好，小演员们一遍遍对戏，小歌手们轻轻哼唱。

快到四一班上台了，孩子们又紧张又兴奋，短短的三分钟，所有的孩子和小老师都拿出了最好的状态。坐在台下的我止不住感动和激动，给台上的他们竖起了大拇指。在班主任小老师寄语的环节，手中攥着昨天写的稿子，可话都印在心里。看着台下的孩子们各个偷偷地抹眼泪，我也咬着牙不掉泪。

"四一班，最棒！老师，我们爱你！"孩子们纷纷站起身，使出全身的力气高喊。那一刻，最后一点点心里的防线被击破，眼泪止不住流了下来。在全体大合唱的时候，孩子们围到我身边，抱着我哭得双眼红肿。我擦去他们脸上的泪水，孩子们也轻轻擦去我脸上的泪水。"不许哭！不许哭！"哪怕是自己已经泪流满面。"再哭我可罚你们跑圈了！"哪怕是再也回不到化德三小的操场上了。虽然我常常这样说，可最调皮的孩子也没跑过一次。我的脑海中是孩子们灵动的小眼神，活泼开朗的神态。

孩子们，我是四一班的班主任王梓羽，在这个繁花似锦的季节，我们来了。在这短短的五天里，我们从相遇到相识再到相知，你们的活泼开朗、热情善良、才思敏捷、团结互助，在每一位老师的心中都留下了深刻的印象。老师还记得在第一节班会课的时候，同学们对自己的爱好和梦想畅所欲言：有想成为足球教练的，有想成为演员的，有想成为老师的，有想成为医生的，有想成为运动员的。老师希望大家在追逐自己梦想的道路上，不忘初心，砥砺前行。老师相信你们一定会在未来的人生道路上，绽放属于你们自己的、最耀眼的光芒。四一班！一分钟只有六十秒，但我爱你们多二十秒。分别是为了更好的遇见，愿我们北京再见，聚首清华！

遇见，就是缘分；回忆，总是美好

刘臣题

支教日志：第一天

相遇总是缘。四所学校的大老师和小老师们，八点钟准时聚在清华附中的大会议室里，为支教工作进行着最后的准备。各学校带队教师、领队发言结束后，我们登上了开往内蒙古的大巴车，经过八小时的颠簸，看着路边的景色由高楼变大山，再由大山变草原，最后我们终于来到了草原之中的小县城——化德县。一进校门，那里的操场、蓝天白云、新鲜空气，都使我震撼，因为我怎么也没有想到，在草原深处能有这么美的景色。晚上开饭，我感受到了内蒙古人的豪爽与热情，他们总会给大家多盛一点儿，让大家吃得饱饱的。短暂的全体会结束后，我们开始备课。我们分工明确，将教室的桌椅摆放得整整齐齐，黑板上也画上了装饰。说累，也不累，因为在这繁花似锦的季节，我们来了，我们给小朋友带来了快乐，带来了知识，带来了温暖。

支教日志：第二天

遇见，就是缘分；回忆，总是美好。

昨天我来到了内蒙古，感受到了这里的凉爽还有内蒙古孩子的热情，他们那份求知若渴的精神也令我感动。

内蒙古的天气特别好，在这样的美景中，我很早就起来了。由于暂时不太适应这样的睡觉环境，我昨晚没有睡多少个小时，但脸上仍然洋溢着笑容，因为今天要见到孩子们了，很兴奋，很期待。

今天早上我见到了小朋友们，他们每个人都带着笑容走进校园。我把他们领进班级，开始上课，成了梦寐以求的小老师。第一堂课永远是最值得铭记的。小学生真的很调皮，我的讲课总是被他们的笑声打断，所以我的第一堂课就以陪伴他们为主。谱子分发到他们手中，我融入他们中，陪着他们数着卡片上的数字，陪着他们用手指去表达谱子上的音符，在快乐中他们学到了知识。

支教日志：第三天

阳光灿烂明媚。

我一直认为，沐浴在大自然下的孩子永远有一颗好奇心。带着这份期待，我和搭档陪着孩子们做了两个手工作品后，让他们自己动手，孩子们的表现得到了我们的表扬。

今天手工课后，孩子们和自己的作品合影。在他们脸上我看到了青涩的笑容。有一个小朋友送了我一份礼物，真是让我感动。在我的体育课上，"一，二，三，四！"的声音漫天飞扬。足球场上，同学们激情洋溢，将体育精神展现到极致。他们青涩的脸上洋溢着笑容。下课后，有孩子问我："老师，怎么把球踢好啊？我以后要当足球运动员。"我告诉他："只要坚持自己的梦想，不忘初心，砥砺前行，勤学苦练，终有一天你会成为中国男足的希望，实现自己的梦想。"

支教日志：第四天

支教时间已经过半，所以在今天的音乐课上，我教了他们一首《今年夏天》，这是一首送别的歌曲，是我送给他们的礼物。唱这首歌时有好几个小朋友哭了，最后在助教老师的帮助下，控制住了局面。校长团来访，我们很好地完成了课程的学习，得到了校长们的一致好评。教育局长组织我们来到了当地的一个草原。那里的草是嫩绿的，空气中有青草的香气，天空也是湛蓝色的，云彩各式各样，还可以听到羊吃草的声音。走在草原上，仔细听可以听到夏虫的歌声，走过草场，各种虫子开始了它们的舞蹈。这才是真正的草原啊！

支教日志：第五天

时间飞快，我的课程已经结束。今天下午彩排了节目。四组演员表现得非常不错，每个孩子都很用心，唱得很努力。我喊哑了嗓子，却换来了美好的结果与回忆。我们在罗校长的带领下来到了化德县的烈士陵园。我们带着对先烈的崇高敬意走上了山峰，看到山后的草原与远处的晚霞交相辉映。下山时，大家看着路边的坦克、大炮，都抢着拍照。山脚下，有一个水帘洞，大家又像小孩子一样冲了出去，一片欢声笑语。回到学校，打扫教室，晚上大家相约躺在操场上一起看满天星、流星雨，还有那无边的银河。

支教日志：第六天

时间过得真快，这已经是最后一天了。支教生活是快乐的。每天能够见到那么多的同学和老师，看到他们脸上洋溢着笑容，一切辛苦都烟消云散。今年夏天，我们来了。这个夏天是完美的。一场汇报演出，表达了大家的心声。

再见北京，聚首清华。

此次离别是为了下次更好的相见。

在这五天的时间里，从班会课的陌生，到汇演的熟悉。你们让我感动，让我不舍。今年夏天是最美的季节，也是令人不舍的季节。今年夏天是个充满希望的季节，我们就要说再见，不知何时再相见，曾相处的画面，不停浮现在眼前。

相逢便是缘，让我们友情到永远，不忘初心，继续前进。

永远的我们，永远的四一班。

感谢遇见

杨惠竹

支教日志：第一天

今天，我们一行48人乘坐着长途大巴从北京赶到了内蒙古化德县第三小学。

气温渐渐回升了，我的内心极其舒畅。一场大暴雨改变了很多行程，但是遇见，就是缘分；回忆，总是美好。

当我们到达时，已经是下午五点多了，校长迎接了我们，我永远记得她说的第一句话："谢谢你们来到这里。"这是一位身体微胖、说话带有地方口音的领导，我怎么也不会想到她会这么说，用更深含义的"谢谢你们"代替了"欢迎你们"。我从心底佩服这位校长，也更加坚定了我要带给这里孩子们知识与欢乐的决心。

我们迅速安顿下来，整理行李，收拾床铺，然后吃了晚饭。在餐桌上队员间才开始真正认识对方。遇见大家，是缘分，感谢大家。

很快，夜深了，大家在一番梳洗后入睡了，好和谐。伴着夜色，回忆今天，总是美好。

支教日志：第二天

想想当时的自己，真的是拘谨啊。小学语文，是文学素养培养的基础。接下任务的时候，我心中满是担忧。很幸运，遇见一群可爱的天使，包容我，配合我。一个星期的教课经历，让我对教师行业充满了敬意。教师是责任感很强的职业。备课不仅要努力钻研教材，更要结合学生特点精心设计环节，做到"备教材、备学生、备资源"三位一体的结合。自己带过学生，才真正体会到当老师的不容易。老师们，辛苦了！教师，是幸福感爆棚的职业。一张张稚嫩的脸庞，一双双求知的眼睛，无一不是令人心醉神迷的。当学生们清脆地说"老师好""谢谢老师"时，老师能感觉到自己是被需要的，自身的价值在一点点地实现。和你们在一起，多幸运！

支教日志：第三天

和当地的学生相比，我们这些孩子的生活真的是太好了，不需要上山下山，来回奔波，不用下地干活儿，不用为了生计发愁。我们不但要珍惜现在，珍惜这美好的生活，而且要尽力去帮助他们，哪怕是一点点。勿以善小而不为，每个人心中都有一把火。

第一次教三十多个学生，很幸运能遇到这群孩子，估计以后也不会有这种体验了。我没有做老师的经验，给他们上课的过程也是我学习的过程，我和他们一起共同学习、共同进步。

他们把我当成知心大姐姐，遇到什么问题都会向我咨询请教，我也很开心能帮到他们。

支教日志：第四天

今天又是充实的一天，我们依然是照常上了一天的课。

让我深感遗憾的地方就是：今天下午我们去草原了，但去草原玩并不是最让人记忆深刻的，反而是在去草原之前，我知道班级中有一些孩子不能去，这是最让人揪心的。

在去之前，由于担心有些同学会因对花草过敏而生病，老师提前统计了有这些状况的同学，不让他们去。

在去之前，那些不能去的孩子超级后悔当初为什么要上报自己的名字，他们一边哭一边拉着我的手说："姐姐，您住哪儿啊？我们还能再去玩吗？您在北京哪儿啊？以后能一起上大学吗？"

这些问题问得我也越来越舍不得他们。我拉住他们的手，安慰他们，告诉他们我们的年龄相差并不是很大，以后去北京，我们一定会热情招待他们，如果我们再来内蒙古，也一定会再次相见的。

可他们对我依然是依依不舍，但分别总是要来临的。

就这样，他们看着我们离去的背影流泪。

支教日志：第五天

今天我们彩排了文艺汇演。

在彩排之前，我们给同学们发了小礼物，看到同学们拿到小礼物时开心的表情，我们也觉得好开心。这时我才体会到为什么都说老师如同父母一般，因为真的是看到学生笑，老师就会跟着笑；看到学生哭，老师也会跟着想哭。很多同学在唱《今年夏天》的时候都哭得很伤心，我们心里也不好过。

彩排时，让我印象非常深刻的一件事就是，在彩排休息时，我们班的一位小朋友送给我一块糖，我的心瞬间被融化了，真的非常开心。

整个彩排期间虽然我们班的表现并不是特别好，但他们在我这个小老师心中是最棒的！

我会永远记得他们！

支教日志：第六天

今天是支教活动的最后一天，我们全体参加了文艺汇演的正式演出。

在演出结束一起唱《今年夏天》的时候，我们都哭了，哭得很伤心，因为下次见面真的就不知道会是什么时候了，所以我们都很舍不得，不过我们互相鼓舞对方，我们以后要在清华大学里见面，勉励彼此好好学习，天天向上。

分别总是让人不好受，孩子们将努力制作出来的东西送给我们，我们备受感动。

经过了这几天的支教活动，每个小朋友都在我心中留下了深刻的印象，我舍不得他们。但天下没有不散的筵席，虽然我们分别，但美好的画面会永远留在我的心中，我的心中会永远有他们的一席之地。希望他们以后可以长成强壮的大树保护自己，有一片自己的天地！

一起去看流星雨

刘 玥

支教日志：第一天

支教团一行人来到化德县。一顿可口的饭菜，让我们与化德县隔阂尽除。经过 8 个小时的汽车颠簸后，我们入住了宿舍休息。化德三小的罗校长热情接待了我们，并为我们提供了一些生活必需品。罗校长带我们熟悉了当地的环境。这里景色宜人，让人有一种淡然世外的舒适感。罗校长告诉我们这些孩子基本上都不是独生子女，但是家长也很重视孩子的教育问题，所以会在暑假把孩子们送到学校让他们体验不同的教育方式。家长们对我们寄予了厚望，这让我们深感肩上责任重大。

明天孩子们就会来上课，原本还是学生的我们，要尽快完成角色转换，担起老师的重任。从开始的课程分配到最后的任务敲定，我们绞尽了脑汁，生怕有一点儿疏忽和遗漏。每个人都在紧张、认真地备课，内容改了又改，唯恐哪个地方准备得不充分、不适合当地的学生学习。小雨过后，我们见到了真实的彩虹。相信只要用心付出，此次支教的我们也会迎来属于自己的绚丽彩虹。

支教日志：第二天

孩子们第一天来上课，7 点多钟，我们还没收拾好，校园里就已经传来了孩子们嬉笑打闹的声音。简单吃过早饭，我们开始准备班会课。作为班主任的我，初次和孩子们见面心里难免紧张，但通过班会课的游戏，发现大家都相处得很好。我上课的这段时间很是煎熬，紧张而又激动，想象着孩子们的反应，担心他们是否会接受自己。事实是，孩子们很吵闹，一堂音乐课下来我的嗓子几乎要冒烟，却感觉自己讲了很少的内容。下课铃声一响，孩子们便立刻冲出教室，迅速占领校园里的各个角落，打球、跳绳，玩着各种游戏，一刻也不闲着。下午放学，我们将孩子们送到家长身边。送走了孩子们，我们几个开会总结回顾今天的各种表现，继续努力备课，认真总结问题，仔细与助教沟通，大家都十点多才回到宿舍，为更好的明天做准备。

支教日志：第三天

今天是上课的第二天，我们与孩子渐渐熟识起来，所以有关孩子们的话题是我们几个在饭桌上讨论最多的。我们时而哄堂大笑，时而"同仇敌忾"，这群孩子给我们带来了很多欢乐。因为这些孩子比较顽皮，自然也与我们更为亲近。

今天是我的第二堂课，我带领孩子们学习了一首英文歌——Something Just Like This。虽然孩子们不是很熟悉英文，但接受能力很强，很快就把这首英文歌学得像模像样了，我们的课堂生动又有趣。

今天的课上，吕老师坐在教室最后听课。她不停地在本子上做记录，只为给予我们最好的帮助。因为吕老师的"坐镇"，班里的纪律要比昨日好一些，计划的课堂内容也算圆满完成。课后吕老师把他的记录本拿给我们看，指出我们每个人的优点与不足，鼓励我们向更好的方向发展。

支教日志：第四天

早晨我在点名时，突然发现有两位同学并没有及时到校，这可把我担心坏了，急忙去联系我们的带队老师和罗校长。不知不觉间，我体会到了做老师的真正感觉——这都是我的孩子啊！我不自觉地就会为他们担心。

今天没有我的课，昨天在和孩子们说的时候，孩子们表现出了无奈与不舍，我心中很是感动，想着一定要带他们学习更多的音乐知识。每个课间，我们身边都会围满小孩子，找我们陪他们一起玩耍，还有学生找我们要联系方式，真是拗不过这群孩子。我们也是孩子，也爱玩，所以能迅速和他们打成一片，真的很开心！

今天我有幸去了草原，真正感受到了草原的美丽。老师、助教和孩子们打成一片，辽阔的草原到处都有我们的身影，我第一次感受到真正的美好。

支教日志：第五天

眼看就是离别的日子，我心中有百种滋味。我们几个不约而同地拿起手机与孩子们合影留念，孩子们似乎与我们心有灵犀，缠着我们不放。他们都很爱拍照，纷纷围上来，各种新奇的动作，各种搞笑的姿势，各种耍酷扮嫩，每个人都很爱表现自己。一张张与他们的合照存满手机，都是孩子们带来的感动。

这些天以来我们一直在为文艺汇演的事情忙碌，尤其是我们国学课的老师，把所有的空闲时间都用来编排孩子们的节目，很是辛苦。晚上，我们几个坐在院子里，排练我们自己的节目，准备给孩子们一个惊喜。想到明天是与孩子们相处的最后一天，气氛有些伤感，但我们充满干劲，希望在有限的时间里，和孩子们好好告别。

我已经四天没有洗澡，难受得很，但看到孩子们的笑脸，我还是很开心，生活上的困难只会使回忆更加珍贵。晚上躺在操场上，我和朋友们一起看流星雨，感受太过于奇妙。

支教日志：第六天

今天孩子们都穿上了漂亮整齐的衣服，早早地来到了学校。等我们做完所有的准备工作，家长也来得差不多了，演出开始了。孩子们几日来的辛苦没有白费，表演的节目赢得了家长们热烈的掌声，我们打心眼里为他们高兴。我们为表现优异的学生颁发了奖状，希望他们再接再厉。所有成员用一首《今年夏天》结束了这场支教，但却没能断了我们的心，上下哭成一片，实在令人动容。

两个学生偷偷塞给我两封信，叫我一定在车上才能看。他们走后，我忍不住偷偷打开，信里他们像小大人儿一样口吻的话语，让人满满的感动。中午十一点钟，我们打算悄悄离开，却没想到孩子们都在外面列队欢送，这让我再度热泪盈眶。再见了，这个我们每个人都爱的地方。回忆起这些天的时光，泪水在眼眶中打转，非常难忘这暖心、走心的六天支教生活。

就此别过，但友情到永远

张钰函

支教日志：第一天

告别放假的闲散，早起，去往清华附中，开始我六天的支教生活。

今天一早在清华附中听取了老师和同学们的发言，之后我便乘车踏上了去往化德的路。

京藏高速堵车，却抑制不住我们喜悦的心情。一路上，我和旁边的同学一边想象着化德的人与物，一边分享着自己的课程。车厢里充满了欢声笑语。

说实在话，去之前我准备的并不是很充分。试讲的时候，我的课程出现了不少的问题，虽然经过老师的指正和我的修改，但是我对于自己的课程依旧充满不自信。跟同学们交谈虽然放松，但是我的内心却很紧张。想着明天就有我的课，我不禁焦躁不安起来。

我父母常常说，我能力没问题却不自信。的确，我考试也好、与人相处也罢，我总是表现出不自信。我想，这次的支教活动，总该让我改了这个毛病吧。

傍晚，我们终于来到了化德三小。几座整洁的教学楼，一个极其宽大的操场，这样庞大的规模让同学们都开玩笑说："我们是被支教的吧！"

之前老师就说，要先把情况往最坏了想。现在看来，结果比预想中好了不知多少倍。我想我们的支教活动应该能顺利吧。

用过晚餐，四二班的同学、张建云老师和来自西南联大研究院附属学校的老师和同学们一起分享了自己的课程。助教团的成员们给我提出了不少宝贵的意见，我也开始对自己第二天的授课有了一些信心。

支教日志：第二天

今天，支教正式开始了。

早上，我和其他老师一起把小朋友们接到教室里。一个个纯真的面孔，对着我们笑，向我们问着各种问题，使我想起了我小学时那段纯朴的时光。他们没有给我们捣乱，只是跟我们慢慢熟悉，友好相待。

第一节课是班会。我们按照之前的方案，介绍了各位老师，给小朋友们分组、讲班规。看得出来，他们还是有些羞涩，很多时候我们问问题，或是让他们进行一些活动，他们经常会愣在那里，只是用自己的眼神互相打量，或者看着我们。我相信在之后的相处过程中，他们会变得更加活泼。

第二节课语文过后，第三节课便是我的数学了。

上数学课前，出现了一点点小疏漏——我的 PPT 在班里的电脑里放，动画、字号之类都有一点儿小问题。我趁着上课前最后十多分钟，总算是改完了。我虽然表面没什么变化，但是心里已经紧张得不得了了，于是肚子又疼了起来。肚子疼，还要改 PPT。上课前，我一直处于慌乱之中。

到了十点，数学课开始了。

我从一开始讲，就发现了严重的问题——他们的一些基础知识，比我想象中要差，这样一来本来就比较难、排得比较满的课堂，又不得不匀出一些时间去讲解基础知识。整堂课程与班会课一样，因为大家都不太熟悉，提问的环节一直都是最尴尬的部分。随着课堂遇冷，我就更加紧张了。

我快速地讲解，下课前把课讲完了。但是我也能看出来，他们几乎是没听明白。第一节课遇到这种情况，叫我极为沮丧。

于是我下定决心，晚上一定要和老师还有同学们好好交流，明天的数学，我一定要成功！

支教日志：第三天

昨天一下课，西联的吕老师就找我谈了一番。她跟我说，前半部分课还可以，后半部分课的节奏有问题。晚上和同学、老师们谈了一下，我终于找到了问题所在。

首先，我的课堂难度本身就有问题。我试图把平常几个礼拜甚至一个月才能讲完的东西压缩进三节课，这样第一会造成小朋友们记忆的不牢固，第二极大地增加了课程的难度，学生学起来就犯难了。

其次，我的课堂里虽然有提问这种互动，但是都是一些知识性的、比较有难度的提问，这虽然能促进小朋友们思考，却不能调动他们的积极性，很多时候都需要助教大量提示，他们才能够想明白。

最后，很多时候在我宣布停止讨论，开始继续讲课时，我没有让助教们停下来，这样一来，小朋友们既听我讲，又听他们讲，就会造成严重的问题了。

于是昨晚我对课程进行了改进。今天的课本来就有许多活动，难度也相对简单，最后的结果是相当成功。小朋友们基本都听明白了课堂的内容，也在数学课上得到了乐趣。在今晚的总结会上，我也受到了吕老师的点赞，我希望明天这节稍难的课程，也可以在改进之中获得成功。

老师，我们会去找你的！

王绮颖

第一天，我早早到了清华附中，出发会开了将近两小时，好不容易等到出发，一查路况，发现出京路段严重拥堵，原本的计划只得延后，让人感到失望。经过近六个小时的车程，我们到了化德小学，匆忙收拾好行李，吃了晚饭，开启了第一次的班级教师会和年级教师会。会上，老师和同学们互相了解，准备第一天的班会和其他的课。会后返回宿舍，我边整理行李，边与舍友交流，之后就休息了。

第二天，早上进班做好欢迎小朋友们的准备，等待小朋友的到来。班主任刘玥在门口将小朋友们整好队，边念名字，边给小朋友们指坐的位置。小朋友们十分可爱，对新的同学和老师有着羞涩也有着期盼，坐到座位上就开始东张西望，问老师们问题。班会课开始了，刘玥用几个小游戏使小朋友们迅速了解彼此。在这里的每一天总有太多太多的事情值得记录，可爱的孩子们，勤劳的人民，艰苦的生活，一幕幕，一段段，涌现在我的脑海里，但是我的笔却是那么苍白无力，如抽丝般一点点、一丝丝展现在我面前。

付出，我们是为了付出而去的。我们得到的比付出的要多得多。因为我们表达了善良，传递了关爱，学会了满足，懂得了珍惜，甚至于发现了自己潜藏于心的勇敢和真实向往。我一直庆幸自己有一个快乐的童年。对一个孩子来说，最完美的成长莫过于自由。他们成长在一个没有压力的环境中，在这个环境中他们更懂得珍惜和学习。孩子们的普通话说得并不标准，即使你听不懂，孩子们也不会怪你，会认真地再说一遍；课他们无法理解，还是会照顾你，假装听懂，让你获得成就感。太可爱了。

路过其他班时，我顺便看了一眼，眼前是孩子们求知的双眸，耳边回响着孩子们稚嫩的歌声，"少年雄于地球"那令人无比振奋的嘹亮歌声！愿他们通过自己不懈的努力成就自己的梦想，用知识改变自己的命运！他们的梦想是到北京上学！孩子们的梦想或许是被我们改变了，但我们同样被孩子们的纯真改变了。在这里，我的心灵又一次被洗涤，真正看清了隐藏在生活背后的美，许多普世的价值没有丢，而是变得越来越重。

下午，我们带着孩子们去看了草原。不知有多久没有爬过如此自然的山了，山上没有一棵树，这里的山好像都是这样。当我们爬到半山腰向下望时，顿时被眼前的景色所折服，连绵起伏的山脉、及腰高的草丛、斑斑点点的白色小花点缀山间，目之所及无不是一幅幅充满诗意的油画。孩子们抓蚂蚱时，我感觉他们就像是自然的孩子，没有被世俗所侵扰，有着纯净的心灵。

最后的汇报演出，没有多大排场，没有特别吸引眼球的节目，一切都是那么简朴，但是对于我们还有孩子们，却是意义非凡的。离别还是到来，车开动了，支教老师哭泣着和孩子们挥手再见，听到孩子们大声对着远去的车呼喊："老师，我们会去找你的！"会的吧。我想你们一定有机会走出这个小城镇，会去寻找这些曾经给你们带来欢笑和感悟的老师！

相遇，相知

崔莎娜

支教日志：第一天

微风徐徐，吹拂着衣角。我们一路上欢声笑语，欣赏着内蒙古美丽的风景，讨论着即将见面的小朋友们，憧憬着接下来五天的时光。

一路上，怀着忐忑而又激动的心情，在大巴车上度过了六个小时。在一片和煦的阳光中大巴车终于到达终点。化德和我想象中差别很大，以前看电视上那些支教的地方都是特别贫困的，化德颠覆了我的印象。这里非常漂亮，草原辽阔无比，小雏菊正在盛开。这里的县政府斥资打造了全化德最好的小学——化德三小。

用过晚饭后我们也渐渐熟悉了这个学校。250米长的大操场，三层的教学楼，以及有各种零食的小卖部使我对这个学校更加喜爱。7点半，我参加了全体会，认识了各个分校的老师和小老师们。来自不同学校的小老师们按预定计划分组领取任务，我们与分校的小老师们一起，对教学设计进行交流、辩论，并为明天的第一节班会课进行游戏设计与板报设计。时间悄悄地流逝，转眼已是夜深，大家还在优化课堂程序，怕孩子们不满意。这样敬业的精神感染着彼此，一切都是为了给学生们呈现最好的课堂。讨论完时，我们也忘了疲惫。小老师们带着对明天的憧憬穿过操场，走向宿舍。"哇！好美啊！"不知是谁说了一句。大家都抬头仰望星空。天上星星密布，闪烁着光芒。我们皆惊叹着美景，望明天一切顺利。

支教日志：第二天

今天是我们来到化德县的第二天，也是正式上课的第一天。支教团的各位老师、助教、主讲们早早用过早餐，怀着兴奋激动的心情，准备着与学生们的初见。八点钟，上课铃准时响起，各班进行了第一次长达90分钟的班会课。在班会课上小老师们用尽了各种办法使学生们认识自己，这些可爱的孩子们也利用自身的人格魅力吸引了小老师们的注意。这堂班会课的课堂气氛越发活跃、轻松，老师与孩子也渐渐熟识。支教团的每一位小老师的课堂内容都很丰富，但也出现了一些小的偏差。小老师们的总结和改进使得一天的支教活动顺利结束。认真听讲的孩子们就像一个个天使，他们陷入深思时、提问时、坚持自己的观点时，那一张张极其真挚、纯朴的脸庞，温暖了我们的心。我们的所有努力都是值得的，只为换来他们嘴角微微上翘的弧度。一晃就到了吃饭的时间了，孩子们出奇的安静、听话。在这一天里，我认为最为深刻的事情就是在等待吃饭时，孩子们围着老师们喊着："大哥哥，大姐姐，你们陪我们玩游戏吧，就玩一会儿。"当孩子触到老师指尖的瞬间，大家的心都化了，表情都温和了下来。孩子们就像阳光一样温暖着老师们，他们在操场上奔跑的身影，滴下的汗水，稚嫩的话语都是我不曾见过的美，这些都是他们身上最美的闪光点，最令人着迷的地方。时间很快随着孩子们的欢笑声过去了，吃晚饭时我想起他们，嘴角还会不禁上扬。

吃完饭后是紧张的备课时间。夜晚降临了，这一天也完美收尾了。现在大家最期待的就是明天的清晨在教室里等待我们的孩子们。

支教日志：第三天

今天是支教的第三天。前两日我们初为人师，做事还是有些欠缺。到了今天，小老师们渐渐找到了自己最好的状态，把本来枯燥无味的数学课变得有趣，让孩子们听得津津有味。小老师以"分西瓜"为例，讲解如何比较分数大小，激发了孩子们学习的欲望和热情。看到大家都这么努力，就连今天没课的我也有了干劲。课前准备、课上与孩子们的交流、课下的陪伴都使我留恋这里。数数日子只剩两天了，我心里就开始着急，着急时间过得太快了。完成上午的教学任务后，大家如释重负，格外开心。下午的音乐课上老师带着大家复习歌曲《送别》，孩子们的歌声犹如天籁。最后一节是国学课，孩子们一听说要表演，一个个争先恐后表示要参加，拿到剧本后孩子们反复练习。大家一起为最后的演出做准备。

晚饭后，全体支教团师生对今天的教学进行总结。之后又一次进入了紧张的备课阶段。月亮慢慢爬上夜空，我们却忘记了疲惫，脑海里想到的全是明天又能见到孩子们那一张张的笑脸，嘴角不由得翘了起来。

我爱这个地方，我爱这群纯朴的孩子们！

支教日志：第四天

支教第四天早晨，碧蓝的天空遍布白云。说起来我今天还有点儿小紧张，因为今天有我的两节手工课，不知道孩子们会不会喜欢。

中午短暂的休息让我恢复了活力，我走进教室，孩子们看到我手里拿的黏土便开始笑、鼓掌。他们的喜悦使紧张的我放松了些。孩子们都很积极地用黏土做出一个个鲜艳又极具想象力的海底世界,让人感受到生命的多姿多彩。教室里出现了几个大人,他们和孩子们一样欣喜地看着黏土,恨不得自己体验一番,这是校长团来了。每一位孩子、小老师、指导老师、校长的脸上都浮现出笑容,欢乐的气氛充满这个教室,让整个校园也充满了欢声笑语。随后,我们坐上车来到了一望无际的草原。夏天的微风吹乱了小草,吹惊了蚂蚱,吹动了我们的心……

支教日志:第五天

今天是第五天,也是与孩子们相处的倒数第二天。明天我们即将分别。

美好的时光总是那么短暂,我们从相遇、相知,再到分别。短短六天里与他们相处的每分每秒都值得我细细品味。

看到孩子们留下的小礼物,我再也忍不住,泪水涌出了眼眶。

今天所有的课程都结束了。下午彩排前小老师们给同学们制作了一些小礼物。许多孩子都忍不住哭了,他们都是笑着笑着就哭了。孩子们有的拉着我的手,有的抱着我的腰,哭喊着"姐姐不要走了好不好,再留几天好不好,就几天"。我突然发现原来忍住不哭是一件非常痛苦的事情,但我是一名老师,我还要组织孩子们的纪律,所以我不能哭……

今年夏天,是个充满希望的季节,我们就要说再见,不知何时会相见……

今天的夜晚格外漫长、神秘。临近午夜时,浩瀚的天空中闪过几束流星,引来了小老师们,大家一同躺在校园操场的中央,仰望星空,许下对孩子们的愿望。此时只有风声和小老师们的哭泣声。这几天的授课让我受益匪浅,体会到了老师的担当、责任,让我知道老师时刻都要注意自己的言行举止。

支教日志:第六天

最后一天还是到来了,天气是晴朗的,可小老师们的心情却是沉重的。小老师们早起收拾行李,背起行李赶往最后与孩子们相见的文艺汇报演出现场。

演出开始了，在主持人动听的声音中，会演揭开了序幕，这便算是孩子们与老师共同相处六天的结果了。开场一曲《少年中国说》深深震撼着每一个观众。因为孩子们的努力，也因为老师们的耐心，观众席上响起了热烈的掌声。紧接着《西游记》《苔》《送别》等节目一一表演完了。舞台的灯渐渐暗了下来，终究还是到了说再见的时候。小老师们握着孩子们送的爱心礼物，肩膀的微颤久久不能停歇。

最后一首《今年夏天》唱哭了孩子们，唱哭了老师们，唱哭了家长们。

今年夏天，温暖的阳光照进了化德三小；今年夏天，来自各个地方的小老师们，和孩子们一同在记忆里烙印了一段难忘的经历；今年夏天，在这个充满希望的季节，我们虽分别，但却共创着锦绣的明天！

我坐在大巴车上，看着道路旁整齐地站成一排的孩子们，他们虽然在痛哭，却挥着手，用最美好的笑容跟我们说再见。

再见，内蒙古！再见，化德三小的孩子们！再见了！

2019 年河北雄县支教学生日志

感恩相遇

李慧琛

支教日志：第一天

之前我觉得，支教大概就是半个军训吧；但当大巴车驶入学校时，我觉得支教好像是半个游学。学校很大，基础设施也很完善。脸盆、卫生纸、洗碗布等物资，我们到宿舍就是一顿发放，再看到宿舍中央动力十足的电扇和令人激动万分的洗澡间，简直让人喜出望外，我已经准备开始享受几天愉悦的支教生活了。

这种喜悦一直持续到了下午。休整之后我们开始忙碌，一个接一个的会，分配教室，备课，打扫卫生，调整桌椅，装饰板报……一连串的任务像打地鼠游戏的锤子，将我们满溢的喜悦和积极性一点儿一点儿消磨殆尽。

压死骆驼的最后一根稻草是晚上的洗澡问题。因为种种原因，水迟迟未到，疲惫的我们在洗澡间等了半个小时，最终放弃了。大家都有点儿萎靡不振，因为放假后的几天过得比较悠闲，今天突然的忙碌让我们有些无所适从。可转念一想，人总是要走出舒适区做一些有意义的事情。当我们觉得累的时候，应该想想我们的初心。我当时想克服艰苦的环境去教授小朋友一些知识，去传达一些理念才报名支教的，从一开始我就放弃了舒适，现在又有什么可抱怨的呢？

总的来说，第一天很累，但也是有意义的、值得的。

支教日志：第二天

第一天接触小朋友，感觉和原来预想的完全不一样。

早上小朋友们进班，可能因为到了新环境，很难沟通，无论我们说什么，他们都很木讷，可能要和他们重复几遍，他们才会点点头。他们这样的表现是我所没料想到的，我以为一年级的小朋友应该很容易熟络，甚至会"自来熟"。早上他们的木讷给了我很大的打击，我甚至开始怀疑他们是否会融入课堂，是否会在我的音乐课上跟我一起歌唱。班会课的相处让我不禁很担心。

想法的转变是在第一节课上。第一节语文课进行得格外顺利，小朋友们的热情着实把所有老师给震惊到了。这时我们才明白，小朋友早上的冷漠只是因为新环境，而无论如何，孩子们的天性还是不会变的。小孩子真的非常喜欢表现自己，抢答环节小朋友们抑制不住的激动情绪把老师都感染了。可与此同时，维持良好的纪律就变成了一个很大的难题。但至少对于我这个音乐老师来说，小朋友爱表现比羞涩要好得太多了——这意味着，我的音乐课一定会有人响应。但还有一个很大的问题，便是小朋友们了解的东西远比我们预想的多，我的音乐课的难度并不太适合他们，于是我冒险大改了教案。我担忧着，也期待着次日的音乐课。

支教日志：第三天

太顺利了。

今天是我第一次正式授课，本来因为教案大改的问题，上课的时候我焦虑万分，可小朋友们学歌的表现之好实在是给了我很大惊喜。小朋友们学歌很快，因为是以拍手的形式学习的，所以小朋友的节拍掌握得也着实很好。我心中的紧张情绪也随着他们与我的不断交流渐渐消失，转变为了无尽的感激——感激小朋友的配合与其他老师的协助。

最令人激动的还是下课的时候，一个小朋友的那句"下节音乐课什么时候才上呀"让我欣慰不已。还有个很可爱的小女孩下课和我说："老师，我很喜欢你的音乐课。"我第一次明白，被认可是多么令人感动和幸福，尤其是被几乎没怎么接触过的小朋友认可。在被小朋友认可的时候，我便觉得自己之前的所有付出都是值得的，都得到了回报。于是我更加坚信，只要努力去做好一件事，就一定会被别人看到、认可。

今天除了让我明白被认可的意义，还让我感动的是同伴对我的帮助。上课的时候有几个小朋友有些不愿参与课堂活动，几个老师悄悄过去沟通引领，帮助我顺利进行授课。其实他们并不是我这节课的助教老师，但他们牺牲了休息时间，来帮助我完成第一堂课，真的令我感激万分。

总的来说，被认可的激动与对同伴和小朋友的感激之情填满了我这一天。感恩。

支教日志：第四天

我之前认为支教是我们去教授小朋友知识，去使他们进步，但实际上，支教是老师的一次成长。今日有个采访，为了采访我仔细回顾了一下这几天，竟发现自己有了很大改变。从一开始小朋友进班，自己手足无措，在面对小朋友出现状况时只知询问别人怎么办，到现在基本可以自己处理小朋友的各种情况。短短几天，我竟成长得如此之快，在这么短时间内就学会了如何去冷静处理突发状况，并学会了如何与各类不同的人沟通。支教工作对我的改变着实是太大了，这时我才真正明白为什么老师会说支教是我们历练的一个极好的机会。确实，平时作为学生，有问题时会习惯求助他人，第一次站在老师的岗位上，成为其他人求助的对象，我"被强迫着"去处理问题。在我们不得不自己去解决一些问题、去从小朋友的角度思考的时候，随机应变能力确实会以极大的速度提高，而换位思考也逐渐成了一种习惯，确实一定程度上提高了我们的"情商"。

所以我十分庆幸当时报名了支教活动，同时也觉得，这几天的辛苦也不算什么了，这都是我成长的必经之路。或许这样每日忙碌的生活能拂去我们很多的幼稚思想，让我们以更快的速度去成长。真的非常感谢这次支教的机会。感恩。

支教日志：第五天

今天应该是最累的一天，至少对于一个音乐老师来说——上午的两节音乐课和一下午的排练。

本以为今天这么累小朋友会厌烦，可他们却出奇地配合我们。上台唱歌，下台，重复了几遍也没有小朋友抱怨什么，真的很感激这些孩子。"感激"这个词已经在前几天的日志里出现很多次了。这么频繁的排练连我自己都觉得累了，太辛苦小朋友们了，可小朋友们不但没有怨言，反而积极配合。为了保护嗓子唱歌的时候我让他们小点儿声唱，可他们声音却还是那么大，很努力地去完成彩排。助教们也很负责，一遍遍带着孩子们上下台，没有怨言，一直在帮我组织纪律。

除了彩排，今天大家也在忙着准备给导师、助教和小朋友们的纪念品，这些时时刻刻提醒着我，分别就在明天。突然有些舍不得了，这么配合我的小朋友们和助教们，一直尽心尽力指导我、帮助我的老师们，相逢一场真的很不容易。纪念品又怎能比得上这几天共处的时光呢？这些时光早已在我心中留下烙印。我们向孩子们传达最真挚的祝愿，我们感激所有人，我们试图用纪念品去在别人心中留下一丝我们曾出现的痕迹。想说的话有太多太多了，一张明信片哪能承载呢？我深知，很多小朋友或许以后再也不会见了，这几天的时光就是我们唯一的交集，我为此惋惜，但更多的是感谢，相逢即是缘，感谢所有人这几天的陪伴。感恩。

支教日志：第六天

今天是支教活动的收尾，演出顺利完成了，大家相聚的时间也差不多要到这里了。很多平时调皮捣蛋的男孩子竟流下了眼泪，此刻，曾万般吵闹的他们安静了下来，离别让他们无心吵闹。看到很多小朋友的泪水，我才知道这几天的支教活动原来对他们有这么大的影响，我们彼此都进入了对方的生命中，写下了绚烂的一笔。还是那句话，相逢即是缘。小朋友年龄都很小，我们彼此没有留下联系方式，我们都明白，今天的告别，几乎是这辈子的告别了。

不舍，但更多的是感谢，在支教的结尾，我所有的话语便只剩祝福与感谢了。感谢学校提供的这次难得的机会，感谢老师们尽心尽力的指导，感谢同伴们无私的支持与帮助，感谢小朋友们的配合与理解。我真的由衷地感谢身边的所有人，感恩一切。短短的几天，即使这就是我与他们的全部交集，我也仍是感恩。茫茫人海，相遇挺不容易的，陪伴几天就更是难得。感恩。

我尝试去回顾这几天的生活，我的日志内容从开始的些许抱怨到如今的充满着感激，我惊讶于这几天自己的改变与成长。从一开始的紧张到最后的平静，从一开始面对事情的手足无措到现在的游刃有余，真的万分感谢这次支教活动，让我能够成长得如此之快，或许如此的成长是我几年也无法做到的。短短的几天，我与那么多人相逢相知，离别来得如此仓促，让我有些措手不及。我无法一一去道别，去祝福，只在心里默默地愿大家平安幸福。

此次支教活动真的让我受益匪浅，感恩相遇，愿所有人前程似锦。感恩。

共同的汗水　最好的搭档

童家博

支教日志：第一天

早晨不到 6：40 我就出了家门，经过一路的奔波，带着两袋给孩子们的纪念品到了清华附中。在团委王颖老师和各位领队老师介绍完之后，我们便乘车出发了。

一路上我都在畅想着如何跟孩子们交流，如何给孩子们讲好课，甚至还在练习着明天的演讲稿……

下午，和各位助教小同学一起在课堂中做了自我介绍，我们逐渐对彼此熟悉了起来。我的小助教们非常给力，办事什么的都十分积极、靠谱！在晚上布置教室的时候，小助教们很勤快地帮我们搬桌子、画板报、设计教室。

大家都用心地准备着明天的工作。王嘉怡在刚刚试讲结束之后就来跟我反复对演讲稿，并且出色、流畅地跟我完成了对稿。我们一年级的另外一位班主任非常有组织能力，能将班级管理得有条不紊。这里我就要检讨一下自己，我感觉自己并没有完全负起一个班主任的责任，很多时候都是闲着或是帮一些微不足道的小忙，希望明天可以更积极、更高效地参与到班级的建设之中。这里还要表扬一下一年级的小仙女老师们：何珺雯绘画能力很强，很快就制作出了精美绝伦的板报；裴艺也设计出了欢迎小朋友们的板报，十分精致；李慧琛跟何珺雯非常默契，成功完成了板报。

基金会和雄县的老师们也十分用心，给大家准备了盆子和抹布还有床单、被罩（全都是新的），可以说是无微不至了。我一定要好好讲课，不能辜负了大家。

明天加油干，取得进步，干得更好。

支教日志：第二天

今天，我一大早就十分兴奋地起床了，因为小朋友们今天就到了。

吃完早饭之后我就换上了正装，和王嘉怡对主持词，为的就是可以有一个非常完美的主持。

大约7：30我就和裴艺一起去校门口接了孩子，一年级的小朋友们朝气蓬勃，非常活泼，我们带着他们一起穿过绿荫下的道路的时候，他们好奇的双眼不停地在观察着新校园里的一切，观察着他们未来的小老师们。夏季的校园本就是生机勃勃的，在蔚蓝天空的之下活泼的小朋友们蹦蹦跳跳跟在我后面，我作为一名班主任，十分自豪！

上午安排完小朋友们在班里的位置之后我便前往了会场进行排练，真的很激动，这是我第一次主持活动，但是因为练得特别多，所以也不是很紧张，可以说是胸有成竹。这次主持其实也是一个机会，让我历练自己，让我变得更强。我也明白一个道理，只要练习得足够多，足够成熟，那么之后展示的时候就不会出现大问题，所以干什么都要做好充分的准备、练习。

下午我上科技课，小朋友思路很开阔，提出了很多关于火箭的问题。我为了给他们解释第一宇宙速度，竟然花了五分钟左右列了万有引力和圆周运动公式，但最后发现这些公式什么用都没有，小朋友根本不理解。所以在以后的课堂之中我需要控制课堂探讨范围、课堂中心内容，以便小朋友可以更好地吸收知识，提高课堂效率。还有就是一定要想一个既不打击小朋友积极性又可以管好课堂纪律的方式。

支教日志：第三天

早上第一节课是美术课，是王一心老师的课，大家经过了一天的磨合，今天组内合作明显多了一些。小朋友们也十分配合老师。我们一年级的小朋友依旧优秀、听话，这点真的令我十分欣慰！王一心老师的美术课很合小朋友们的"胃口"，大家在课上十分积极，非常专注地投入到了画纸之上。在王一心老师的细心指导之下，不到两节课，同学们就完成了自己心仪的作品。看着孩子们自豪地四处展示，我为他们骄傲。

在手工课之前有一个令我印象深刻的小插曲。一个小孩子洗手了之后把半个上身全打湿了，之后各位小老师就十分担心他会着凉、生病，四处寻找衣服想给他换上，结果衣服找过来之后，他却死活都不愿意穿，我好说歹说都没用。这时董伊莎老师来了，她非常温柔、细心、体贴地劝说小朋友，小朋友终于同意换衣服了。董老师那么细致入微，让我感触良多：我身为班主任，主要建立起了整个班级的秩序和规则，但当个别小朋友出现问题时我却手足无措，我也应该变得更耐心一些，不要老是毛手毛脚的，要更细致一些。

何珺雯的手工课进行得很顺畅，主题非常明确——环保，这对小朋友一生都会有帮助，可以学会保护环境，爱护地球。何珺雯老师的课对孩子们的环保启蒙教育十分有意义。

在中午的时候我们商量了一下，决定每个小朋友都要有位斗，这样可以培养他们整理自己东西、独立自主收拾东西的习惯。所以我们就花了很长时间重新排了一下大家的座位，规划出了更合适的座位安排。

下午是李慧琛的音乐课，她对课堂的掌控力出奇强大！小朋友都非常配合，跟着她唱，课程推进得很快！大家都出乎意料的听话，李慧琛几乎不用拍手或者严厉训斥就能很好地管理课堂。

国学课我觉得我和裴艺还是组织得比较成功的，我的两个古琴的小故事，不能说吸引了全班小朋友的注意力，也至少有一半以上的小朋友在认真听讲，这令我很欣慰！下课前看着他们把我出的6道题都做对了，我十分有成就感，这证明我讲清楚了。

裴艺也十分成功，利用埙将小朋友和课堂连接在了一起，让小朋友更好地融入了课堂之中。

在与小朋友接触的第二天里，我们都成长了很多，彼此也更加了解，隔阂也减少了大半。课堂上，我们热情地讲，小朋友聚精会神地听，正如老师所说："七月的热浪挡不住你们上课的热情。"但是这其中也有一些小问题需要改进，上课要关注到坐得稍微靠后一点儿的同学，他们很可能会因为被主讲老师忽略而融入不了课堂。

晚上，备课的闲暇时间大家围在一起扔瓶子决定谁唱歌，其乐融融十分友爱，我们在欢声笑语和美妙的歌声中度过了美好的夜晚。

支教日志：第四天

早上我很早就起来了，因为今天我有两节体育课，分别是四年级的和五年级的。

早自习过后四年级的学生就由助教们带领着前往了体育场，孩子们都很兴奋、激动，第一次进入四百米操场的他们对一切新事物都感到好奇，好似进入了一个新世界一样。看到孩子们都很开心，我上课也有动力了，但是这也增加了维持课堂纪律的难度！助教和身为主讲的我都花了大把的时间在维持课堂的纪律上，小朋友们踢球的时间少了很多，没有足够的时间完成课程的内容。于是我在给五年级的学生上课的时候着重讲了规则的问题，并再三强调大家已经是大孩子了，应该有较强的自控能力了。果不其然，孩子们肩上似乎瞬间有了担子，都对自己的言行举止有了约束，课堂变得秩序井然，授课得以顺利进行。可能是受限于身体的原因，孩子们在我教完动作要领之后不能很好地模仿出来，有的动作甚至完全变了样子。虽然动作不够完美，但是孩子们对待课程的认真态度还是深深地打动了我。

下午，我的嗓子彻底哑了，一个字也说不出来，一说话嗓子就如撕裂般剧痛难忍，并且伴随着疲惫。我走到教室里，摆了一下桌椅，刚一坐下，最后一口紧绷的气就散出来了，趴在桌子上一下就陷入了梦乡之中。第一个小孩子踏入教室瞬间我立刻惊醒，然后立马强迫自己清醒，以最好的精神面貌迎接小朋友们的到来。支教虽然很累，但也是很快乐的，角色的互换让我切实体会到老师的不易。对小朋友的耐心可以磨炼我的品格，在教学的过程中小朋友会收获知识，我们会收获经验，大家可以共同进步。

支教日志：第五天

　　昨夜赶稿子到了深夜，今天一早起来想到小朋友们我的困意一下散尽，全心全意地为自己给小朋友们上的最后一天课做准备。

　　今天上午除了正常上课，我们和助教老师们还在备课室里为小朋友们准备明信片。看到其他人的签字，我才发现自己的字是那么丑，以后一定要好好练字。

　　大约下午4：00的时候，小孩子们都被带到了外面，一起照合照。小朋友十分兴奋，场面一度十分混乱，我哑着嗓子维持纪律，小朋友们才安静了一些，结果不到两分钟小朋友们又活跃了起来，我们又不停地维持纪律。

　　在食堂排练的时候小朋友们十分给力！我很欣慰，大家都很听话，积极配合老师们，所有人都将自己最好的面貌展现在了舞台之上，《声律启蒙》唱得委婉动听，同学们的幼稚的童声，甜美动听。

　　放学的时候我们不仅给大家分发了之前准备的小礼物，还给每个小朋友都发了一张明信片，大家都很开心。我也说出了对小朋友们的美好祝愿，我有些伤感，但小朋友们似乎没什么感觉，很开心地照常放学，和我们笑着说老师再见，我不敢想明天的告白会怎样结尾。

支教日志：第六天

　　今天一大早就阴云密布，天色十分昏暗，似乎是在为这个离别的时刻渲染气氛，我的心情十分压抑。在前往教室的路上我思绪起伏，不知最后一节早读要跟孩子们说些什么，虽然只和他们相处了五天，但我其实早已把他们当作了我的弟弟妹妹看待，感觉他们的欢声笑语和一举一动都烙印在了我的心里。

　　本以为孩子们会因为离别的到来而伤感万分，但还好，他们还小，并未在教室之中表现出伤感，这也让我宽慰了不少。我真见不得他们哭，我更喜欢听他们的天真的笑声。祝福孩子们笑声永存！

　　汇报演出上，我们一起演唱了《声律启蒙》，孩子们把精心准备多日的节目完美地展现了出来，我十分欣慰，并以他们为傲。等到汇报演出临近尾声，所有主讲唱出《北京欢迎你》和《今年夏天》的时候，小孩子们恍然大悟：我们的离别是不可阻止的，并且马上就要发生了。前排的女生几乎全都含着眼泪看着老师，甚至就连平时最闹的那个小男孩都悄悄拉着我的衣角，小声跟我说："老师，我再给你说最后一个脑筋急转弯好不好？"刚说完，他便用胳膊挡住了眼睛，我十分心痛，不愿接受分别的事实，但人生的路还长，我能做的只是期盼着孩子们在以后的人生之中活出最好的自己！

在回京的路上，我才得知我们要直接回三元桥校区，并不和来自成都、昆明、西安的助教们一同回本部。这么多天的朝夕相处，我们共同挥洒汗水建设班级，一同打造了团结友爱的一年级，他们是主讲们必不可少的得力助手，也是小朋友们朝思暮想的大哥哥大姐姐，而如今我们却连正式的道别都没来得及说便匆匆分别。感谢你们这么多天给予我们的帮助，我们一生都是最好的搭档！

团结友爱一家人

何珺雯

支教日志：第一天

7：30，拿着箱子、背着书包的我从家里出发了，准备去往清华附中华茂楼。尽管在去往目的地的时候出了一点儿小插曲——我在清华大学内迷路了，但最终还是准时到达了目的地。

到了地点我休息了一会儿后，全体会议便开始了。随着会议的开始，清华附中朝阳学校和中国下一代教育基金会中华英才培养专项基金组织的"微公益·梦起航"暨2019年河北雄县支教助学活动正式开始，清华附中朝阳学校、永丰学校、丰台学校、秦汉学校，昆明西南联大研究院附属学校，电子科技大学实验中学，成都七中初中学校，几所学校的70余名师生组成的支教团，助力支教活动更好地开展。

会议结束没多久，我们就坐上了大巴，奔赴雄县。

到达雄县中学后，我们没有休息，放完行李后就开会。此次会议非常重要，说清楚了接下来的安排，大到授课安排，小到我们的日常生活——住宿、吃饭以及洗澡。会后我们一年级组便抓紧时间到达了备课室，开始备明天的课。七中的带队老师很认真地听着主讲们试讲自己的课，并根据课堂内容和自身的经验给我们提供宝贵的意见和建议，指导我们修改的方向，帮助我们更好地授课。

吃完饭后我们便开始布置教室——摆课桌以及做板报。我们在前面的黑板上写了"我很高兴遇见你"，表达我们对小朋友们的欢迎；在后面的黑板上画了一棵大树，树根上书写出所有主讲以及助教的名字，而延伸出来的树干上有着许多树枝，我们准备将孩子们的名字写在上面。这棵树就象征着我们一年级这个大家庭。等我们将这些事情做完，一天也快要过去了。我们用心地布置教室都是为了表明所有人都很期待新同学的到来！

支教日志：第二天

新的一天来临了，今天是我们支教的第二天。我们在7：20就进了班，整整齐齐地站在班中，以最好的状态迎接小朋友们。

等小朋友们都到班后，我们便开始了班会课。班会课的前半段先是由我们每一个老师进行自我介绍，之后便是小朋友们挨个儿介绍自己。互相认识之后，我们便开始了团建。团建最主要的内容是介绍了我们班的班风——"爱"。在我们班，我们要做到爱自己、爱他人、爱集体，爱是做好一切的前提。接着便是让小朋友们想一个我们班的班训，本以为班会课会按照莎莎老师的思路走，这个时候莎莎老师因开幕式的事情被叫走了，班里便没有一个在台前讲话的人了，班里处于很混乱的状态，怎么办呢？这个时候我左看看，右看看，最终决定自己上讲台去将班会课延续下去。因为临危受命，我不太熟悉这节班会课要讲些什么，于是只好先让他们自己想班训，好在大家都很积极、踊跃地回答问题。我们最终定下了"团结友爱"这一班训。之后，我又带他们做了几个游戏，这节班会课在游戏中结束了，大家很开心，我对这节班会课还算满意。通过这节班会课，我懂得了一个道理，那就是在以后，无论是不是自己的事情，只要跟这个班级有关，都要去关心。因为看似无关的事情，没准儿哪一天就与你有关了。

接着便是开幕式。几个领导的发言中透露着他们对我们这次活动的期望；小朋友们的表演展现了孩子们的灵性；支教团几名成员一同演唱《我和我的祖国》，表达了我们对祖国的热爱……

随着以上两件事情的结束，我们也就开始了正式上课。因为今天是上课的第一天，我要去了解班里孩子们的整体情况，所以这一天我都坐在了班里的后面。通过这一天的听课，我总结出来了一点，那便是一年级的孩子们很活跃。于是我根据这一特点，修改了第二天手工课的内容，增添了很多问答环节。而且我也发现了一个问题，那便是我们不能和小朋友们硬碰硬，不能提高音量去吼小朋友们。所以，我便想了一个好办法，借助拍手，让孩子们"忘记"说话，把注意力集中在你这里。

在晚上的总结会中，我也总结到了一点经验，那便是像手工这种需要发材料的课，不要在讲课以前将材料发下去，这样会导致孩子们的注意力在材料上而不在你的讲话之中。最后，在晚间的集体备课中，成都七中的张老师给我第二天所讲内容提供了一些修改建议，那就是将一些名词，类似于工业革命、艺术品等词语换成通俗易懂的词语，比如描述现象或者就说它是"好的东西"就好，这样可以让孩子们更好地理解。我接受了这个建议，因为它会让我的课堂更加容易被孩子们接受。

在临睡前我开始紧张，明天的课堂会一切顺利吗？

支教日志：第三天

转眼间已经是支教的第三天了。因为今天我有两节手工课，所以我很早就到备课室进行备课，希望不会忘记想讲的内容。小朋友们个个都带着满满的热情很早就来到教室之中，看到他们这副模样，我的紧张稍稍减少了。

对于我上的这两节手工课，我给自己打了 7 分。首先大家都很热情地跟着我的步骤走，很认真地回答我的问题，非常给力。我看着大家这么喜欢这节课，于是便小小地调整了下授课的内容，将带领他们制作 25 分钟的环节变为让他们自主制作，这样他们便有 50 分钟的创作时间。我在不断地巡视中发现几乎每一个人都对黏土制作有极高的兴趣，而且技术非常高，可以把东西做得惟妙惟肖，甚至可以和我做的媲美。这样厉害的动手能力实在是把我吓了一跳。其中最令我印象深刻的是一个小姑娘。由于这节课我希望大家捏一个花园，而我的成品的花园是绿色的草坪，所以班里几乎全是以绿色草坪为底。但那个小姑娘，非常有自己的想法，以一片池塘当作自己的花园。这个创意是新颖的，而且是班里的唯一。我非常激动。以上都是让我给我的课程打 7 分的理由。那为什么少了 3 分呢？我觉得主要是我在讲的方面做得还不是很好，我还不能很好地引导孩子们讲好自己的花园，这是我的问题。那孩子们呢，也有问题，那便是收不回来。他们一旦做了，就不管不顾，老师说什么也不听。况且孩子们也比较腼腆，不愿意上台讲作品。

这节课还锻炼了我临场发挥的能力。由于孩子们发散的思维十分活跃，总不按我的教案思路走，这让我不得不很快地调整自己的授课内容。这很有助于提高我临场发挥的能力。

今天的午饭呢，也是我想说说的。午饭吃的是面条，面条极其筋道，而最让我称赞的是面的酱料，那香味，让我一闻便食欲大开，接着就一口接一口地吃起来。我好久没有吃过这么好吃的面条了！

又过了几个小时，我们便迎来了晚间会议。今天的晚间会议让我印象最深刻的就是桂老师跟我们说的一句话："七月的热浪也挡不住你们上课的热情。"是的，我们都热情满满！

在集体备课完成后，我们几人来到了教学楼前的草坪上，坐下来玩着平日里觉得很无聊的游戏——扔瓶子，谁最后一个将瓶子立起来，谁就唱歌。这个看似无聊的游戏，却随着越来越多人的加入以及让别人唱歌的激动而变得特别有意思。大家欢呼，大家雀跃，晚上的雄县中学，被我们的欢声笑语充斥着。支教，苦，也甜。

支教日志：第四天

时间过得太快了，一下子就到了支教的倒数第三天。

早上有两节美术课，而我是这节课的助教。美术课一直平平淡淡，可就在最后，却变得格外有意思。小孩子就是小孩子，特别会抓住事物的特点——他们的班主任童老师头很大，孩子们特别真实，直接说出童老师头大并且将大头童老师画在了画纸上。我想，孩子们会这样，更多的原因是他们喜欢童老师，跟童老师熟吧。因为只有这样，他们才会开老师的玩笑。看着孩子们开心地画着我们老师，我觉得格外幸福，孩子们太可爱啦！

下课后我就开始准备一分钟的采访内容了，采访中我说了在这次支教活动中收获的东西：给不同老师试讲，接受不同老师的建议，反复修改教案，收获了很多教学方面的经验，比如授课内容是否合理、说话的语气是否符合该年龄段的孩子以及PPT的排版是否能让别人看清；上台给小孩子们讲课，提高了我站在很多人面前讲话的能力，让我不害羞、不紧张，更加放松与自信；由于孩子们的发散性思维，我提高了自己临场发挥的能力，懂得随机应变。

录完采访后我便短暂地休息了一阵，之后又开始投身于下午的"志愿服务"之中。上这节志愿服务课，我开心也头疼。开心是因为大家都通过看短片知道了"乙肝"这个传染病的途径是通过血液、母婴等传播，同学间正常的交往接触是不会传染的，知道这个，减少了大家对乙肝患者的歧视，我相信以后的社会一定会更加美好。头疼呢，是因为孩子在活动的时候克制不住自己，喊叫声音一直不断。由于我掌管的区域是"答题"区域，孩子们更加乱。我几乎快喊破了自己的嗓子，也没能维持好纪律，只能让孩子们的声音尽可能地小一点儿。但好在孩子们没有因为答题而发生冲突，回答得都很好。

在今天，我深深体会到了举办一个活动的不易。我想对那些组织支教活动的人说一声"谢谢"！

尽管辛苦，却仍乐在其中。

还剩两天的时间，希望总能有收获！

支教日志：第五天

今天是支教的第五天，也是我们授课的最后一天。第一、二节课便是手工，我讲的是准备的第二个教案——"纸花传情"。在起初备课的时候，我认为我这个教案是较为完美的，甚至比"用巧手打造心中花园"这节课还要完美——内容丰富、有意思而且难度系数并不是很大。并且在多次给不同老师试讲的时候，老师都挺认同我的教案，并且觉得很丰富，基于这两点，我对于今天的手工课很自信。

但在真正上课的时候，挫败感一下子就到来了，并没有之前的自信。本以为教会他们折"樱花"很简单，却没想到花了近一个小时，原本我只打算花费5～10分钟。这个情形严重打乱了我上课的节奏，我原本准备的内容大部分没有讲到。但好在之后控制了时间，删减了一些环节，让孩子们又学习了怎么叠心形信封。尽管还是很坎坷，助教与我在动手环节齐心协力，才让绝大部分学生拥有了一个成品。尽管是同属手工课，捏黏土和折纸的差别很大，不能把孩子们捏黏土的能力直接与折纸的能力画等号。

上完课后并没有休息多久，我们开始准备给小朋友们写明信片——在清华大学的明信片上书写祝福语以及所有主讲和助教签名，我们希望他们在以后的生活中可以顺顺利利茁壮成长。同样，我们朝阳支教团也给助教们写了明信片，感谢他们这几天辛苦地协助我们上课，没有他们的配合，就没有一个好的课堂；我们也给三位领队老师写了明信片，感谢他们这几日对我们的照顾，给予我们指导、帮助、关爱和陪伴。

从13：40到17：00一直在给小孩子们排练节目，尽管他们很激动，非常吵并且不听话，但他们演唱的歌曲却是非常好听。再晚些，我们所有主讲与助教分别以校区为单位彩排节目，彩排了许多遍，只为明天展现出最好的我们，不留遗憾。

我想，今天尽管累，却可以给我们许许多多的收获，意义非凡。明天一切都会顺利，不是吗？

支教日志：第六天

今天是支教的最后一天。

上午在几位主持人的主持下，"'微公益·梦起航'暨2019年河北雄县支教助学活动文艺展演"正式开始。

首先是各个年级的班级展演。我们一年级小朋友们表演的是《声律启蒙》，队伍前面站着四个领唱的小朋友，他们唱得非常动听，在后面的小朋友们则整齐并有节奏地跟着音乐拍手，还在歌曲的中间大声地诵读了《声律启蒙》的部分内容。

之后我们便演唱了《北京欢迎你》。主歌部分由各个班主任和音乐老师每人一句传唱，副歌部分则由全体老师一齐演唱。我想就用这一首歌表达我们对到场的每一个人的欢迎吧。

等所有节目表演完毕后，每个年级的班主任进行总结。而我记忆最为清楚的便是每个年级的班训，见班训如见班集体。五年级以一句"腹有诗书气自华"的班训作为结尾。四年级以一句"大鹏一日同风起，扶摇直上九万里"的班训作为结尾。三年级以一句"当我们跨越了一座高山，也就跨越了一个真实的自己"的班训作为结尾。二年级以一句"奋发图强，梦想飞扬"的班训作为结尾。一年级以一句"爱自己，爱他人，爱集体"的班训作为结尾。

最后在《今年夏天》的歌声中，此次展演活动正式结束。台上台下，因离别哭成一片，尤其是孩子们，哭得特别厉害。我突然之间不想离开了，如果可以一直陪伴他们学习成长那该是多好的事情啊。

节目表演完后，我们便将前一天写的带有寄语和签名的明信片以及礼物交给了各个带队老师，表达了对带队老师的感恩之情。

这次支教活动，让我感触最深的便是"感谢"。感谢清华附中提供平台可以让我们去当老师，去培养自己的能力；感谢领导在众多的报名人员中将我选中，让我成为支教团一员；感谢老师们反反复复地听着我试讲，给我的课堂提出很多修改意见，从最初的简案到最后的详细教案，每一份都含有老师的教导，不仅如此，我还从中学到了很多东西：课堂内容怎样设计才合理，以及授课语言怎样设计才符合该年龄段的孩子，等等，这些都是对我以后有帮助的知识经验；感谢助教们，如果没有他们协助我，我的课堂效果不可能这么好；同样也要感谢小朋友们这么配合我的授课……当然，也要感谢我自己能认真对待这次支教活动。

谢谢有你们

裴 艺

支教日志：第一天

不知究竟是为何，在睡梦中唯有兴奋将我牢牢包裹，本以为要当老师的我已然成熟，分明许久没有在梦中预感到未来事情，这次却因支教而格外激动。

我风尘仆仆地来到清华附中本部，匆匆忙忙从熟悉的家来到本与我无关的"另一世界"：到处的"紫色"，无时无刻不在提醒我，这里是清华，在这里我们都是清华学子，我们无论在哪里，都代表着清华。无论是清华附中朝阳学校，抑或是其他的分校，我们都是清华人。

在听过老师的最后嘱托后，我们就带着青涩稚嫩的面容走出了学校，开始了一场与自我、与孩子的"斗争"。

初到雄县中学，我们每个人都异常激动，后来渐渐有了一种不一样的感觉——我们开始恐惧。面对孩子，我们应该怎么办？他们如果很闹怎么办？如果他们不喜欢我们的课该怎么办？如果，如果，还有许许多多的如果，是担忧，是畏惧失败，也畏惧挫折。

备课，会议，布置，各项工作一项一项地进行着，衣服因汗水而粘在了身上，发丝开始湿润。只为了明天可以在孩子们面前有更好的表现。

没有孩子们的支教第一天，只是开始。

支教日志：第二天

"孩子"，这可能是我能想到唯一的关键词。在所有的家长面前，举起手，摆出数字"一"的模样，高声喊着："一年级的小朋友们来这里，老师带你们进去！"这是一句多么神奇的话语，对着41个小朋友，对着41个小朋友的家长——让家长们将他们的孩子交给我们，孩子们要和我们度过一整天的时间，听我们讲准备许久的课程，我们帮助他们学习，也帮助他们生活。

小朋友们冲进了班，却不知所措地待在班里，不知道要去做什么。我们也一样，看到孩子们的那一瞬间，我们似乎也不知道要做什么，但总感觉有着一股神奇的力量，带动着我们说出的每一句话，都要自动带入一种与孩子们交流的模式："快过来，来这里坐。""没关系，老师听你说，不急不急。"蹲下，轻轻地，将自己的手搭在他们的肩上，抚摸着他们的肩膀，让他们放松，让他们对你有一种信任。

孩子们的信任总是毫无保留，只要你对他们好，只要你对待他们温柔，给予爱，他们就会全盘付出，告诉你所有的事情，甚至是一些家长里短。但是这样的话，孩子们就会非常没有纪律，声音大得出奇，撞击着你的耳膜，挑战着你的耐心。

"孩子"，一个简单的词语，却是我们本次支教活动的全部意义。

支教日志：第三天

"老师"，见到孩子们的第二天，"老师"瞬间变成了关键词：从孩子到老师，可以算得上是一种蜕变；也是我们从各种想方设法陪孩子们玩耍，到努力变成一个老师，想要去教会他们什么，可能是我们精心准备的课程内容，又可能是我们想教会他们如何学习人生道理。

我发现自己的一些教学方式可能是不对的。我们真的要一直宠着他们吗？不是的，虽然孩子们不哭不闹会很好，但是，他们是不是也应该在学习过程中，学会如何尊重他人，爱他人，体贴理解他人呢？我认为这样才算得上是教师，教子之师。

学生们做错了，就跟他们说应该怎么做，一遍不行，说两遍；两遍不行，我们就再演示给他们看；多演示几遍，他们就会学会。如果学生不听老师的，如果学生不尊重老师或是其他同学，那么我们就要跟他们好好讲讲道理，让他们知道，什么才是对的，什么是不对的。

真的是只有到了角色转换的那一刻起，我们才会明白，那些年看着三尺讲台上的老师，对待我们时是多么无奈与艰辛。

支教日志：第四天

"累了"，本不想用这么消极的词来代表一天的感受，但是累了是真的。

笑累了，看见孩子们的时候，无论有多么疲惫，都要笑出来，不想黑脸吓到他们，也想让他们和我们一样，笑得开心。

教累了，一个又一个的体育动作，反复演示给孩子们看，让他们清楚地知道自己该做什么，让他们记住自己该做什么动作，怎样做才算到位，让他们好好理解要去做什么，每一个动作都要好好去做。我们老师要认真教，才能让学生们达到我们预想的学习目标。

说累了，协调上课的相关事宜，去找助教，学习健美操的动作；找班主任，协调把孩子们带到哪里去上课；找老师，求教相关的建议。我在今天说的话可能会比我上学时一两个月说的还要多得多。对各位大老师和小老师们说话要清晰简洁，不耽误他人的时间，以加快自己的工作效率；对孩子们说话，要尽可能声音大一些，符合他们的说话风格，让他们听得懂，学得下去，提高课堂效率。

累吗？嗯，是真的累，但是心中却有一种与疲劳毫不相关的感觉，是一种感恩，也是一种默契。

支教日志：第五天

"助教们"，现在想起这个词，突然想在前面加上一个"小"字，一年级的助教们，都是一群可爱的人，对于我们而言，初二的生活已经过去，那时的我们绝没有他们此时的幸运，可以来到支教活动中，体验一种全新的生活。

但是就是这样的一群小助教,却给我们带来了无限的幸福与感动。也许是因为要即将离别,才会懂得珍惜。五天时间的相伴,说长不长,说短不短,他们每个人的脾气秉性、性格爱好,我现在才似乎有了一些了解,却又不觉得陌生。就是这样一群可爱的小助教,我们却留不住,明日一别,可能就是此生相别,再也见不到。不舍得分别。

我们本是萍水相逢,一些工作上的安排,你做我做都一样,但却因彼此的热情,彼此的温暖,我们融化在了一起。

我们即将于今年夏天挥手说再见了,但那萦绕在耳畔的四川方言和爽朗的笑声,又要去向哪里?那些紧张与不知所措,又将去向哪里?

今年夏天,我们遇见了这样一群助教。今年夏天,我们即将说再见。今年夏天,谢谢有你们。

支教日志:第六天

最后一天了,是真正的无法挽留的最后一天了。

现在的我只能记住,站在台上,灯光刺向我的眼睛。"一年级最棒,老师们,我们爱您。"稚嫩的声音,略有不齐的尴尬,莫名缠绕在一起,引得我泪水在眼角打转,轻轻扬起头,不让泪水掉下来。

"不哭"是我最后的倔强,我不想将哭泣的面庞留给他们,我想与他们微笑着说再见。哭泣,略显俗套,不如我们就笑着吧,笑着挥挥手,潇潇洒洒地说再见。

但是很明显孩子们却没有那么洒脱,他们哭了,哭得很惨,哭得很伤心。一个人,两个人,最后一个班都哭了,哭声连成一片,有人偷偷抹泪,有人嚎啕大哭。但是泪水却是幸福的,虽有不舍,却甜如蜜汁,暖如热汤。

当行李箱放在车里,我们与助教们分坐两车,渐渐驶出大门,而在马路上,已没有了孩子们的身影,车上也少了许多当初的紧张顾虑与小声交谈,只剩下了安静与离别后的感伤。

我们别过的是一群孩子，是一群我们支教的对象，还是一段回忆，是一段支教带给我们的种种情感。

最后一天了，是时候说"再见"了。收拾收拾支教的行囊，也是时候该对下一段旅程说"你好"了。

为人师表是责任

朱　凯

支教日志：第一天

迎着朝阳，我们来到了清华附中，在全体会上我见到了来自全国各地的同学，他们个个都朝气蓬勃，对支教活动充满期待。

到了雄县中学后，我们就直奔宿舍，宿舍不大，一间就住五个人，但没有空调，这让我们这些生活中习惯了冷气的人感到了一丝苦痛。

教室内现代化教学设施一应俱全，这让我感受到了祖国在教育事业中做出的巨大努力。在备课室中，我们再次试讲，这次试讲不仅是为了让助教们了解我们的课堂，还是为了让我知道前期准备的 PPT 中有哪些错误，并加以改正。

雄县中学的食堂饭菜很好，尤其是鱼和饼都很香。

吃完饭后我们就开始布置教室。在布置教室的过程中，我们朝阳学校的学生和成都七中的学生配合很好，分工明确，由董伊莎带领我们分组给学生们排座位、想班训、练节目。成都七中的同学们也是认真参与班级布置工作，画前黑板的欢迎词，画后黑板的板报，连老师也热情参与，分享他做老师的经验，为我们提供了很大帮助。

睡觉前，有一个非常重要的环节，就是洗澡。但今天好像出了些意外，在浴室里等了 15 分钟。

我十分期待明天见到的那些小同学，我相信这样一个支教经历一定会让我终生难忘。

支教日志：第二天

今天我见到了新一年级学生，他们个个都很可爱。上完了一节班会课，我认识了许多学生。他们有的腼腆，有的活泼。

上完了班会课和语文课，我的数学课开始了。

在上课之前，有眼尖的孩子已经发现了我的名字，就开始用我的名字开玩笑。为了让他们在以后的学习和生活过程中能够养成尊重老师的好习惯，我用自己的名字举例来教导学生。在数学课上，同学们的积极性超出了我的想象。每当我提出一个问题，总有许多同学积极举手抢着回答，这让我十分为难，不知道应该找哪个同学来回答，导致班里十分混乱。还有一个问题，由于我的预估失误，同学们很难接受我的教学方法，也可能是因为一年级的孩子们习惯遵守学校之前教的方法，不愿意接受新方法。总而言之，数学课上虽然有很多出乎意料的事情，但我所期待的教学目标基本达成。

下午的科技课和数学课十分相似，学生们依然很积极。在我拿出火箭模型后，同学们都发出了"哇"的声音。同学们围着火箭看，我在他们看的时候讲。后半节课，同学们设计心目中的火箭，在同学们画完后，我和童家博一起和画得好的同学拍了照，留作纪念。

在这一天中，我认识了许多同学，了解了他们的性格，也增进了我们之间的联系，希望明天我可以更加了解同学。

支教日志：第三天

今天没有我主讲的课程，所以我当了一天的助教。

在手工课上，何珺雯带领着同学们做手工，我就和其他助教辅助孩子们做"心中花园"。发盘子，发黏土，孩子们十分开心地做小树、小桥、小草。

在音乐课上，李慧琛带领着同学们学唱《声律启蒙》歌，因为董伊莎在数学课上讲过《声律启蒙》，所以同学们都学得很快，没过多久全班都可以唱了。但是老师每次问学没学会时，总有几个同学不愿意举手，有的同学甚至是在写数学作业，这作业不是老师们布置的，而是这位同学自己给自己布置的。虽然他学习很积极，解题的方法也是用我的方法，但上课写作业的行为还是要制止，这样的行为对他们以后的学习生活有很大的坏处。

在国学课上，同学们很积极也很听话，尤其是在吹埙的时候，每个同学都乖乖地坐在自己的位子上，十分安静，令我们十分惊讶。令我震惊的是一个同学中午回学校时拿了一个连通器，而连通器的知识是初中物理才会学到的。虽然他并不理解其中的原理，但他依然敢在同学们面前做实验，讲解基本现象，这让我对一个一年级的小孩子起了敬畏之心。

支教日志：第四天

第四天，我第一次前往了雄县中学的体育场。体育场非常大。我作为助教带领着孩子们去体育场。在体育场上，同学们都聚精会神地看老师的演示，个个都迫不及待想去尝试。我帮着主讲演示传球，并给孩子们传球。

今天，我还做了一次采访，给这几天的支教做了一次总结。

在下午的数学课上，我先是介绍了图形分类，接着就分发七巧板，让同学们去拼数字，但我错误地估计了孩子们的能力，所以在后半节课的25分钟中，我只完成了一个环节。拼动物、拼房子环节都没有进行。在拼数字环节的时间，每个组都有一个孩子上台展示他们拼出的数字，有一个孩子拼的数字"8"，十分的标准。当他解释自己是如何拼出来"8"时，我震惊了，他用我给出的数字"0"的例子，调整了一下"0"的结构就变成了"8"。这个一年级的孩子有如此好的迁移知识的能力，我在之前是无法想象的。

在志愿服务课上，同学们都积极参与活动，愿意为乙肝防治与宣传做出自己的贡献。在回班后，他们就开始比谁是第一个完成的，让我感受到了他们对胜利的渴望。

明天就是最后一天上课了，希望我的课程能够顺利结束。

支教日志：第五天

今天我上完了支教的最后一节数学课，同学们的创造力依然让我惊讶。在听完我讲的第一道题后，同学们举一反三，如同雨后春笋一般举起自己的双手，喊着："老师，叫我，叫我！"我想叫起每一个学生，但学生太多，时间不够，我只叫了几位学生，但他们都很聪明，每道题都想出了两个方法来解题。

上完数学课就是手工课。手工课上孩子们剪纸剪出来了许多纸屑，还好我告诉了孩子们捡起座位周围的纸屑，养成爱护班级环境的习惯，却减少了我打扫的工作量。

在音乐课上，同学们不仅学习了唱歌，还排了队形，孩子们由于十分兴奋，所以经常吵闹，班里也乱哄哄的。光是带孩子们排队，就排练了五六遍。但在最后一次在班里排练时，同学们表现得很好，很安静，这其中张老师有很大的功劳，是他帮我们控制住了同学们，让他们安静下来。

在食堂彩排时，同学们整齐划一地走上台，唱得很好。更令我感到意外的是助教们的表演，他们演唱了一首改编版的《成都》（成都七中版），很好听，是我认为表演得最好的分校助教团。

支教日志：第六天

今天是支教的最后一天，并没有课，而是文艺会演。

文艺会演上，我们一年级演唱了《声律启蒙》，不仅向其他年级展示了一年级的风采，还展示了这几天来学习的课程。演出十分成功，但这样一件本身高兴的事却变成了伤心的事，因为在演出后，我们就要分别了，离开雄县中学，离开我的助教们，与这些调皮的、可爱的孩子分别。孩子们也意识到了这件事情，在我们演出上台前，我身旁的孩子一直抱着我不撒手。我本想让她站好队，但我看到孩子的眼神，我于心不忍，轻轻地把手放在她背上。

唱完下台后，许多孩子都哭了，我们几个老师都来到孩子们旁边，安慰他们，让他们开心一些，也平复我们的内心波动。在我们唱完《今年夏天》后，孩子们在老师的带领下，说出"一年级最棒！老师，我们爱你！"时，我们都开心地笑了，感到十分欣慰，我们这几天来遇到的辛苦都随着他们的喊声消散在空气中。

我不指望这些孩子能记住我的名字、面貌、声音、课程，我只想让他们记住，有这样一群大哥哥大姐姐来到了他们的家乡，给他们带来了新的思考方式，带给了他们勇往直前、不懈追求的精神。

如果让我总结一下这几天来的收获，我想说，是这次支教、这些孩子让我从另一个角度来看老师这个职业。为人师表是一种责任，让我们要时刻关注这些孩子，为他们以后的人生发展打好基础，为他们的未来铺平道路。

如果还有支教活动，我一定还会参加。

期待明天见

王一心

支教日志：第一天

今天是我踏入雄县中学的第一天。因为和同年级的老师们不是同一个班的，所以我稍微有一些拘谨。

上午我们到达了清华附中本部，之后开了全体会议，并且发了支教需要穿的衣服。衣服延续了"清华紫"的传统。我们之前穿的是校服，校服裤子也是紫色的，所以我们笑称自己是"紫薯"。

在开去雄中的车上，我心里其实比较紧张，不知是周围没有什么熟悉的人缺失安全感，还是即将面对小朋友们的紧张感。到达了雄中，我们发现住宿条件还是可以的，我们五个人一个房间，然后头顶上有一个大风扇。

开过全体会后，我们在备课室中与我们的助教们见面了，我们互相介绍了自己的姓名之后便去装扮我们的教室。教室中桌椅不够，多亏了助教们，和我们共同把桌椅搬过来然后摆好。

我本来要写"欢迎小朋友们",但是可能因为好久没写生疏了,一直没有写好,最后助教帮助我写好了,我非常感谢他们。助教们画画很好。

食宿条件比想象中要好。期待明天见到小朋友们。

支教日志:第二天

我今天第一次见到了小朋友们,他们都非常可爱。班会课比我想象中顺利。我是第一个带着小朋友们进到教学楼里面的,既紧张又兴奋。

我本来想着让小朋友们按照名单选座位,但是因为人太多了,所以直接放弃了。为了等其他人,我们就先让小朋友们做自我介绍,然后我们再来介绍自己。我们介绍时都是"××姐姐""不要叫阿姨",引发小朋友们一阵阵大笑。

点完名之后我其实没有发现有一个一年级的小朋友进错班了,因为有一个女生自己搬了一把凳子坐到一边,以至于我一开始没有发现多了一个学生,直到下午才发现。

我们在选班名的时候非常惊奇地发现小朋友们说的不是卡通人物或动物的名字,都是"快乐的""独一无二的"等这样的一些形容词。最后,我们以34票定下"团结的"作为我们的班名。

在做游戏时,小朋友们就彻底放开了,大声地、欢快地"交谈"。在玩击鼓传花游戏的时候,我们还通过"要不猜丁壳,要不两个人一起表演才艺"来解决小朋友们的矛盾。

我今天一直都在做助教,小朋友们分为五组之后每一组需要两个助教。可能是因为手工课的内容稍微有一些复杂,所以两节课所有人都很忙。我今天一天特别充实,也比较累,希望第二天的四节连堂顺利。

支教日志:第三天

今天上午的四节美术课没有我想象中的累。因为我大概只讲了20分钟,之后就让学生画画了。

我发现在我讲的时候还有刚刚开始画的时候呢,小朋友们都非常认真和安静。但是等到第二节课,有很多人就不想再去画了,有一些人开始画自己想画的，还有人跑过来问我他是不是画完了，还有一些很"天才"的小朋友，他不想画我讲的，而是画"银河系""大恐龙"这样的东西。

在美术课的最后，秩序有一些混乱，一二年级都是这样，一些小朋友可以安静地画第二张，但是有一些小朋友开始说话，也有小朋友不停让我看他们的画。

在下午我们换过座位之后秩序好多了，音乐课纪律也好多了。有很多小朋友们给我送了小礼物。

支教日志：第四天

我今天在一年级上美术课，讲的是图形，授课内容有一些像数学课，这节课的纪律比上一次好多了。我觉得我的课相比其他年级的美术课有一些无聊，上课的内容都是直接在白纸上面画，而不会用到一些教具。他们的画都不是特别好看，很单薄。我打算在二年级的课上做一些改变，在最后增加画老师的步骤。后来我在二年级当助教。语文课的内容是编一些故事，有几个小朋友不愿意做，还哭了。我们的主讲老师非常棒，她成功安抚了一个不开心的小朋友，并让他参与到小组里编故事。在最后志愿服务中，他们玩得很开心。之前不太愿意参与的小朋友都动了起来，参与到游戏中，后来很多很多小朋友都得到了一等奖。发奖品时很多小孩都冲到前面领奖品，但是很快就被"镇压"了。

支教日志：第五天

今天只有音乐课和美术课。

音乐课上我们还是唱了《一封家书》。在我的美术课上，我根据一年级的课将这次课进行一些改变。我把课程内容分成两部分，一部分画我本来计划在课上画的，另一部分画老师们。小朋友们对这些都很感兴趣，许多小朋友都画了自己喜欢的老师。

在拍照片的时候孩子们有一些吵，其实之前也非常吵闹。但是我总发不起火来，今天的最后我终于"生气了"，却是在错误的时间。

大家的纪律变好了。明天就是最后半天了，希望明天的表演可以顺利。希望他们可以把歌词背下来，特别是主唱。

我们把礼物发给他们的时候充满着一种严肃的气氛，真是该生气不生气，该开心不开心。

支教日志：第六天

与其说今天是支教的最后一天还不如说昨天是支教的最后一天。

小朋友们来教室没多久就被带去了会场，五个年级的小朋友们都坐在那里，场面十分壮观。我们可以看出，一年级的小朋友们还有一些稚嫩，二年级和三年级的小朋友们更加活泼淘气，四年级和五年级的小朋友们更加成熟。

在开始各年级表演后，我觉得我们二年级表演得非常棒。领唱的小朋友音准很好，舞蹈编排也非常棒。老师们最后上去唱了《今年夏天》，许多小朋友都哭了，其实我也特别想哭，但被我憋回去了。

我去找小朋友们拍了几张照片，然后有许多小朋友来找我签名和留电话。我们的"小天才"和一些小男孩们都有些伤感，我们几个小老师们安慰他们并和他们合影。

送小朋友们离开后，我看着空荡荡的会场，感慨着这支教的五天过得非常快，虽然很累，嗓子会不舒服，但是回想这几天，我们过得十分充实，成长进步了很多。

最后我们乘车去了三义宫，了解了桃园三结义的有关知识，进行了社会实践活动。

人生中的小太阳

张笑嫣

支教日志：第一天

出发去支教的第一天，从家到本部，再从本部赶往雄县。看着窗外飞驰而过的景物，我的心情逐渐放松。我期待着与小朋友们的第一次会面。路上跟其他一起担任主讲的朋友聊天，聊到一本书叫《动物农场》，我很小的时候看的，书的开头讲一群家畜想反抗人类日夜不休的奴役。我当时认为是童话故事，看着几只猪领导着被圈养的牛羊马推翻人类的统治……然后画风急转而下，作为领导者的猪们想要拥有至高无上的统治地位，他们比人类更加残酷地剥削着其他动物，除了统治者的改变，一切看上去和最开始没有什么两样。

支教日志：第二天

支教正式讲课第一天，我最大的感受就是，手工和美术真的是两门需要格外注意纪律的课。讲课时还能控制，一旦开始小活动或者开始制作，场面就会开始逐渐脱离原定轨迹——尤其是三年级。三年级的小朋友们有了一定想法，可是又不太能控制自己的行为。这类课最好能规范制作的步骤，一定程度上限定他们自由发挥的范围。

其次在制作过程中出现突发情况是非常常见的事情，并且在一个班四十余人的情况下，这些突发情况将会连续不停或是同时出现。

实际情况总是和预料的情况不同，我考虑学生第一天第一节课会不会不适应的时候，却忽略三年级孩子喜欢热闹的天性……他们完全无视心理学中的"安全距离"，对所有游戏很积极，分组制作时特别激动。小男孩的叫喊声总让我怀疑他们是不是拥有运动员的肺活量。

虽然累，但是看到小朋友们都做出成品的那一刻，我的骄傲感还是无与伦比的。我的助教以及其他帮忙的主讲都非常给力，她们给予了我很多力量。

支教日志：第三天

今天是正式讲课的第二天，我和组里的数学主讲一起承担了科技课的教学任务。科技课的选材是"海军"，课程的安排和设计也是仔细考量过的，所以很顺利。

"利比亚撤侨小故事"是我很喜欢的一个环节。真正站到台上讲的时候才能感觉到，临场的应变能力真的很重要。准备时我尽量把故事绘声绘色地讲一遍，但是到了学校和小朋友们接触后，我才知道怎么变通。比如要加一些互动环节增加他们的参与感，这比什么"绘声绘色"的讲解都更能吸引他们的注意力。而站到台上，切实地感受到他们的反应后，更需要我临场发挥，及时解释，或者放慢语速，或者临时增加互动问答。最少见的一种情况就是毫无问题，完全按照原计划一步一步讲下去。

科技课整体还是非常顺利的，在船模制作环节中小朋友们都做出了漂亮的模型。看看满教室的小男孩小女孩们，我偶尔也会很感慨——我小学的时候也是这个样子吗？如果是的话，那么我的小学老师真是辛苦了。

大家往往被三年级小女孩小男孩们的可爱感动，又会为他们"熊"起来的一面哭笑不得。三年级支教团常言："支教过三年级，就没什么过不去的坎儿。"今天晚上我也有数次为男孩子们各种滑稽的行为捧腹大笑的瞬间。

支教日志：第四天

今天简直是奇迹的一天，被公认为"最难管"的三年级渐入佳境，今天的授课非常顺利。

小朋友们已经从最开始的小魔鬼变成了真正的小天使，在课程足够顺利的情况下，我也终于有时间观察一下小朋友们。

这个年纪的小女孩普遍有圆润如同红苹果的脸颊，小男孩则时而好动时而安静。比如小班长，一个挺可爱的小男孩，每节课都很认真地听讲回答问题。印象最深的是他在我讲中国海军时，我问有没有人对海军有一些了解，他第一个举起了手。而后面讲撤侨的故事时提到反对派和持枪的武装分子，也是他在全班沉默无言时飞快地举手说了自己的了解，虽然很少，但是对这个年纪的孩子来说真的很不错了。在无数小活动与创作的课程中，科技课所讲的内容最贴近我的想法，同时又可以契合三年级学生理解范围。它是一个让我在讲的时候有一点热血沸腾的科目，所以小班长那令人目不转睛的表现，实在让我感动不已。

在我上课的时候，每个孩子兴奋认真的眼睛都给了我很大的鼓励，讲解喜欢的知识并获得认同，是一件非常值得高兴的事。我也算是体会到了初为人师的苦与乐。

今天的手工课进行得相当顺利，小女孩小男孩们仔仔细细研究着手中的材料，偶尔笑嘻嘻地讨论起来，没有了之前持续不断"大吵大闹"的样子。这三天的课也是越来越顺。下课后这边的小女孩摸摸头抱一下，那边的小男孩笑着哄一哄，日子过得可爱极了。

支教日志：第五天

我得坦白，我刚来的时候，看到满屋子吵吵嚷嚷管不住的孩子们时是惊恐与头疼并发的，口中念叨着以后绝对不当老师，心里想着我不可能喜欢他们。

我很快意识到这当然是一种非常错误的先入为主的观念……毕竟，谁能挡住小姑娘用甜甜软软的嗓音喊一句"老师"加上一个抱腰呢？又有什么是比小男孩眯着眼睛，对着你笑得露出一个小虎牙更可爱的事？显然没有。所以我非常快速地缴械投降了。

第二天上午发生过一件超级令人沮丧的事情——有个小朋友喊老师，等我回过头去，他对我说："不是，喊的是那个老师。"

不过紧接着的第三天、第四天，这种情况就改变了。很难描述当我看到一个小姑娘绕开旁边的另一抹紫色，来到我面前把画递给我时我是什么感受。我也从最开始假装收不收到礼物都无所谓，到最后可以自信地笑着问他们"最喜欢哪个老师呀"，然后得到毫不犹豫的"你"或者其他老师名字加上一句"也喜欢你"这样的答案。

小孩子们偶尔气性大，玩着玩着突然被惹急了，气呼呼一屁股就坐在自己凳子上不吭声了。不过也很好哄，我会蹲下来拍拍孩子的肩膀，再不行就揉揉头，轻声问两句怎么回事，这样一套流程下来，如果是男孩子多半一会儿就继续眯着眼咧嘴笑着去玩了；如果是小姑娘，抱一抱，顺着拍拍背，多耐着性子哄一会儿也就好了。

我渐渐开始习惯他们课后热闹的游戏，喜欢上他们围在我周围七嘴八舌地讲话，让我猜从没听过的谜语，甚至在他们耍贫嘴的时候故意逗逗他们。

今天排练的时候,听着孩子们用清脆的童音唱着"我们就要说再见,不知何时会相见",我忽然有些伤感,只想着,希望能好好珍惜这最后的时光吧。

支教日志:第六天

题记:他们是我人生中的小太阳,那么靠近我的生活,可以抱在怀里轻声安抚的距离。那炙热的温度从第一天起缓缓蔓延到心尖,汇聚成今日的泣不成声。

昨天排练时的最后一个环节,老师一本正经地说接下来前面小朋友都会哭,戏称为"哭孩子"环节。虽然有些伤感,但是早上吃早饭的时候,我们还满不在乎笑嘻嘻地开玩笑:我们班孩子不会哭的,他们可能会笑出来。

不料,表演才刚开场就哭了个小姑娘,用小手抹眼泪,抽抽搭搭的。我们一边哄,一边摸摸兜确保自己带了纸。

站在舞台上看着自己班的宝贝们一个个走上台来,下面是四个年级的学生和老师,万众瞩目,特别自豪。等到了最后表演结束,全场大合唱的时候,我才突然有了眼圈发热的感觉。唱完后组织孩子们下场,完了,这怎么都哭了。

在其他年级还没反应过来的时候,三年级已经到处都是眼睛红红的小姑娘了,我们哄了这个哄那个,边哄边哭,纸巾光速减少,几个小男孩不明所以地笑嘻嘻地看着我们,结果等我哄完这边的小女孩们一转身——小男孩也跟着哭了。

我们哄得是手忙脚乱,自己也拼命忍住眼泪,我蹲下来抱住一个小姑娘,她含着泪在我脸颊上亲了一下,然后捏着纸巾帮我擦了擦眼泪。

开始时抱怨着他们的吵闹不休,结束时却觉得每个小女孩都是数一数二的乖巧懂事,每个男孩子都是上天恩赐的天真可爱。

有个孩子问我:"老师,五天分别都这么难,那六年呢?"

我没办法回答他,我小学毕业时的分别,并没有我今天与他们告别更加让我难过。

还有个平常很调皮的小男孩告诉我:"老师,我爸爸妈妈要带我去北京了,22号去清华。"

我对上这个"熊孩子"亮晶晶的眼睛,没办法说出任何破坏气氛的话来:"真的吗?那很棒呀,老师在清华等你。"我会尽力让它不变成一个善意的谎言,而是一句实话。

支教的这几天我真的收获成长了很多,和孩子们的相处带给了我直面未知的勇气和永远积极向上的心态。也让我认识到了自己的许多不足,希望我在未来的人生中,不再为自己的任何错误找借口,一切先从自身找原因,也永远不轻言放弃。我的孩子们早上七点四十走进教室,中午赶回家吃饭,下午又上课到五点,很多人还在外面报了其他的课外班,他们都不曾喊苦喊累,坐在教室里认认真真听我们讲课,我又有什么理由去抱怨呢?

支教还让我认识了许多很好的朋友。当我站在讲台上时,我知道我身后有人做我的后盾,于是我能脚踏实地不慌不乱地上完这堂课,即使遇到波折、麻烦,也能迅速稳定心神,着手解决。在我陷入自闭的深渊时笑着开解我,在课堂上遇到麻烦时飞跑来帮助我,在一片吵闹喧哗中替我维护纪律,在课后一起分享小朋友们的趣闻糗事……我们一起生气也一起开怀大笑。

我过去总是避重就轻,做事主次颠倒,在小事上刻苦钻研不达目的誓不罢休,做真正重要的事情时马马虎虎。希望借此机会,做一个全新的自己,清醒而理智地走好每一步。

永远留着的礼物

张叶田

支教日志:第一天

不知道在车上睡了多久,我们终于到了河北雄县中学,学校给人的第一感觉还不错，校舍比较干净，硬件条件也还可以。后来我们发现，这个地方没有空调（有也不能用）。这下可完了，我们平时都在空调房里待惯了，觉得夏天好像比冬天还要冷一些。而且这个地方到处都是蚊子。我特别容易被咬，没几分钟腿上露出的地方就被咬了好几个包，幸亏我带了蚊帐，不然晚上根本睡不了。不知道将来几天要迎接的是炎热挑战还是蚊子挑战。

我们跟助教见了面，他们人都很不错，就是大家都不是自来熟，场面一度尴尬。不过在两位班主任的组织下，大家很快开始分工合作，摆放桌椅、布置板报、扫地拖地，效率极高，很快就回宿舍休息了。晚上宿舍水泵出了点问题，没有热水，但我们干了一堆活儿，出了一身汗，实在受不了，用凉水洗了头发。希望明天不要感冒才好。

支教日志：第二天

今天是正式上任的第一天，很累。

第一节课小朋友们已经要刹不住车了，我一天都没有课，但是一天都在维持秩序，比上课要累很多。小朋友们学习东西很快，也非常活跃，是一直都努力为自己争取学习和展示机会的类型。反观自己，不知道从什么时候开始，我突然就不喜欢出风头、不喜欢争先恐后地找老师问问题、不喜欢为自己争取一个职务或一份荣誉。我一度觉得自己长大了、成熟了。现在我才知道原来是我变得懦弱了、胆怯了，因为害怕犯错、丢脸，把自己藏在很厚的壳里。

午间开会的时候王颖老师说了我们开会说话的问题。我们讲课的时候不想学生在下面讲话，但自己却在别人讲话的时候交头接耳，我们很幸运，能亲身体验到这种不舒服的感觉。换位思考很难，因为我们通常无法想象到别人的处境。我相信这次支教活动将会是一个很棒的机会，让我们得以反思自己做学生时不妥的做法。

支教日志：第三天

今天的第一节就是我的课。音乐课不好上就在于变数太多、未知的挑战太多。尽管准备充分，但我还是非常紧张。因为我从来没有教别人唱过歌，而且我对这群孩子的音乐水平几乎一无所知。开始的时候我了解了一下：学过乐器的同学，少；认识简谱的孩子，不够多。唱歌的时候，虽然大家声音纯净，充满童稚，但是一听就是未经雕琢的，我不太清楚要怎么塑造他们的声音。我本来是想教授他们唱歌方法，包括气息、姿态等，但两天的时间根本无法沉淀下来有用的知识，因此我很快就删除了这个环节。

我备课的时候一直都是将教唱的环节略过去的，确实没什么经验。所以我临时想出来了几个活动，分组演唱展示和各组依次加入演唱等有趣的形式，在大家刚开始有些无聊时，给课堂注入了新鲜的血液，大家一下就又争先恐后地举手，认真演唱，紧张地等待评价结果，看看谁会拿到代表肯定的小星星。

我一边上课一边物色了最终展示的人选，并将"主唱"姓名写在纸上。写完之后其实我有点儿后悔，有些小朋友可能会因得不到肯定而对音乐失去兴趣，于是临下课时我又布置了展示环节，希望下节课小朋友们可以重拾信心，努力做得更好。

支教日志：第四天

今天是与小朋友们正式相处的第三天，大家配合更默契了，我们与小朋友们的关系也更紧密了。三年级的小朋友们特别能折腾又很有动手能力。美术课上的综合材料画，大多数小朋友都能运用老师讲解的知识进行创作。但是可能是由于所提供的材料颜色单一，小朋友们的创作很容易被瓶盖的形状和颜色所禁锢，比如红色瓶盖就用作太阳。几节美术、手工课下来，很多小朋友画的东西都是一样的，小花、小草、小树、蝴蝶、太阳和雨。虽然美观，但是缺少创意。我认为这是老师没有提前拓展小朋友们的思维，导致了类似情况的发生。

手工课老师教的是衍纸。衍纸课有一点点枯燥，但是做出来的效果很不错。老师当时为了引导学生，问了问题："谁接送你们上下学呢？那他们是不是很辛苦，我们可以给送你上下学的家长送一张贺卡。"我旁边的小姑娘睁大眼睛跟我讲，老师我自己上下学，那能不能给你做一张贺卡？我抑制住激动跟她讲，都可以哟。后来我被叫走开会，回来时已经放学了，小姑娘临走时扯扯我衣角，跟我说："在桌斗里哟。"我在桌斗里发现了她用了两节课辛苦做出来的礼物。我们相识不过两三天时间，孩子们就对我们付出了这么大的深情，我太感动了。

孩子们的礼物，我会永远留着。

支教日志：第五天

由于音乐课进度较快，我们班被安排了新的任务，学唱一首新歌曲。前几天我也一直忙着教孩子们演唱，今天的音乐课上准备先排练年级展示歌曲，再排练新歌。上午排练的效果还不错，就是孩子们可能由于学过一次，对《念故乡》降低了兴趣，排练时动作慢、总聊天，老师们费了很大的功夫来组织他们，大家都非常累。

下午的排练更是让人身心俱疲，一连四节课的排练对小朋友们来说真不是一件容易的事。因此我觉得支教最重要的是"教"而非展示，希望之后此类活动能缩减展示所占用的上课的时间，让小老师们能够尽量多地给予小朋友们知识和力量。我相信这样也会提高孩子们的学习效率与学习兴趣。

晚上我还在改演出要用的音频的版本，音频本身已经剪了五六次，不过这次我希望把它做得更完美一点儿。我盯着屏幕上的声波图，眼睛很酸痛。

支教日志：第六天

今天是最后一天了，我从来没有感到时间过得这么快。认识高中同学的时候，22个名字我花了一个月才差不多记完；而这41个孩子，我不到一周就记得差不多了，对孩子才是真爱啊。

我们上场之前，为了确保演出顺利进行，我跟各种负责人确定了各种问题，但是上场时还是很紧张。每进行一个环节，我都会长舒一口气，最后一个环节也圆满结束之后，我心中的石头才终于落了地。演出安排本来是要求两个主讲和两个学生各拿一个麦，但是我还是将我的话筒递给了我非常信任的小朋友。他当时音乐课上的演唱让我惊艳，我决定尽我所能给他展现自己的平台，我希望他能够成长为闪闪发光的一颗小星星。而且，我真的很怕孩子们留下遗憾，我希望每个人都留下最美好的回忆。

当《今年夏天》歌声响起的时候，不出我所料，不少孩子已经在抹眼泪了。大家哭得那么凶，感觉就像要跟重要的亲人分别一样。小姑娘一个个都红着眼眶，几个最让我们头疼的淘气包也哭得稀里哗啦，这个时候我才觉得，他们平时都是气我们玩玩，实际上特别喜欢我们。虽然我已经用尽全力哄孩子，但是最后的大合照上还是有好多孩子红着眼睛。

送他们离开的时候我们像往常一样招呼着、哄着，送他们走下楼梯、走出校门，我第一次感受了班主任送孩子的情景，第一次走在孩子们放学回家的路上，这种感觉很奇特，大概因为也是最后一次了。送完孩子我又回去拿行李、回备课室收拾东西，感觉今天又没什么不一样。直到坐到车上，我才意识到这一次是真的要说再见了，这一次可以在空调房里好好睡一觉了，这一次可以开始享受假期生活了，这一次可以一觉睡到中午，这一次一觉醒来真的就看不见孩子们了。

我好想他们。

感谢孩子们

张伊锐

支教日志：第三天

今天已经是正式上任的第二天了，今天呢，我一天都没有课，但是整天都在维持秩序，从上午的语文课进班，一直到下午的科技课结束，感觉比上课要累很多。小朋友们学习东西是真的非常快，在上午的音乐课上，他们很快就学会了所有要学习的东西，非常活跃，积极举手，特别愿意回答老师的问题，喜欢展示自己，只为自己争取一些机会。在给主讲当助教的时候我发现很多课上的一些问题,像有些小朋友有的时候不大认真听。我有时会观察小朋友们的课堂表现,这样呢,能方便我当主讲的时候。

支教日志:第四天

今天我完成了我的最后一节美术课和国学课。今天的美术课比第一次要顺利。孩子们非常配合,他们有了很大的进步,可以说是一个质的飞跃。同学们对于这节课还是很满意的,我很欣慰。下课以后,一个小可爱飞奔过来抱住我,死死地抱住我,还想把我抱起来,真的是特别的可爱,这让我特别的开心。下午我还有两节国学课。前一节课是我和张叶田讲一些国学知识,孩子们很配合我们。可能是我们讲的时间有点儿长,孩子们到后来有些疲惫,有些孩子注意力不太集中了,但总体表现还是不错的。学习礼仪动作的时候,孩子们都很认真,很积极地问我们的各位老师,自己的动作对不对,有没有做错。最后一节课的时候,我们做了国学游戏,虽然我们反复强调了纪律与规矩,但过程中还是一次次提醒他们,这让我有一些生气。但孩子们今天总体表现是非常好的。

支教日志:第五天

今天是上课的最后一天,上午我一节课都没有,给主讲老师当助教。上午的语文课,小朋友们排练了要表演的节目。他们分工明确,迅速分好了角色,进入了状态。看到小朋友们的表演,我觉得他们演得很有趣,很精彩,课堂秩序非常好。在数学课上,数学老师给同学们讲的是四色定理。这个知识对于同学们来说,可能有一点儿难理解,因为老师给他们布置了任务,很多人却盯着学案发呆。在助教老师的细心、耐心的指导后,很多同学又快又好地完成了任务,而且正确率很高,一些有问题的同学也很快能够改正自己的错误。课堂氛围非常好。下午我们进行了明天节目的学习与彩排。我们班要唱的歌曲是《念故乡》,这首歌孩子们都唱得很熟,但排队形的时候却遇到了困难。因为教室不大,我们不得不挪动桌椅来腾出空地。孩子们也因为彩排显得过于兴奋,有些难管。但最后我们还是排练好了节目并走了台。今天的最后我们给学生们分发了亲手写的明信片和礼物。明信片是我们所有老师昨天晚上制作的，一张一张签名、写寄语。孩子们收到明信片和礼物后，很开心。

支教日志：第六天

今天是支教的最后一天，其实只有半天。上午进行了文艺展演。在去会场之前，我在班里说："走过去的时候一定要安静，好不好？"孩子们大声地告诉我们："好！"那个时候我觉得自己特别的开心。最后一天孩子们都表现得特别优秀，我真想告诉大家：快看我们的孩子多优秀。最后要走的时候，老抱我的那个小可爱还亲了我一下，真的特别惊喜。这次支教真的感谢孩子们，我虽然有的时候因为他们的过分活跃而生气，但又因为他们的天真烂漫而欣喜。

珍藏宝贵回忆

白梓明

支教日志：第一天

经历了三个小时的车程，我们来到了河北保定市雄县地区的雄县中学。当时我的第一感受是学校真的很大，老师为我们安排了住宿，宿舍里没有空调，只有一个风扇，我觉得我可能真的要被热死了，但晚上睡觉时还挺凉快的。下午我们和助教们见面了，刚开始自我介绍的时候，大家还都很陌生，安排任务的时候也很尴尬，但我们一起备课的时候，助教给了我们很多很好的建议。助教真的很好，他们尽自己所能帮助我们备课，我们一下就熟起来了，气氛也没有那么尴尬了。晚上我们又开了一个短会，然后我们去教室布置板报，为迎接第二天三年级小同学们的到来做准备，我们的板报布置得非常快，大家齐心协力，每个人有不同的分工，负责不同的任务，我们比其他年级的速度快了很多。

有一点儿不太好的事情就是晚上回宿舍想洗澡，但由于种种原因，一直没有水，给我们很大的心理落差，希望明天可以一切顺利吧。

支教日志：第二天

作为三年级的数学主讲和科技主讲，我原以为第一天会很轻松，结果虽然一整天都没有我主讲的课，我还是在身心俱疲中结束了这一天。

第一节是手工课，是两节连堂的大课，主题为国风缀花宫灯。我们都高估了小朋友们的动手能力，甚至高估了我们自己的动手能力。制作步骤已经精简到无法再简却依旧繁复的宫灯，制作时要黏结木条、制作整体骨架、装饰灯面、粘贴灯面、剪穗、穿绳……我作为临时被安排过来的助教手忙脚乱，更何况一个助教要负责两个小组的宫灯制作。

下午我们上了第一节美术课，小朋友们画得非常快，超出了我们的预想，导致我们带的 A4 纸不够用。无事可做的小朋友就会比较无聊，然后就开始聊天、折腾，课堂秩序就不太好维持了。但是这一节课前半部分进行得非常顺利，比我们之前预想的要顺利很多，孩子们的知识面比我们预想的也要丰富多了。希望明天可以更加充实。

支教日志：第三天

今天是我正式上任的第二天了，上午的最后一节是我的数学课。同学们非常配合，回答问题也非常积极，但有的同学有时会过于积极，他们积极举手，但是被点名回答问题的时候又说不出话来。在下次课中，我会更多地让助教关注他们，以便我可以更好地控制自己的课堂，维持纪律。不过这节数学课总体来说还是非常顺利的，同学们接受新知识的速度比我预想的要快得多，我应该调整自己的课堂，丰富自己的课堂，为更多小朋友提供一些机会，让他们能有时间去发挥自己的特长，更好地回答问题，展示自己。

这一天当中，我也通过观察很多小朋友的表现，总结了他们的一些特点，我相信在明天的讲课中，我能够更好地针对他们个人特点来教学。

支教日志：第四天

今天的小朋友们都很乖，大概是因为第一节课是体育课。

今天没有我的课，但我担任了手工和美术课的助教。孩子们都非常配合老师，之前几个过于活跃的男生，也都安安静静地完成自己的工作，没有去影响别人，或者扰乱课堂，这是一个很大的进步。

可到了最后两节的国学课，大概因为是老师们讲的时间有点儿长，孩子们到后面就有些疲惫，有些注意力不集中了。特别是到最后一节课的时候，我们做国学游戏，虽然在开始之前我们反复强调了纪律和规矩，但过程中还是一次次提醒他们规则和纪律，这让我们很多老师都有点儿生气。

支教日志：第五天

今天是上课的最后一天，我的数学课也是最后一节。

数学课上我讲的是四色定理，让他们自己动手尝试运用四色定理完成地图的填色。大概是这个任务比较简单有趣，同学们都非常配合。很多小朋友都非常出色地完成了他们的作品，课堂上纪律也非常好。

今天下午的四节课全都在排练，同学们都非常努力认真地练习歌曲。同学们很听话，也很聪明，很快就排好了队形和动作。但一连四节课的练习还是让同学们都非常疲惫，我们老师也都很累。不过总体来说排练还是非常成功的，希望我们明天的演出也能像今天排练这样成功吧。

支教日志：第六天

今天是支教活动的最后半天，上午进行了文艺展演。

在这最后的半天里，孩子们都非常优秀，在会场一二年级的孩子们有时候还会发出窃窃私语声，但我们班的孩子们都是非常安静地坐在座位上观看演出，我有一种发自内心深处的自豪。

到最后大合唱的时候，我们班的很多同学在台上就已经哭出来了，我感觉自己也有点儿绷不住。前一天我们还在说，估计最后一天他们应该不会哭，真没想到他们最后会哭得稀里哗啦。

散场之后有很多女生抱着我们几个老师，一直说舍不得我们，后来我们班大多数孩子都在抽泣，看到孩子们哭，很多老师也都忍不住哭了。

小朋友们拿出笔和纸，让我们写下自己的名字和电话号码，希望以后也能和我们联系。

最后的道别时间好像很短，又好像很长。当我们班的最后一个孩子和我们挥手再见时，我觉得这几天的支教生活过得有些太快，又好像和孩子们都已经相处了很久。

支教活动到今天就结束了，可和孩子们一起的这段宝贵回忆，我会永远将它留藏在我的心中。

美好的回忆

于函雨

支教日志：第一天

早上经过本部会议，我们略调整自身心态，信心满满、非常期待地出发前往雄县。经过 3 个小时左右的车程，我们到达了目的地。这个学校（雄县中学），并没有想象中的环境艰苦，教室、宿舍设施比较先进，为我们的支教带来很大帮助。在环境没有那么艰苦的好消息的影响下，我的心情放松了很多。

在被安排好宿舍之后，我们就召开了全体会议。会议主要提醒我们一些注意事项，并布置说明了支教安排。这使我们对于这几天的安排更为清楚。

到了晚饭时间，我们走进食堂，开始享用晚餐。这里的伙食，坦白说，比我们学校的要好，饭菜味道很香。但食堂有一个缺点，不少犄角旮旯都是蟑螂的窝点，轻微一动，就是几十只蟑螂全军出动。Anyway，饭菜健康即可。

晚饭后我们又召开了全体会议。会议很多，让人"应接不暇"。如此多的会议，我认为源于老师们不断讨论我们的优缺点并分析问题，所以老师付出了很多，在此致敬！

晚上我们进行班级教室布置，所有同学都非常积极，很给力，很快完成了布置。今天我们与分校的同学见面，并成功分配好了各自的任务，从态度上来看，助教们非常给力，希望明天我们能够配合好，一起出色地完成授课！

支教日志：第二天

这是教小朋友们的第一天，我怀着期待的心情从睡梦中醒来，效率很高地洗漱完毕，然后去食堂享用早餐，不过可能是我们去早了，主食还没有送到。

吃完早餐，就已经较为接近小朋友们进班的时间了，所以我们直接进了教室。

之后，小朋友们就进班了。第一次见到我们班的小朋友，有些与我想象的不一样，他们略微小了一些。但年龄小也不代表着不好教，小朋友们在班主任短暂的鼓励下，都积极地介绍自己，其中还有几个小朋友的爱好颇有意思：电子游戏（很诚实）、800米（很厉害）、球类运动（很厉害）……但大多数小朋友的爱好基本上都是读书、画画。作为音乐老师，听到这样的介绍，其实我的内心有点儿淡淡的忧伤。

在班会课之后是开幕式，我参加演奏了《我和我的祖国》，表演得还不错。在看开幕式的时候，我同时也被小朋友们的积极和多才多艺震撼到了：开幕式上有的同学英语很厉害，有的同学唱歌很准，有的小朋友站在台上演讲……

开幕式之后是第一节课——美术课。在听课的同时，我观察到，我们班的小朋友，既有积极性，又比较听话，比较让人省心。

美术课之后是午餐时间、午休。但由于下午第一节课就是音乐课，所以我并没有进行午休。下午的音乐课，我要教孩子们学唱《我和我的祖国》，因为有校长团来听课，所以我比较紧张（而且听说有老师没有讲好，被王老师骂了一顿）。但课堂上小朋友们较为配合，我们在半节课之内学习唱完了《我和我的祖国》，在校长团的叔叔阿姨们来的时候露了一手。我们还与王校长互动，听王校长歌唱，这很是荣幸。

在上完音乐课之后，我总结道：教小朋友们唱歌，老师最好不要老自己唱让他们听，而是播放原唱，让小朋友们记住歌曲的旋律，这样他们会熟悉得很快。在接下来的半天里，我参与了各个老师的课堂，感受到了支教时内心的温暖。期待明天的教学。

支教日志：第三天

今天我起床效率很高，比同楼的同学们都早。

有的孩子在第一天熟悉了从家到学校的路之后，来得非常早，坐在教室里没有事干。所以我趁着这个机会，在班里放歌，让他们不至于无聊，同时让他们熟悉一下歌曲。事实证明，早上进班放音乐是很明智的一个做法。

今日语文、手工课都进行得较为顺利，手工课上做风筝同学们很尽兴，助教们和我们没有课的主讲在这个时间帮助学生们解决疑问并引导学生们，拉近我们与小朋友们的关系。

下午就是我的音乐课了，学生们在音乐声中陆续进班坐好，我们开始上课。这节课讲知识的同时穿插演唱歌曲中的一些元素。我认为在上半节课效果还是很不错的，而到了下半节课，同学们学得很快，所以我将明天的部分内容移到了今天：唱出这首歌。但结果让我非常惊讶，小朋友们普遍读不懂歌词，并且不会念。这对于我来说简直是一道霹雳。基于这个原因，我让同学们唱这首歌的简谱来练习。由于疏忽，我忘了下课时间，所以我们多练了一小会儿，对此我感到非常抱歉。下午由于歌词事件，我全天参与教学活动的计划泡汤了，只能分出一些时间更改歌词。

晚上我做了音乐组的授课分享，大概总结了音乐组的普遍现象。之后的备课环节，主讲们和助教们都很配合，很给力，在这里为他们点赞。

支教日志：第四天

今天我起得较之前晚，主要是因为昨天很累，非常消耗精力。

今天很多课都很顺利，只有数学课进度慢了一点儿，一节课只讲了3道题。

早读的时候，由于昨天我的音乐课歌词出了问题，所以早读我们用了十多分钟的时间教歌词。让我非常惊讶的是同学们学得都很快，而且也很听话，比昨天好多了，这让我欣喜若狂。于是今天的音乐课上得非常顺利，同学们一节课就学会了，于是我们后一节课就在欢乐的游戏中边唱边玩。相比于昨天的"透心凉"，我今天是"心飞扬"了。

但明天下午有很长时间的排练，需要我提前考虑好所有的动作和形式，所以今晚我的忙碌程度不亚于昨晚。

支教日志：第五天

今天是最后一天教课了，想到这里，我心里突然有一种淡淡的伤感。今天上午一切课程都进展很顺利，美术课、手工课上同学们都表现得很好。我作为这几节课的助教，在引导小朋友们的同时拉近了与小朋友们的距离。

下午就是排练的时间，我和王嘉怡将我与各位老师商量成型的展演形式教给了小朋友们（非常感谢王嘉怡，帮了我很大的忙），小朋友们学得非常快，而且没有喊一声累，我特别感动。

今天放学的时候发生了更让我感动的事：几位小朋友拿着我们第一天发的本子，找我来要电话和签名，我顿时感到心中很温暖。

晚上的时间就都属于练琴和彩排了，大家都比较累，但我认为是应该的，我们应该尽全力给小朋友们一个完美的舞台表演。

今天一天下来，身心俱疲的程度更胜之前，但我很高兴：小朋友们不仅记住了我讲的几个很重要的思维方式，还完美地将其展现了出来。在表演中只有节奏稍微快了一点点。

支教日志：第六天

今天是最后一天了，我很早就起来将昨晚练习的曲子再练习几遍以防在台上出错。

今天的小朋友们仍然到得非常早，我在早读之前总会给小朋友们听几首歌，而今天我只放了 *Do Re Mi*，但让我非常高兴的是小朋友们自觉跟着歌曲练了起来。之后的早读时间里，我们又重新复习昨天排练的内容，小朋友们也都记得很好，我只需稍微提醒一两点细节就可以了。

之后我们就到演出场地开始表演，一个一个年级轮流上。可能是比较偏向自己班的孩子，我认为我们四年级表演得最好。

班主任发言结束之后，听到孩子们说"老师，我爱你"的时候，我非常感动。在这个环节结束之后，很多小朋友都哭了，我内心也充满了离别的伤感，只能认真在小朋友们的本子上写上一行行的电话号码、姓名和祝福。

这次的支教活动带给我很多东西。首先，它提高了我的个人能力，锤炼了我的意志，提高了我的做事效率。其次，它让我更清楚地了解了小朋友们的世界并融入其中。通过这次支教，我也能更理解老师，会让我对自己在校的所有行为进行反思，反思自己的行为有没有让老师费心。最后，这次活动让我认识了所有四年级的小朋友，并留下了美好的回忆，我相信这些回忆会影响我很长很长的时间，甚至是一生。

回想这次支教，过程一波三折，所有老师们每天都奔波在提高课堂质量的路途上，每天都很辛苦。但我们的努力得到了回报，我认为这次活动是很成功的。

最后用一句话总结：这一波血赚，不亏！

成长路上

樊栩岑

支教日志：第一天

今天是第一天，天气还是非常炎热，但是住宿的地方条件很好，来到这里我们稍事休息就进入了紧张的备课阶段。

首先就是认识和我们一起支教的助教老师们，他们每一个人都非常的有特点并且很有责任心。我们互相介绍了自己，把自己的课程进行简单的分享，并且将明天的任务进行分工，接下来就是紧张的备课了。

支教老师和助教们一起来听我试讲，我的试讲整体得到了老师们的肯定，但是还是有一点点的问题需要改进，老师们和助教们都给了我非常好的建议，让我能够更好完成我的课程，完善PPT。

大家在开过晚会以后就开始布置班级教室，我们和助教一起画板报，助教们的建议都非常好。我们分成两组分别布置两块黑板，把我们班的名字"自强班"和班训"大鹏一日同风起，扶摇直上九万里"分别写在黑板报上。大家集思广益把黑板报布置得非常完美。助教还帮助我们给小朋友们进行了分组，把桌子摆好，大家齐心合力把任务完成。

晚上的热水还是需要吐槽一下的，有一丝丝尴尬，但是今天一天还是非常顺利的，期待小朋友们明天的到来。

支教日志：第二天

今天的第一节课就是我的美术课，小朋友们在第一天的第一堂课上比较腼腆，但都很专注，认真听讲，并且积极思考，认真回答问题。今天美术课的主题是线条的魅力，大家都尽力展开想象。

开始小朋友们还是比较拘谨，不知道怎么画，有很多小朋友问我画什么，我对大家进行了一些提问式的引导，激发了大家的想象力。大家都非常认真地创作自己的画，最后的成果非常好。

下午的课上小朋友们和我们比较熟了，就放得开了，都暴露了自己活泼的性格，课堂也比上午更加难以管理。在志愿活动的时候大家就玩得比较欢脱，导致最后在一些环节中就出现一些纰漏，但是整体来说还是比较顺利的。今天一天我也了解到了支教的辛苦，更加能够体会到支教老师们跟我们提到的困难，但是我相信我们在小朋友们积极的配合下、在助教老师的帮助下、在支教老师的教诲下，会克服所有的困难。

作为美术教研组长，我了解到今天的三节美术课都上得非常顺利，大家都非常棒。我需要自我检讨一下，在美术教具的准备上还是有一些疏忽，导致今天教具散乱，以后我一定要做好规划。

支教日志：第三天

今天是正式上课的第二天，我们对小朋友有了更多的了解。

体育课时，王佳琦非常活跃导致我们的助教非常辛苦，助教需要单独对他进行指导。其他小朋友都非常认真地和老师学习健美操，最后的成果还是非常不错的。

手工课上，每个小朋友都非常认真地完成自己的作品，助教们很耐心地帮助小朋友完成他们的作品。

语文课大家完成了莎士比亚的《威尼斯商人》选段的表演，每个人都认真地背词，孩子们虽然年纪小，但是演技是在线的。

音乐课大家学习了英文版的 *Do Re Mi*。虽然是英文版的，但是他们还是很认真地学习，并且学会了唱这首歌曲。很多小朋友知道这首歌来自《音乐之声》这部电影。

数学课上小朋友们很认真地思考着每一道题。

科技课上大家很活跃，因为小朋友们对科技课制作的作品很感兴趣，所以很多人都很兴奋，但是在我们助教老师和主讲老师的配合下，这堂课还是上得非常顺利的，小朋友们团队协作完成了他们的科技小作品。

我觉得助教老师和主讲的配合非常重要，我们的助教非常认真负责，一堂课的助教从来没有少于 5 个，所以每一堂课都上得非常顺利。

支教日志：第四天

今天是正式支教的第四天了，我发现小朋友们还是很依赖我们的，他们很喜欢围在老师的身边，喜欢问我们一些问题，喜欢得到我们的关注。而且他们的好奇心驱使他们接触身边的一切事物，不知危险的存在，所以需要我们时时刻刻看好并且关注每一个人。

小朋友们都很可爱，他们喜欢着我们。孩子们上课时认真听讲的样子，下课时活跃的样子都深深地感染着我们。

体育课上，他们带着足球尽情奔跑，我担心他们摔倒，又希望他们可以尽情欢乐。新的体育老师他们很快就适应了，但是孩子们爱好各不相同，很多女孩子对足球不是特别感兴趣。

语文课上，语文老师严肃地提了语文课的要求，同学们都认真遵守了规则，正所谓没有规矩不成方圆。

音乐课上，他们认真学习英文歌曲。有人和我说音乐课有点儿像英语课。他们的歌声是最动听的。

下午的国学课是最欢乐又是最不欢乐的一节课。由于国学老师是其他年级的老师，他们一整天都在好奇谁是国学老师，但国学的内容是相对比较枯燥的，这导致他们上课时有些昏昏欲睡，但后来的国学课上的画画小活动让他们非常活跃。

支教快要结束了，我认真地记着他们每个人的笑脸，感觉到心中的不舍。

支教日志：第五天

今天是支教上课的最后一天，有我的美术课。早上早自习班主任对他们提出了要求，让他们自己想一想昨天犯了什么错误。孩子们很沉默的思考着，班主任嫌弃我太温柔不让我去班里。早上第一节课是我的，我进班的时候孩子们很安静，这节课上得很顺利，我们班的孩子们特别喜欢画画，下课的时候我想让他们休息一下，结果孩子们都坐在座位上画画，我问他们累不累，大家都说不累，我就让他们继续画了。手工课大家做得很快，可惜剪子不太好用。

下午孩子们开始排练。上午课间我问他们能不能把歌词背下来，他们都说不行，结果下午孩子们唱的时候很棒，都把歌词背下来了。然后就是教他们动作了，老师设计的动作非常符合他们的年龄，孩子们都很认真地在学习，尽管在休息的时候都累得蹲下，但是在练习的时候还是很认真地做每一个动作。

孩子们排练得非常出色，我感觉明天真的会特别舍不得他们。

支教日志：第六天

今天是最后一天了，有汇报演出，四年级的小朋友们都很懂事听话，每个人都记得昨天教的动作，演出的时候非常棒，大家唱得很好，我觉得我们年级的小朋友是最棒的。

本来并不想哭的，支教是一件快乐的事，有一个快乐的开始，也应该有一个快乐的结束。但是当孩子们满眼泪水看着我的时候,我真的忍不住流泪。在台上说班训的时候,孩子们很棒,还记得班训,并且特别大声地喊出了我们班的班训,四年级是最大声的。很多孩子们都来找我们签名,平常比较淘气的孩子都抽泣着来找我们签名,我真的超级感动。

我觉得支教真的是令我们很快成长的一次活动,让我们体会到了当老师的心情与劳累。虽然只有短短的几天,但是这几天我们付出了所有的感情。分别令我们如此悲伤,我希望孩子们在长大以后还能够记得,或者看到我们的签字能够想起来,曾经有一群哥哥姐姐带着他们快乐地学习知识,无论是指出错误或是夸奖都是出于关心,都是希望他们能够在正确的道路上成长。

我们爱你们,孩子们。

体会老师的艰苦

白易昆

支教日志:第一天

在今早,已经放假了的我,却还是起的如平日一般早。因为,今天正是我支教活动开始的第一天。我早早起来,坐上车,随着窗外景色的阵阵变化,路过了北京大学和清华大学,在路口一转,来到了清华附中本部。宽阔的校园映入我的眼帘。随即,走入校园,喷泉绿草,互相衬托着。我走向集合地点,领到的是两件紫色的教师衣服。这件衣服,在我的印象中,是我们的数学老师经常穿的。衣服上面绣着清华的标志,这一象征着老师身份的衣服被郑重地递到我的手中。薄薄的两件衣服,在我手中却似千斤般沉重。自此,我不再只代表我自己,而是以清华支教老师的身份去前往雄县。一路上,我反复看着教案,心中仿佛有一块没有落地的石头,摇摇欲坠。到了分好的宿舍,我开始备课,这块石头竟是越提越高,到了一个不可轻视的高度。我反复备课,检查材料,心中只有一个希望,就是能上好自己的课,给小朋友们留下一个好的印象。晚上布置教室,黑板上的花和叶，在我的眼中都不怎么起眼儿，我只是心不在焉地度过了这一天。

支教日志：第二天

今天是我们第一天迎接小朋友。早上，我早早起床，吃完饭后就来到教室，等待小朋友的到来。不一会儿，楼道里就传来阵阵声响。一个又一个的小朋友走进了我们班。"同学们，看大屏幕的分组，找到自己对应的颜色。"我们一个个站在组前，代表着不同的颜色，迎接着一个个同学坐下。首先开始自我介绍，随着老师和同学们一个个介绍完，彼此间都熟悉了起来。事情好像都进行得有条不紊。随后是开幕式，不仅有各位老师的发言，还有学生代表的发言。每个年级都展示了属于自己的独特节目。最后还有我们学校排练的《我和我的祖国》。伴随着第一节课美术的开始，我的心中仿佛增添了一丝信心。我们年级的小朋友好像没有那么难带。后面的课也比较顺利。但是到了下午，小朋友的天性才刚刚激发出来，一些孩子闹腾的性格都逐渐展现。幸好，在我们主讲和助教的协助下，大部分同学都是比较听话的。最后是志愿服务，这样就结束了正式支教的第一天。

支教日志：第三天

今天是支教的第三天，也是我开始忙碌的一天。今天我一共需要上三节课，两节手工课，一节美术课。在刚开始的时候，我还是比较紧张的，毕竟之前完全没有讲课的经历。尽管接受了不同老师的建议，但我对于真正的讲课还是有一点点紧张。第一节课是体育，这短短的四十分钟在我看来，只是一闪的工夫就过去了。随即就到了我要讲课的时间。站上讲台，手指屏幕，声音还是有一点点颤抖。"同学们，这节课我要讲的主题是风筝。"拜题目所赐，这节课还是比较吸引小朋友们的注意力的。不过我在讲风筝的部分可能由于紧张，所以语速稍微有一点儿快。不过小朋友们都很积极回答问题。课程整体的时间安排还是比较合理的。只是在制作中，有一个拴线的环节，因为我没有给小朋友们发尖锐的剪刀，所以只能由老师来完成这个步骤，因此耽误了一些时间。对此，我决定把第二节课的项目调整一下，尽量不需要老师完全帮助。这样可以提高小朋友的参与度，也可以减少老师的负担。

支教日志：第四天

今天是支教的第四天。经历了昨天的课堂，我的收获是很多的。今天我主要负责的是助教部分，并且准备明天需要用到的物品。开会时其他手工老师发言，我听到一些课堂上需要注意的部分。这些在我的第一节课上也有部分出现。所以今天我不只是助教，还要吸收一些其他同学的授课经验，比如上课的秩序有可能会乱，这个问题得益于其他老师们与我的配合，都可以快速控制住课堂。我吸收了其他同学的一些做法，同时在分享会上了解其他同学的经历，为我的课做准备。尽管今天我只是当助教，却也不是轻松的一天。我也体会到了其他助教同学的辛苦。为此，我要更加细致打磨我的课程，不能让助教同学的努力白费。在准备了材料并让助教们听过试讲之后，我们就结束了今天的活动。希望明天我的课能有一个好的效果，教给小朋友们有用的知识。

支教日志：第五天

今天是支教的第五天。今天上午一共有四节课，美术课和手工课各两节。美术课我要担任助教。因此今天对我来说，还是比较繁忙的一天。在早读的时间，担任班主任职务的同学，又给学生们强调了一遍规则。在连续几天的劳累之后，学生们似乎精神没有那么集中了。不过经过班主任的提醒后，学生们又都焕发了活力。美术课的老师教得很细致，许多小朋友都画出了很漂亮的作品。然后就是我的手工课。这节课相比上一节课来说更难，对他们来说有一点儿难度。因此我先挑选了几个比较简单的制作方法。如只需简单地裁剪折叠来制作一朵纸花。令我意外的是，同学们的动手能力都很强。一些材料很快就用完了。于是，我讲解了一种比较难的方法。这次小朋友们不懂的就比较多了，不过在助教们的配合下，进展还是不错的。一些小朋友们成功制作出了作品基本的形状。还有一些小朋友们在我的方法上进行创新，也制作出了很好的作品。不过我的课也还有很大的进步空间。这次活动我体会到了教师的艰辛，以后会更加奋发学习，不辜负老师的努力。

生根，萌芽，结果

宋思雨

支教日志：第二天

今天的我延续了昨天的紧张，可能更加紧张了。作为一名班主任，我带着另一名主讲（周子钰）去接同学们。我当时同其他班主任站在校门口，往外看，好多好多的人涌进我的视野；孩子的声音、大人的声音、整队集合的声音，这么多的声音充斥在我的耳朵里，于是我心跳加速了。

集合，整队，五年级的孩子们很快就站成了一列。我记得孩子们排成了两列，站在最前面的两个孩子（国璨和李沐桐）一直在冲我笑，笑得特别开心。看着她们两个笑，我就没那么紧张了，我也开始笑。

回班以后开班会，我第一次正式站在讲台上，有些激动。第一次站到讲台上讲课，我显得有些手足无措。做游戏一开始并没有调动起小朋友们的兴趣，后来换成了写句子这个游戏，比较成功。

今天给我印象最深刻的是手工课，一开始画小燕子的时候基本上是小朋友们做，但是等到开始做金属框的时候，所有的主讲与助教都上场了，到最后只剩下助教与主讲们的工作了。

今天一天下来，很累，真的，下午的时候我已经累得恍惚了。但是总体而言，今天还是成功和圆满的。我感觉很幸福。

支教日志：第三天

今天终于有我的课了！我有两节语文课，超级期待，因为这是除了班会和助教我第一次正式与同学们见面。早读的 20 分钟我让同学们念了绕口令，大家都很积极地尝试。

第一节就是我的课，引入很顺利，但是等到放视频的时候，视频突然出了问题，放不出来了。这堂课一共准备了 10 分钟的视频，都无法播放，也就是说，一下子我的讲课时间就增加了 10 分钟。说实在的，我很慌。于是我口述了一遍视频的内容，然后，再按照原定计划继续向下开展。在讲完第一个部分以后我看了一下表，比预期快了 7 分钟。第二部分，我讲了一首诗。我想起昨天桂林老师给的建议：如果时间有富裕，就让孩子们读诗。所以我让孩子们分组朗读，他们分组展示的时候，我发现有的孩子已经背下来了，于是又让会背的孩子背了一遍。他们读诗时特别积极，读得都可开心了，这是超过了我的预期的。

　　我今天的第二节课是教他们诵读上午学的诗。我先让他们分组讨论找出属于自己的语调来唱这首诗。有的孩子把这首诗带到了流行音乐里，有的直接当数来宝念，但是最让我震惊的是，居然有人直接说出了正确答案，我有种自己的课被剧透了的感觉。

　　总体来说，今天是很顺利的一天了。期待明天的课程！

支教日志：第四天

　　今天最后一节课是志愿服务课，要给孩子们讲志愿服务是什么，介绍什么是乙肝，带着孩子们去做乙肝知识大闯关。本来原定计划先讲一节课，第二节课花半个小时让他们进行活动，最后花 10 分钟发奖品。第一节课，按照计划正常进行了。然而，我们低估了学生们的热情。他们从课间开始做活动，上课差不多过了 10 分钟，大家就把所有任务都完成了。大家回到班里，吵得我要疯了。进门先冲着我喊一句"老师，我集齐了五个章"，还不等我夸他们，就有别的孩子喊"哈哈哈哈，我有六个章"，于是刚回来的那组就会尖叫一声，然后我就跟他们说要去圆圆哥哥那里再盖一个章，然后他们再尖叫一声，然后跑去找圆圆哥哥盖最后一个章。我受不了了，于是我让维依姐姐给他们唱《琵琶行》，然后我发现有些孩子会背，于是我就顺水推舟讲了《琵琶行》，时间也就差不多了。然后我给他们发奖品，时间刚刚好。

支教日志：第五天

今天上午，我的语文课就"杀青"了！

一上午我窝在备课室给孩子们写明信片，签字签到手废，不过及时完工，还是不错的。上午的语文课让他们造字，孩子们有些中规中矩，有些挺好玩的。有个组画了个甜甜圈跟我说是形声字，还有一个组上面写了两个人的甲骨文，下面加了一横说是双人床，他们的创造力一次一次刷新着我的想象。

下午我在备课室待了一会儿，出门就被孩子们包围了，他们让我签名。有的孩子还让我给他们画画、写字，我第一次觉得写自己的名字这么累。

下午孩子们一直在排练明天晚会上要表演的节目。孩子们特别棒，没有人抱怨，去走台的时候特别热，大家动作很快，一遍就成功。

晚上排练的时候，我很感慨：从第一天刚来，到今天，感觉不过一眨眼，我们就要说再见了。

晚会结束以后我们去收拾教室，把桌子位置还原，擦掉了备课室我们第一天的签名，带走了两个教室中的所有东西。

明天就要说再见了，有点儿不舍得啊！

支教日志：第六天

今天本来没想哭的。等到了汇报演出开始，一年级到三年级都唱的是那么悲伤的歌，我就觉得有点儿撑不住了。然后到三年级的时候，我看见我旁边的淞淞哭了，我也有点儿想哭了。后来轮到我们去表演节目，每个班念词的时候，我差那么一点儿就要哭了（主要是宋老师的互动，实在是让人感动），但是我还是忍住了。后来三年级的孩子们上来唱《今年夏天》，我就看到好几个三年级的孩子站在台上就开始哭了。下台后，我还没回座位呢，就有孩子过来抱着我哭，我都震惊了。我本身就是一个泪点低的人，身边还有一堆孩子在哭。于是我就跟着他们一起哭。还有一件事，我昨天没有收到礼物，今天早读的时候去班里走了一圈结果收到好多。

人群中我们遇到了彼此，我们从相逢到相熟用了不过短短的五天，很多人的名字我还没有记住，甚至有的孩子我都没什么印象。不过相逢便是一种缘分，纵使今天要离别，相信以后还有机会能重见。

有人说，离别是人生的一堂必修课，每个人或早或晚都要学会，人的一生就是在这分分合合中度过。虽然我还没有学会它，但是我坚信，每一次的离别，都是为了下一次更美好的重逢，我坚信。

所以至此，支教结束了……

期待有缘再相会

何泰来

支教日志：第一天

今天是我们来到雄县的第一天，我们先乘坐大巴来到了雄县中学，这里是我们支教的地点，我们先将行李放到了宿舍，之后便进到教室里开展了紧锣密鼓的备课活动。

我们按照提前订好的年级安排分组，对教室进行布置。首先，我们主讲团的代表纷纷进行了自我介绍。让大家认识了清华附中朝阳学校到来的主讲小老师们之后，西安学校的助教同学们也上台进行了发言，大家都成了非常要好的朋友。大家按照之前所练习的课程内容进行试讲，然后主讲和助教针对课程的内容，提出意见并进行修改。这样反复的斟酌，能使我们的课程更加有意义和充满乐趣。

晚饭过后，我们召开了全体会议，讨论明天的课程内容和注意事项，老师和部分同学进行了发言，我也会牢记老师的祝福和同学的建议，力求在明天的课堂上发挥出最好的水平。晚上我们回到了宿舍休息，一天的备课，让我们非常疲惫，本希望可以冲一个热水澡，但无奈宿舍的热水器好像发生了一点儿问题，我今天洗澡的美梦破灭。不过没有关系，支教就是锻炼我们意志品质的。我有着对明天的无限憧憬，期待明天的课程，期待小朋友们的到来。

支教日志：第二天

今日是来到雄县的第二天。我怀揣着激动的内心走进教室，前期的准备令我对于今天的授课充满自信，一切的辛苦付出都是为了从这一刻开始的支教任务，我早已做好充足的准备，只等小朋友们的到来！

看着小朋友们迈着整齐的步伐踏进教室的大门，我惊讶于他们的自律与自信，这使我更有了传道授业解惑的愿望。

早上，我领着五年级的两位小同学一起在开幕式上高唱了《向日葵》，他们反复地斟酌每一句歌词，力求完美，大家的表现都十分出色。

上午的课程，我认真地在教室后面进行了旁听，小老师们的授课给了我很大的启发：在上课时我们不仅要关注小同学们的课堂表现，还要关注他们上课时的状态，要积极地提问，活跃课堂气氛。这使我受益匪浅。

下午我开始了国学课的讲解。我在讲台上激昂地讲解，同学在座位上认真地思考，踊跃地提问。我出色完成了国学课的讲解，旗开得胜。这令我颇受鼓舞，希望在接下来的支教活动中我能再接再厉，日益精进，做小同学们喜欢的好老师。

支教日志：第三天

今天是来到雄县的第三天。昨天的国学课后我反思了自己讲课过程中出现的问题，也许是小朋友们太小并且没有围棋的基础，所以同学们对课堂知识的吸收不是很好。所以我决定调整一下之后课程的内容，综合同学的水平，适当对课堂上的内容进行修改、删减，让所有小朋友共同参与、共同学习、共同进步。

今天上午我充当了助教的角色，协助主讲教师一起维持课堂纪律。我发现学生们在上课时无法保持长时间的专注，所以需要我们小老师放慢语速，反复提问，保障小朋友们能够在最开始听懂你所讲的内容，这样他们才会有更大的兴趣听完你的课，才会在课堂上积极表现。

下午我的数学课准时开讲，我放慢语速，先从最基础的概念讲起，循序渐进地引导同学们进行深一步的思考，做题与讲课交叉进行，使同学们对于知识有了更深刻的理解。

忙碌的一天即将结束，我与支教的小伙伴之间也更加了解，期待明天更加充实的支教活动。

支教日志：第四天

来到雄县的第四天，我感觉无论是自己的身体状况还是自己的心理状况都已经调整到了最好的状态。虽然可能会面对更多困难和挑战，但我早已做好了准备，不畏困难，勇于挑战，这才是支教该有的心态。

虽然今天没有我的课，但是整个上午我都在教室里，作为一名助教，参与到课堂活动中去。这一过程不仅帮助了主讲老师，还是自我提高的一个关键，吸取经验教训，改正自己不足的地方。小朋友们似乎也更放得开了，在课堂上的思考更为积极，表现更为活跃，能够主动地向老师发问，并有了独立思考、解决部分问题的能力。这才是我们支教想要看到的，让小朋友们在学到知识的同时培养自己的能力。

下午，我带领着小朋友们一同参与了乙肝志愿服务项目，宣传公益事业，培养小朋友们的爱心。小朋友们的热情令我始料未及，他们积极地参与游戏，在游戏中学习如何团队协作、互帮互助，认识到集体是要高于个人，我们每一个人都要为集体奉献付出。游戏的最后大家都玩得十分开心，望着小朋友们的背影，在一片欢声笑语中，我看着他们慢慢离开。

又是一天结束了，期待新的一天。

支教日志：第五天

今天已经是来到雄县的第五天了，我没有想到时间竟然过得如此之快，一下子就要到分别的时刻了。

我起了一个大早，到教室进行布置，然后对今天要讲的数学课进行了准备。虽然早起令我有一些疲惫，但想到小朋友们欢快的笑容，我一下子就变得精神焕发了。小朋友们首先排练了要在联欢会上展演的《梨花又开放》，他们认真的表情和一丝不苟的练习状态令我既欣慰又感到敬佩，给了我更大的鼓舞和动力。之后是我的数学课，我按照前一讲的思路，循序渐进地引导小朋友们对问题进行思考，并反复地提问，活跃课堂气氛，使小朋友们对知识有更深刻的理解和认识。一堂课的时间很快就过去了，小朋友们都因为学到了新的知识而感到无比的欢乐，这也是我所希望看到的，给小朋友们讲那些他们想知道的、渴望知道的、对于他们有益的知识。

下午我们进行了文艺展演上《梨花又开放》节目的排练。这里要感谢桂桂老师的无私奉献，帮助小朋友们进行排练和编排舞蹈动作，让小五班的歌曲演唱变成了一次班级才艺的展示。伴着下课铃声，望着小朋友们离去的背影，我不禁感叹，美好的时光总是如此短暂，我们马上就要说分别了。期待明天，期待会更加美好的明天。

支教日志：第六天

今天是支教的最后一天了，天下没有不散的筵席，我们终将别离，虽然内心充满着悲伤，但我依旧要笑对每一个明天。

早上我五点半便起床了，收拾好行李，拿起书包走进教室，我要为那些热情奉献、积极配合我们工作的助教小老师和助教领队写下我早就准备好的祝福。在这几天里，我们互相配合，互帮互助，不仅出色地完成了工作，还收获了难能可贵的友谊。小朋友们很快就来到了学校，他们同样知道，今天是我们在学校的最后一天了，大哥哥大姐姐们明天就会回到自己的家乡，不舍的情感同样充斥着他们的内心。

很快，文艺展演开始了。五年级的小朋友们表现得十分出色，他们不仅完成了集体合唱，还为我们支教的小老师们送上了最真挚的祝福。在这一瞬间我的内心汹涌澎湃，一切的付出和准备，在这一刻都收获了最美好的回报。小朋友们同样无比的激动，在这几天当中帮助他们学习知识、陪他们一同玩耍的大哥哥大姐姐们就要离开了，无法克制的悲伤和难过涌上他们的心头，泪水从他们的脸颊上流过，浸润了他们的衣领。悄悄是离别的笙箫，沉默是今晚的康桥。再见了，小朋友们；再见了，我亲爱的助教朋友们，期待我们有缘再相会。

感受他乡的温暖

周维依

支教日志：第一天

清晨，我们到清华附中集合，带队老师强调了注意事项后，我们便急匆匆地前往支教的地点——河北雄县。

经过三个多小时的车程，我们马不停蹄，伴着午后的燥热，来到了雄县中学。当地的学生用最大的热情迎接我们，他们在宿舍门口等着我们，看到我们过来，亲切地和我们打招呼，帮我们拿行李，我们感受到了他乡的温暖。

开完了小会，我们便来到自己的班级和备课室，和其他校的助教们见面，并做了简单的自我介绍。每个人都是那么和蔼可亲，在短暂的时间里，我们熟悉了彼此。然后我们向助教们简单交代了一下助教的任务。同时在试讲的过程中，助教也为我们主讲提供了许多宝贵的意见，让我们在练习的过程中又进一步完善了教案，让我们更有信心为小朋友们呈现出更有意义的课堂。

晚饭是在雄县一中的食堂的吃的，本来我对食堂的菜没有抱太大希望，但出乎我的意料，红烧鱼、炖小鸡、鸭血……各种各样的美食供我们选择，还有夏日清凉的西瓜供我们解渴。我们怕是要在支教的日子里长胖几斤。

抬头向远处望去，是雄县一中的夕阳，不像城市夕阳那么浓重。我们逆着光站在教学楼下，看见了一个个用知识武装自己的孩子们的笑脸，我们也愿意将自己的学识毫无保留地传授给这些未来的希望。

夜晚，我们和助教一起布置了班级，定了班名、班歌，画了板报。小猪佩奇的板报为班级增添了童趣，也为师生之间更增加了几分亲切，勾起了我的一些回忆，我不由得想起我那无忧无虑的童年……

夜深了，希望明天可以看见小朋友们进班后看到我们精心的准备后会露出的喜悦的笑容。

支教日志：第二天

今天是我们正式讲课的第一天。

清晨，伴着雄县中学的朝阳，我们早早来到教室，收拾了一下教室后，我们迎接了班里的主角——五年级的45位小朋友们。班会课上，我们向大家做了自我介绍，也听了小朋友们的自我介绍。小朋友们真是多才多艺，画画、唱歌等样样精通。我们在班会课和同学们做了游戏，增进了一下师生感情，在这段时间里我们也挑选了几位同学去开营典礼唱《向日葵》。同学们美妙的歌声像一针强心剂，让我们对和同学们未来几天的相处充满了自信，也督促我们要更加严谨地为同学们授业解惑。

上午，我参与了手工课的助教活动，我们的任务是做风筝。整节课我们都在忙里忙外，但看见最终成型的风筝，我们觉得一切都是值得的。

下午第一、二节课是我的美术连堂，我为美术课做了非常充分的准备。我的课题是京剧脸谱。我通过一些视频，为大家引入京剧脸谱这个概念，在讲完课之后，给大家自由发挥的时间在面具上绘制京剧脸谱。同学们的奇思妙想和良好的美术基础让他们优秀地完成了作业，我很骄傲。

晚上洗了澡，我好开心。

支教日志：第三天

今天是我们正式讲课的第二天，我今天负责的主要课程是科技。

课程是七点四十开始，但同学们早早就来到了班里。我们用绕口令等游戏活跃了一下气氛，随后我们便开始授课。今天的课相较昨天更多了，本来害怕同学们会觉得枯燥，没想到同学们表现都很好。

上午的课老师和同学们配合很完美，下午的课就出现了几个问题，我在下文会主要说一下。

首先是坐在前排的一个同学，他总是翘凳子，导致多次从椅子上摔下来，我们对这个同学给予了更多的关注。

其次是今天下午的课间，在楼道碰见两位女同学，她们非常气愤地跟我告状，说有一位男同学将她们锁在了外面，我找到了那位男同学，对他进行了一番思想教育，他也答应我不会再做这种事情。事后我去跟班主任反应这件事，班主任认为我这种做法非常正确。

通过这两件事，我感觉五年级的孩子们虽然都已经懂事，但还有一些男孩子比较调皮，所以还是需要老师和助教们特别看护一下，不要认为年龄大的孩子就懂事，不要抱着侥幸心理去教课。

最后一节是我的科技课，在上课过程中，PPT在中途出现了问题，于是我和另外一名老师就放弃了用PPT讲课，改为口述。讲完课后，我们给同学们飞机材料，让同学们做好了飞机，最后去外面放飞。在放飞的过程中，我们和同学们都收获到了快乐，也留下了许多照片作为纪念。

支教日志：第四天

今天我完成了我的主讲任务，上完了我的最后一节主讲的美术课，但是在这堂课中，发生了一件让我非常不愉快的事情。

我美术课的任务是绘画折扇，两节课连堂。每一个同学都非常配合我的工作，但是有一个例外，就是坐在角落里的小王。第一节课后几个助教找我，他们说小王同学不肯画画。于是我去跟小王沟通，他起初非常颓废，一直说着"我不想画""就是不想画""我画画不好"之类的话，非常自暴自弃。我耐心地安慰他，询问他画什么，最后他说出自己的意愿：他想画钢铁侠。于是我耐心地将钢铁侠的线稿勾勒在扇子上。他答应我将钢铁侠涂上颜色并在空白的地方画上其他的人物。可第二节课上课后，助教又急匆匆地跑过来，跟我说小王又出事了。只见小王同学在他的小角落里撕扇子。我们不是说好了好好画扇子吗？我顿时火冒三丈，但我又时刻铭记出发前老师对我们的教诲：不能跟小朋友们发火。于是我耐住性子，控制住了情绪，用严肃的口气和小王同学讲道理。小王同学也耐心听取了我的话，将毁坏的扇子拿给我，让我给他新的扇子并承诺好好画。最后小王同学的成品非常成功，扇面上的绘画非常优美。

通过这件事，我意识到有时候教导同学们需要严肃且耐心地讲道理，不一定需要怒发冲冠，我也对最后一天的课程充满了信心。

支教日志：第五天

今天是支教的最后一天，明天支教成果展示活动结束后我们就要回北京了。

可能是孩子们也知道了这个消息，今天的孩子们特别听话。下午的时候，他们纷纷拿出笔和纸，找我们老师签名留念。虽然我手都要签废了，但是看见孩子们热情的笑脸，我十分欣慰。

我们排练了明天展演的歌曲《梨花又开放》，这是一首思乡的诗，表达了我们现在的心情。但我们在浓郁的回家之情里，又掺杂着几分对小朋友和助教们的依依不舍之情。

于是在展演的发言稿里，我是这样写的：

花开花落，人来人往，我们相逢，相知，相熟。在这不长不短的五天里，我们山鸣谷应，美美与共，为大家带来了精彩绝伦的课程，这是各位主讲和助教共同的努力，更是老师和同学们的相得益彰。在这里我们衷心感谢各位小同学们和小老师们。

来到了雄县中学，认识了如此可爱的伙伴们，我们何其有幸。

可我们终将别离，别离这个词充满着悲伤，但又有对于再次相见的期盼。或许再见的某一天，冰雪消融，芬芳开遍，而你我都在风霜中，成长为最好的自己。

愿前程似锦。

支教日志：第六天

今天早上我们进行了汇报演出。

每一个小朋友们用极大的热情投入到了这次演出中。孩子们用优美的歌声，传达了《梨花又开放》这首歌的深情。其他年级的同学和老师们也带来了精彩绝伦的表演。而令我不舍的是，这次演出结束后，我们将会和同学们分别。

同学们将不舍的表情流露在了脸上，有的甚至落下了泪水。我看着小朋友们，打趣道："老师其实也是学生的，过了今天你们要再看见我就不用叫我维依老师了，就得叫我维依同学了。""不，老师，虽然你没比我大多少，但永远是我的老师。可能你教我没有多少天，但你是我心目中最重要的人。"我顿时热泪盈眶，但不能在孩子面前失态，于是我抬头仰望天空，不让自己的眼泪从眼眶中流落下来。最后我亲自将孩子们送到校门口，目送着孩子们远去。他们是我第一届学生，很有可能也是我最后一届学生，他们带给我的感动比我预想的还要多。回首这五天半，我想起了刚和孩子们见面的时候，他们是那么的天真单纯。在这五天半的时光里，我是他们的老师，他们也是我的老师。仍记得最初开始讲课的时候，我非常的羞涩，不敢大胆展现自己，而同学们就没有对于陌生老师的羞涩之情，他们用极大的热情来配合我的课堂，让我的课没有出现一点儿意外。

还令我不舍的是我的助教朋友们。这些天来他们辛苦了，他们协助我们进行教育，没有他们就没有我们这么完美的课堂。同时我们也和助教们建立起了友谊和培养出了默契。他们用热情和笑容去迎接我们，配合我们，和我们携手，为同学们展现出了巧妙绝伦的课堂。虽然通信工具能缩短我们之间的距离，但仍让我非常依依不舍。

这五天的时光，我收获到了伙伴。我们共同度过了一个又一个绮丽的旅行，看过了一幕又一幕曼妙的风景。

"最棒"的小老师们

周子钰

支教日志：第一天

五点整，我"刷"的一下睁开眼睛，不知是被空调的轰鸣声吵醒，被阳光晒醒，还是被心中无法压抑的兴奋与紧张所唤起。

本想着八点二十左右到校是不是早了点儿，没想到这时候大部分同学已经就位，同学们对支教活动的重视超出了我的想象，同时让我十分感动。

下午到雄县后，车上发出最多的声音就是"哇"，这个校园真的很大，环境很好，比我预期好了不止一星半点儿。

不过今天最让人开心的，还是和助教们相识。可能是大家性格都比较开朗外向，我和他们挺聊得来的，大家都没有掩饰自己的想法，在一起对主讲同学的课程提出自己的建议，让我收获了很多不一样的想法。

在宿舍休息的时候，优秀的班主任和优秀的宿舍长共同商议要一起玩游戏，从"数马"到"D是什么"，我们一起玩得不亦乐乎。

最后，终于到了晚上睡觉的时候。等了半小时水终于来了，可也没人再想去洗了。这已经让我们够不满了，没想到在我们困倦的时候，外面的大灯突然亮了，一下子吓醒了我们所有人。

第一天的生活就到此结束了。

晚安，好梦。

支教日志：第二天

今天是我被迫换手工课的第一天，我清楚地发现了我课程的漏洞——太难。原本一节课做完一个作品的计划被完全打乱，耳边萦绕着"老师老师这个我做的对吗"。前半节课我整个人混混沌沌的，好绝望。但是当时的我还不认为是自己的原因，全把原因归到孩子身上，甚至在总结的时候很明显表现出了我的不喜，现在看来真的是挺对不起孩子们的。

这节手工课，我出现了很明显的两个错误：第一，课程设计得过难，高估了学生的能力；第二，上课的时候甚至出现了生气的情绪。

可能是由于课程还是比较有趣味，同学们真的很热情、很优秀、很捧场，整堂课看上去其乐融融。

除了手工课，让我记忆深刻的便是手工课后，我拉着好几个助教一起折送给同学们的小伞了。隔壁时时传来的欢笑声引起我们的注意，但大家还是认真地一起帮同学们做小伞。在这个时候，我又认识了五个准初三的小伙伴，大家聊了聊中考和高中的学习，不亦乐乎。

总的来说，今天还是挺成功的，我和同学们都相处很愉快，并且也结识了新的老师。

晚安，好梦。

支教日志：第三天

今天我基本上都是在五年级教室待着，算是前三天里最舒服的一天了。体育课上我扯着嗓子喊了一节课的拍子，虽然同学们认为动作有些难度，但大家都很配合地跟我一起完成了健美操的任务。五年级小朋友真的挺好的。除了有一个小朋友，原本我横向站队的时候没有太注意到她，纵向站队的时候她就很明显站着不动，也没有举手说明站着不动的原因。现在回过头来仔细想想，其实是我的处理方法不对，我直接说有的同学站着不动，类似于不点名批评，但是老师告诉我应该先问一问那位同学不动的原因，而不是直接批评。这也导致了这位同学更加不喜欢我，在我说准备的东西的时候故意唱反调。但这也确实是我应该承受的"惩罚"。

除了这个"小问题"以外，今天一天都过的挺顺利的，有几个小朋友看上去还挺喜欢我，围在我旁边跟我聊天。所以总的来说，比起昨天，今天还是挺成功的。明天也要继续加油啊！

晚安，好梦。

支教日志：第四天

这是我有主讲任务的最后一天了！超开心！

今天的主讲任务是二年级的手工课，由于第一节课我的课堂设计不当，好多同学都没有完成任务。第二节课比第一节课简单很多很多，同学们基本上都做出了自己的小书签。但是同样，在课堂中也出现了一些小问题。我在示范的时候给同学们做了一个皮卡丘样子的书签，导致很多同学，只知道做皮卡丘，而丧失了前一节课我们所总结的动物或者卡通人物特征的必要。因为我只做皮卡丘书签导致同学们失去了创新，但是我的课堂主要是想让他们学会创新，所以这也是我的课堂的一大漏洞。

除了手工课外，我还担任了一二年级体育课的助教。我发现，一年级的体育课总体来说是挺成功的。但是二年级，由于课前班主任问了一句，有谁不想上健美操课，导致有些同学知道了这节课要学健美操，并且也知道了这节课可以不跳健美操。同学们丧失了一些积极性，不好好学习健美操，最后老师讲不下去课，只能让同学们自己开始自由活动，每组同学由助教带领着进行游戏。

今天有意思的事情大概也就只有这么多了。

晚安，好梦。

支教日志：第五天

今天是没有课的一天，我过得十分的开心，一直在给其他老师当助教，或者在备课室休息。在这一天，同学们送了很多小礼物给我，让我十分的感动。

从第一天的不耐烦甚至生气到最后一天不敢回忆的不舍，每帧画面都历历在目。一整个白天，我都天真地以为我这次不会哭了，很遗憾，晚上的彩排我又不争气地哭了。每位助教老师都很仔细贴心，劳累的工作从来都是主动承担，下课还给每个主讲准备明信片。我真的不知道能怎么回报你们，你们在的地方便是我永远的乐园。只能希望有时间可以再见到你们，总有机会的。到时你们一定要带着我好好转转，不要忘了我。我可是你们的阿钰姐姐呢，明天我一定努力不哭了。

在这几天的努力和总结中，我发现了生活的不易与美好，同时也收获了很多很多。希望我们以后都不会忘记彼此，能够再次相遇。

晚安，好梦。

支教日志：第六天

今天是名副其实的支教最后一天。在前一天晚上准备好的支教 PPT 没有放完，成了我最后一天的一大遗憾。但是同学们红了的眼眶与给我们的礼物和期望也带给了我无限期待。终于我们的活动展演开始了，展演的进行也意味着时间在流逝，支教生活即将结束。助教团和我们主讲团都表演了各自的节目，同学们都十分喜欢。当然最值得一提的还是我们五年级的合唱《梨花又开放》。大家们的音准和演出的效果都十分的棒，收获了同学们一致的掌声。"五年级最棒!""老师们,我爱你们!"我在听到这一句话前还无所动容,认为今天我可以微笑着跟他们离别;但是听完这句话后,我的眼眶不由自主地湿了,我被孩子们的天真与淳朴所打动。回想起这五天的生活,历历在目,我看到台下的一些孩子已经开始擦起了眼睛,让我心中产生了一丝波澜。下台后我忙安慰着身边已经哭成了泪包的小朋友,自己也跟着他们一样哭成了一个小朋友。当大家最认真地说了一声"再见"后,我们的支教生活圆满结束。谢谢!

互相学习　期待明天

马玉璋

支教日志：第一天

今天是支教的第一天。早上我早早地到达了清华附中本部。听到各位老师的动员后,我对这次支教活动有了更多的了解,之后便坐上了大巴车前往目的地。到达后,我发现雄县中学的环境没有想象中那么糟糕,校园很大,风景优美。那里的学生和老师特别热情,准备得也非常周到。刚到时他们便帮我们提行李,为我们准备的枕头和被子都是全新的。

开过集体会后我们就开始进行各年级的试讲安排,这是我们第一次与自己的助教见面,小老师们都很好相处,有一些同学是专业学习一门课程的,比我这个主讲优秀不少,所以我更要多向他们学习。

晚饭也很不错,有荤有素。晚上我们一起布置了教室,助教们画了特别漂亮的板报,又一次展示出他们的才艺。

到了晚上准备洗澡,等了半天却发现没有水,几个人在澡堂里聊了半天,然后就回去了。

回到宿舍后我们几个读了《平凡的世界》,文字能使人愉悦。

我明天没有主讲的课程,都是给别的老师当助教,希望能更好地认识孩子们。

支教日志：第二天

今天早上终于见到小朋友啦，一直以来的紧张感在看到他们笑容的瞬间就消散了不少。孩子们比我想象中的要活泼可爱得多，本以为会一片沉寂的课堂活跃得不得了，同时我们的任务也从带动课堂气氛变为了稳定课堂秩序。每次提问都有很多同学举手，有的甚至站起来，倒是我们没有想到的。

班里的女孩子比较多，有好几个特别听话懂事，不吵不闹地便把自己的手工和绘画做完了，过程中也没有表现出孩子们普遍有的急于求成的心理；也有几个孩子成熟得不像是小学生呢……

早上起床之后我甚至有种在军训的感觉。我今天没有课，便当了一天的助教，结果发现助教有些时候甚至比主讲还要累，感觉不会有人可以很轻松地度过这几天。

我的主讲课将从明天开始，根据小朋友们今天的情况，和各位老师商量后我对教案进行了微调，希望明天我能够和他们好好配合，完成我的教学目标。

支教日志：第三天

今天早晨我按时起床，虽然满满的疲惫，但仍对今天的课程充满期待。我练习了几次，认真准备我的两节音乐课。

音乐课上课大概十分钟时，听完第一遍曲子，孩子们居然就可以小声地哼曲子了，这是我从没想过的。尽管我昨天就知道了孩子们很聪明，并对我的课程进行了改动，这些内容我原本预计他们听过三四节课才能学会。我当时有一些崩溃，只好又临时改了一下……但很快又发现，孩子们虽然会唱了，但有很多差错，他们觉得自己已经学会了，想要学习别的知识，所以会在我指出错误时，有一些不耐烦。此时我会耐心地去讲解，带领孩子们练唱并分组练习，我和助教老师们去单独教几个掌握得比较慢的同学。还有一些同学比较内向，需要我们的鼓励。

中午的面条大家都很喜欢，不过我还是最喜欢米饭。

晚上开集体会的时候我发现音乐组的其他老师们跟我遇到了相似的问题，我们进行了一些探讨和反思，然后我对后天的两节课进行了改动。

支教日志：第四天

今天也是没有我主讲课的一天，不过当助教的时候我也是一直站着，感觉比主讲轻松不了多少。上完一天的课之后腿和脚腕都特别酸。

中午吃的炒面条，我不是特别喜欢吃。

我特别担心小朋友们学不会歌曲，演出效果不好，所以抽时间去四年级听了我们组长的两节音乐课。组长上课也是和我们一样一句一句地纠正歌曲的演唱。我们两个年级都是在节拍上出了一些问题。我看到组长一边鼓掌一边唱，并且让每个助教老师分别到每个组跟着孩子们一起唱，这样孩子们进步很快。四年级音乐课的游戏环节跟我们的也是基本类似。我本来打算通过击鼓传花，找一个同学表演。四年级的是分组传，五个同学表演，这样就避免了学生单独唱可能会放不开。

我跟我的助教们说，一定要让孩子们把歌唱好。四年级是全班教学，我认为那样不如分组教学速度快，所以打算明天一个老师带一个组，让孩子们在最短的时间内唱到最好。

期待明天的音乐课，希望我们都能好好表现。

支教日志：第五天

今天是最后一天的课程了，没想到本来只有两节的音乐课突然变成了四节，我还是有一点儿压力的。第一节我按照进度教了他们歌曲的演唱，但第二节课我接到通知要开始排练队形了，我本来安排好的乐理知识没时间讲了，我心里还是挺难受的。老师要求是队伍要有动作变换，从来没排过的我有点儿不知所措，助教老师们告诉我桂老师特别擅长这方面的教学，然后我就去请求帮助了。桂老师答应得特别快，在她的帮助下，我们排了很多个队形，小花、三角、比心……我特别佩服桂老师，十分感激她。后来我去教领唱，基本上都是桂老师一个人在安排这些事情。

晚上彩排的时候，小朋友们唱得最好了，节奏、节拍、音准都特别棒，加上桂老师教的动作，孩子们一遍通过了彩排，这是特别让人开心的事情。

晚上我们几个人在宿舍特别放松，但一想到明天就要走了又很不舍。希望明天的演出能顺利进行，也能跟孩子们好好告别。

支教日志：第六天

最后一天了，首先我认为我们的表演是最棒的，歌曲唱得特别好听，孩子们的表现比昨天晚上还要好很多，让我对自己这几天的教学成果特别满意。唱完之后我发现我的麦克风没有声音，挺可惜的，不过旁边同学的声音很大就没问题啦。表演之后我们拉着大家一起拍照，跟助教老师，跟小朋友们。本来以为我会哭的，但看到孩子们都哭了，就去安慰他们了，哪能和他们一起哭呢……最后我送他们到校门口，看着他们被家长一个个地领走，相信我们还会有见面的机会吧。

之后我们老师团去了张飞庙，那是一个很普通的小庙，但是讲解老师对三国故事的讲解很有趣，我也学到了知识。

上车的时候我以为还会去学校集合，就草草地和助教们说了再见，没想到上车之后朋友告诉我这就是分别了，一瞬间我心里像堵了块石头。在这次支教活动中我认识了一群特别好的伙伴，他们认真、负责、刻苦，在活动中付出的不比任何一位主讲少，感谢他们给了我非常大的帮助。我以后会在微信上和他们联系，下次去西安的时候找他们玩。

铭记一生的支教生活

向 芸

支教日志：第一天

经历了四个小时的车程，我们顶着炎炎烈日，怀着期待的心情，走进了雄县中学，开始了我们的支教之旅。

简单地收拾了宿舍后，我结识了秦汉中学的各位助教：董海婷、韩吾淞、孙泽源、黄羽涵、吴浩天，大家各有所长，十分热情。

新一轮的试讲开始，主讲在前面依据早已准备好的教案、精致的PPT，提出相关需求，助教在下面认真聆听，其他人提出改进建议，试讲过程秩序井然，紧张而充实。

何泰来的国学课程，大家一致认为其难度过高，超出小朋友们的理解范围，于是大家提出建议，如减少学术性语言、多用一些大白话、增加小组讨论等。

随后，我们布置教室，将桌椅按九人一组分成五组，并且擦拭桌椅。

助教们依据小朋友们的喜好，在后黑板上画上了小猪佩奇的图案，并且图案旁写上了主讲和助教的名字。

准备就绪之后，各位主讲都怀着紧张又期待的心情，回到了宿舍。

支教日志：第二天

初见小朋友们，我惊奇地发现他们很乖，即使在课间也不说话。我们就和班主任宋思雨一起，跟他们聊天，问一些问题，如家里有没有兄弟姐妹，或者聊一聊游戏，他们都有一堆话说，十分好相处。有些小朋友非常成熟，会跟我们聊升学等问题。

第一节课是手工课，孩子们积极回答问题。做风筝本身并不简单，孩子们充分展示了美术天分，有黑白配色、红绿配色、蓝白配色，图案有汉堡、薯条、寿桃、蝙蝠、祥云、锦鲤等。孩子们对制作作品十分热情，都已经下课了还留在教室里，让我们十分感动。

下午有一节美术课——画脸谱，有些同学画的十分精细漂亮，有些同学很有想法，但限于能力并没有完美地表达出来。有一位想画关公的男孩子，索性把整张脸谱都涂成了红色。无论过程如何艰辛，当老师让大家举起作品一起拍照的时候，每个小同学的脸上都洋溢着自豪的微笑，并且努力地举着自己的作品。

支教日志：第三天

我在五年级上了第一节，也是我在五年级唯一的一节科技课。

由于一些意外，我的课多了将近40分钟，变成了80分钟的大连堂。

我先让孩子们观看了一些战斗机的视频。出乎我的意料，无论是男孩子还是女孩子，都看得聚精会神，一双双乌黑的大眼睛紧紧盯着大屏幕，有些男孩子或许是过于痴迷，竟然还微微张着嘴。看到他们如此专注的神情，我忽然觉得连夜挑选、剪辑视频的付出，都是值得的。

随后，由于有很长的空余时间，我便与他们聊起了航空与航天的区别，又说到了中国的北斗卫星导航系统，接着聊到了北斗七星的名字。小朋友们很博学，有位小朋友知道七颗星星的名字，真是让我对他们刮目相看。

随后，大家一起制作飞机，飞机的制作过程十分简单，不一会儿大家就都做好了。助教带着大家一起到空地上放飞机，小朋友们纷纷研究如何放飞能让飞机飞得更远。有的孩子说，要稍微向下飞才飞得远；有的孩子说，要把机翼向上折，才能飞得远。

总之，孩子们都沉浸在放飞机的过程中，我挺有成就感的。

支教日志：第四天

我今天有两节四年级的国学课。

我一直在五年级担任主讲，并且时不时当助教，所以与四年级的小朋友们少有来往，这导致四年级的小朋友们十分好奇他们的国学老师是谁。

上课之前，不断有小朋友问我："老师，老师，你是谁啊？"这一句接着一句的话语，让我很开心，说明他们对国学课也有期待呢。

第一节课的内容有介绍虚岁、简单的古代小游戏以及介绍元稹和白居易的友谊。整节课的范围非常广，只是在讲虚岁的时候，涉及了农历与阳历的日期差，略有些困难，不过孩子们都很配合，认认真真地听我讲完了。至于古代小游戏，大家就感兴趣多了，毕竟是孩子，都喜欢玩。元白的友情是我最想讲的部分，也是难度比较大的部分，其中涉及了不少历史知识。不过好在这部分知识，都是以小故事的形式呈现，大家倒也听得津津有味。

第二节课，我让小朋友们根据古代的寓言或者神话故事，画一幅小漫画。虽然在开始的一两分钟内，同学们纷纷表示：这太难了，我不会。但没多一会儿，在助教的帮助之下，大家开始有条不紊地进行绘画，虽然到最后只有一组完成了作品，但我很高兴他们去研究、了解古代的故事。

支教日志：第五天

今天是支教的倒数第二天，时间过得真快，一切似乎刚刚开始就结束了。

我们准备写给小朋友们的明信片。一开始，我们想写的东西很多——有这五天来的感受，有对小朋友们的祝愿，还有藏在心底的不舍。

可是想把这些东西完全写出来，又会超了字数，明信片上根本写不下这么多字。于是我们几个人忍痛将200多个字硬生生地缩减50多个字。这样缩句的后果就是，每句话都不是很连贯。虽然不是很连贯，却也完整的表达出了我们的心情。

接下来就是签名，把自己的名字写上45遍，实在不是一件让人享受的事情。

下午有小朋友拿着小本子，希望我们写上姓名和一句祝福语。

唉，这句祝福语真是难倒大家了，不过大家也乐意冥思苦想为小朋友们想出一句祝福语。

下午彩排的时候，小朋友们都很配合，彩排非常成功。动作、舞蹈，以及唱歌都非常到位，得到了老师一致表扬。

大家都将心底的不舍深深地藏了起来。

支教日志：第六天

今天是闭幕仪式。

同学们的展示，从一年级小朋友们开始，到五年级小朋友们结束。然后再由各个助教团，以及主讲团分别展示，接着清华附中一体化支教团合唱《北京欢迎你》。最后，全体支教团和三年级小朋友们一起合唱《今年夏天》。

展演的时间并不是很长，但是大家表演得都非常的精彩。

值得一提的是，在最后的歌声中，也就是在《今年夏天》的歌声中，我看到台下的小朋友们，偷偷地抹起了眼泪，而台上主持人的声音也有些哽咽。坐在下面的小姑娘们，前一分钟还在笑的男孩子们都红了眼眶。

压抑在心底的不舍，终于还是流露了出来。小老师们也都红着眼眶，有些在安慰同学们的时候，泪水就忍不住从眼眶中流出；有些早早走到后面默默地流眼泪。大家都沉浸在离别的气氛中，一时间无法自拔。我比较冷静，知道哭泣改变不了离别。看着他们落泪，我实在有些心疼，便举起手机拉着他们自拍。刚开始自拍的时候，他们还不愿意，不过后来好多小朋友都涌了过来。他们的脸上带着微笑，眼眶却是红的。

有些事情发生的时间虽短，却值得在心底铭记一生。

期待有缘再见

吴子文

今天，我三点就醒了，然后一直眯着，但是奇迹般得很精神。早上，我讲了15分钟，主要是讲什么是尊重，不仅要尊重老师，还要尊重同学。讲完之后，助教跟我反映，上午的上课情况特别好，但是小女孩明显有点儿怕我，小男孩踏实很多。我说，今天就让我当这个"恶人"吧，所以今天只要小樊老师报我的名字，小朋友们就特别乖，我也没想到效果这么好。下午，开始排练，小朋友们就有点儿浮躁，出现了一些小矛盾，今天下午我就解决了几起矛盾。我们班上午都没有出现矛盾，然而在下午，却发生了一系列的矛盾，我和王嘉怡在解决矛盾之后，就参与了排练，我们编了很多可爱的小动作。孩子们练了很多遍之后去彩排，台上《今年夏天》的伴奏响起的时候，我才意识到，和小朋友们相处的时间不到半天了，我有一点点伤感，但是想起这几天的共处，还有点儿欣慰。

今天应该是最累的一天吧，我回去之后，洗了热水澡，心满意足地躺在床上。小樊说，今天我们班同学和她说："老师，我去北京找你吧。"小樊说她都哽咽了。然后王嘉怡跟我们说，她早上看他们一张张可爱的小脸，也有点儿哽咽。聊着聊着天，我就睡着了。可能真的太累了吧……

明天会更好

王梓豫

今天是支教上课的第三天，今天的数学课是我的最后一节数学课。今天的数学课整体来说很不错，小朋友们的状态也很不错。但是我高估了他们拼图的能力，以至于我的设想并没有完成，我临时把拼出八个可以领奖改成了拼出三个可以领奖。还有一件事我要反思一下，我不应该在下课的时候去发奖品，应该让小朋友们先集章，等第二天再发奖品。今天的数学课上课的时候小朋友们还是能够保持安静的。今天的活动课过程中有一个小女孩肚子疼，我把她带到了医务室，小女孩家里是开饭店的，中午父母太忙了，所以她没吃上饭，下午饿得肚子疼。本来我想的是放学的时候跟她的家长说一声中午一定要让孩子吃饭，结果放学的时候我走在队尾，等我走到校门口的时候她已经被家长接走了。我一定要反思一下。

下午的乙肝大闯关游戏我负责字中圈词这个项目，活动刚开始一堆小朋友就涌到我的摊位旁，大厅里的孩子很多，大家都在说话，我就只能大声喊才能让小朋友们听清要求。虽然我说的已经很清楚了，但是一二年级的小朋友们还是会出现错画，拐着弯画的情况，也许这个游戏对一二年级的小朋友们来说有些太难了。

今天也是收获满满的一天。

充实且有意义的支教

冯奕斐

今天是去支教的第一天，我们一早就来到了清华附中的本部领取支教所用的服装。在大约九点钟的时候，我们坐上大巴车出发。经过了三个多小时的跋涉，我们来到了河北省保定市雄县中学。来到这里后，我们先去宿舍放下了行李。校方非常配合我们的支教活动，为我们提供生活用品，还有全新的床单被褥，我非常感动。接下来是备课活动，虽然我第二天没有讲课任务，但还需要协助老师维持课堂秩序以及完成教学任务。试讲和备课的时光总是艰辛又漫长的，但同学们都不畏惧困难。晚上支教团的成员们召开了全体会，主要内容是安排这几天的各项工作及备课任务。其实，同学们八点半就可以回宿舍了，但同学们仍然坚持进行试讲和备课任务，哪怕宿舍可能会没有水洗澡。我被支教团的同学们所感动。第一天晚上，大家都没有睡，可能是因为第二天要迎接小朋友们到来，又或者是对新的环境比较陌生。即使是第一天，同学们也过得非常充实而有意义！

支教苦与乐

董伊莎

今天是我们第一天来到雄县中学。学校校园环境很好，但我清楚资源条件好了，课就更应该上得有趣、完美、引人入胜。

今天认识了五位很爱笑的川妹子，仅仅三两句的简单沟通，就让我感受到了助教们的亲和力，我相信在未来几天我们一定会配合默契，一起为当地的小朋友带来别开生面、生动有趣、知识丰富的课堂。

下午，我们第一次在新班级试讲，也是第一次和助教沟通。设备功能的齐全，助教的认真配合，导师的细致建议，让我更加坚定上好四节语文课的信心以及决心。

吃了第一顿相当丰盛的晚饭后，我们同助教一起再次回到教室，为迎接小朋友和开启四天支教课程做准备，在前面的黑板上我们写了"我很高兴遇见你"，希望可以把我们见到小朋友们的那份喜悦，传递给他们；在后面的黑板上，我们画了一棵大树，把所有老师的名字写在了树干上，老师象征着大树的树干，撑起我们的树叶——一年级的所有孩子。

除此之外，我在来到雄县中学的第一天就感受到了，雄中老师对我们的照顾，不仅帮我们联系供水，还特意为我准备了清真餐，很感谢雄中的老师们。

收获真情

王嘉怡

支教从今天开始进入了倒计时，鉴于昨天同学们异常的活泼，活泼到忘记了规则，还调侃起数学老师，所以吴子文班主任就强调了纪律和尊重老师的重要性。

因为第二天有表演，所以我们下午带着小朋友们进行排练。排练的过程，小朋友们都特别配合，虽然一直站着但什么都没抱怨，所有主讲老师和助教们都全程跟着，效率出奇的高。直接告诉小朋友们怎么做、什么时候做，我还拿着小喇叭在前面踩着椅子带着他们做，这样一遍一遍反复练习，才让小朋友们记住一点点。所以我决定放弃上台机会，在台下提醒小朋友们做什么动作。

彩排前，我给小朋友们打预防针，告诫他们进了食堂不能大声喧哗，他们经历了早上的思想教育，也变得很听话，所以彩排很顺利。

回到教室，因为是最后一天上课，所以我们把准备给小朋友们的明信片和礼物也都发给了大家，大家听到要分别的时候都很伤感，看得出很舍不得我们。

精彩纷呈的课堂

刘宇晨

今天是我们在雄县支教的最后一天，下课的铃声即将敲响，我们的心情也逐渐变得沉重，但总归要分别。我们都知道天下没有不散的筵席。但是真正分别之时，所有人的心情还是难免低落了些许。上午的演出进行得十分顺利。孩子们演出时都尽心尽力，表现十分踊跃。所有老师也都认真负责，做好了场内的指挥和秩序的维持。这场演出的完美收官是对大家这几天以来付出的最好回报。好多孩子在分别之时流了泪，甚至哭得不能自已，许多老师也难以抑制自己的情绪。大家都在这短短几日的相处之中产生了深厚的感情，不论是小朋友们还是各位助教老师。虽然我今天忙碌得不行，但还是深深地体会到了大家的感情和现场的氛围，并且腾出时间尽可能和孩子们多待一会儿，哄一哄他们。我们倾尽所有为所有孩子带来了美好的五天和精彩纷呈的课堂。孩子们也在这五天用自己的刻苦认真、活泼可爱打动了每一位老师，我们虽然离开，但内心的感情永不会忘记。

希望明天会更好

徐雅萱

今天是离别的一天，我们要进行汇报展演。昨天晚上孩子们放学后，我们老师也走了很多遍台，对节目已烂熟于心。但是我们还是紧张，因为不知道孩子们会有什么样的表现。一大早，我就去会场帮忙布置，孩子们来后，我发现他们都很安静，而且很听老师们的话，我们叫他们上台的时候，他们都能安安静静地听安排，跟着我们去一边候场，让我们特别自豪。演出非常顺利，我们也看到了其他年级的展示，都非常精彩。然后就是各个支教团的展示了，我们团队演唱的是《北京欢迎你》，之后便是合唱结尾曲《今年夏天》，我们三年级的孩子们到台上领唱。当他们走上来的时候，我发现后排有几个小女孩边唱边哭。等到下了台，哭的孩子更多了，有的还抱着我们哭，让我们特别感动。短短五天，我们跟孩子们的相处已经让他们离不开我们，我们已经在他们脑海里留下了深深的印记。我们何尝不是呢，每一个孩子都有自己的特点，也让我们印象深刻。支教团中的几个小老师也和孩子们一起哭，看到这样的场景怎么能叫人愿意分离呢。但离别总是难免的，天下没有不散的筵席，我们只能期盼下一次更好的相遇。支教的时间很短，但带给我的影响却不止这一点儿。这是我人生中最宝贵的回忆，我会将他们永远珍藏。

还想遇见你们

陈姝君

今天是支教的最后一天。上午的时候,一至五年级的小朋友们、助教们、主讲们一起表演了节目。每一个年级都表演得非常好。小朋友都对我们非常不舍。我是二年级的老师,和他们相处的场景,都历历在目。他们的不舍也让很多老师们感动,离别让很多小朋友和老师都泣不成声。我们互相拥抱,互相说"我还会再来见你"。

小朋友们都非常的可爱,把自己做的礼物送给他们喜欢的老师。之后我们互相留下联系方式,约定之后会电话联系。

支教的这五天对我来说是非常难忘的,小朋友们的面貌和声音都深深印在了我的心里。我久久不能忘却他们天真烂漫的可爱笑脸,也不能忘却他们那用自己的小手做出来的礼物,还不能忘却的就是在我们班那几个调皮的小男孩在课上叫我阿姨时候的情景……这五天来发生的每一个时刻,每一个情景都让我难忘。

在最后一天我们离别的时候,每个人都非常不舍。但没关系,我觉得我可能还会再和他们见面。

其实老师也很不舍,我还想再遇见你们!

不怕困难,迎难而上

楼逸扬

今天是我们来支教的第一天,我们主要做了一些准备工作,并没有上课,我们熟悉了教室和宿舍,还在一起准备了我们的课。明天并没有我的音乐课,但是老师们都要在班会课上发言,所以我就准备了一下我在班会课上需要说的东西,并且认真听了明天有课的老师备课。今天我们也和我们的助教老师见了面。让我比较意外的是,来自丰台校区的助教老师们居然是初二的学弟学妹。我认为他们在初中就可以来参与支教活动非常的幸运,同时也感觉他们年纪这么小就能担此重任非常令人敬佩。当然,我还有一些小小的担心,比如他们年纪比较小,能不能较好地完成助教的任务还需要接下来几天的观察。大家一致认为,雄县中学的环境比我们预想的支教环境要好很多。宿舍非常的整洁,基金会还为我们准备了新的床单和枕头,而且非常贴心地为我们每个人都准备了洗漱用品。大家在晚上一起花了很多的时间和精力来布置了我们的教室和板报。现在我们已经迫不及待地想见到小朋友们了。希望明天能快点儿到来。

2020年抗击疫情线上活动日志

新型冠状病毒引起的肺炎疫情席卷全球,武汉的疫情牵动着全国人民的心。清华附中朝阳学校和北京市陈经纶中学等6所北京高中学校的学生组织联合发起"守望相助 共克时艰"清华附中朝阳学校线上遥寄祝福活动——致武汉华中师范大学第一附属中学线上活动,向湖北武汉学生遥送祝福,共同为身在武汉的同龄人加油鼓劲。

本次活动由我校团委和学生会组织,学生会宣传部干部、高二4班团宣委尚伯润同学牵头,通过校报《清阳》向广大师生征集诗歌和书信,在德育副主任唐晖、葛诗卉老师协助下,经过层层筛选,最终李桐、步一凡、孙雨乔、薛雨晴同学的诗歌和书信被确定为我校代表作品。

同学们以诗信为笺,将美好祝福送给华中师范大学第一附属中学全体师生,建立武汉、北京两地高中生友谊的桥梁,相隔千里,共同携手,守望相助,共克时艰。待凛冬离去,雪融草青,一定会有新的相逢将温暖延续。武汉加油!中国加油!

诗歌:

希冀

作者:李桐

举目遥观日北行,
白云散淡共天明。

春芳暗至牵华萼,

久盼荆桃遍楚城。

呼唤你

作者：步一凡

轻声呼唤你的名字

武汉

你那无垠的、温柔的、坚强的心

是否会回应呢?

黎明又一次在无眠后到来

远处樱花在摇曳

万物复苏，春天已经到来

伴随严冬而来的残酷即将过去

经历过重重磨难

也经历过欢乐与泪水

我们终于踏平艰难险阻

长江畔迎来的微风拂去了你眉间的

皱纹

轻声呼唤你的名字

武汉

待疫情散去

即是最美的樱花盛开之时

书信：

武汉的同学们：

在这个特殊的时期，同样处在病毒威胁下的我们，深知你们此时的处境更加不易。虽然同样在经历这一场没有硝烟的战争，但我们远在后面，你们却身在最前方。

我们一直期盼新年，而今年，却注定有一个不平凡的开端。一场疫情从内陆腹地，迅速蔓延。起初只是一座城、几个数字、一条条不可捉摸的信息，而后我们困守一隅，关注着方寸屏幕那端的世界：地图上那些陌生的地域被标注，而距离自己越来越近，病例数字随着时间攀升……当危机堆积、迫近，势不可回时，我们每一个人都已身在其中。

疫情来势汹汹，整个武汉都陷入了巨大的恐慌之中，本该热热闹闹的春节变得异常冷清；本应团圆的年夜饭桌旁，缺少了一些亲人的身影；往年武汉大学樱花盛开的时节，总会有络绎不绝的游客前去"一睹芳容"，而今年，虽然樱花仍会照常开放，但却不得不"孤芳自赏"。

作为同龄人，我们和你们一样，无法正常开学，但不同的是，或许当我们安安静静在家进行线上学习时，你们的身边总会不时有噩耗传来，会听到邻居、亲人、朋友感染病毒的不幸消息，这使得你们增添了一分焦虑和不安的心情，在忙于学业的同时，还会多一份对家人、朋友的担忧。这样相比，身在北京的我们远没有你们勇敢、坚强。

从最初疫情的爆发到最后被控制住，身在武汉的你们一直身处漩涡中心，但是在全国人民的共同努力下，这场"战争"终将画上句号。此次特殊时期的特殊经历，将会是我们共同的深刻记忆。

万物复苏必有时，疫去安来春可期，愿疫情之后，一起再续鸿鹄。

清华大学附属中学朝阳学校—高二四班—孙雨乔、薛雨晴

2021 年北京昌平支教

吕思羽

在此次支教任务中，我担任一年级的班主任和美术老师，虽然面对的都是年纪非常小的小朋友们，但是课程准备起来并不轻松，要考虑到很多方面，比如课程是不是足够有趣味性；是否能够吸引住小朋友们不让他们走神儿；难度会不会太大，小朋友们无法完成；等等。因为年龄差距比较大，而且我也是第一次扮演老师这个角色，所以我一开始对课程难度的把握一直有些不到位，也不知道用什么样的方式讲解才能让小朋友们听懂，

最初的教案改了又改才让自己满意。后来做课件又是一个难题，不能有太多的文字，因为这对一年级的学生来说太困难；图片也不能太多，不然课堂进度会太慢；要插入一些动画、视频，PPT的模板要漂亮一些……整个过程要经常修改返工，但是老师不厌其烦地指导，同学们一起并肩作战，相互请教，让漫长的准备之路不再枯燥。

试讲也是很重要的一部分。面对着只有几个老师和同学的空旷教室，我们要努力想象出未来课堂的样子以及可能面临的各种情况，还要讲得声情并茂。有经验的学姐告诉我们：小孩子们注意力容易不集中，不能光顾着讲，也要时刻提醒着学生们看老师，还得积极和孩子们互动；上课前一定告诉孩子们橡皮泥不能放进嘴里，笔尖不可以对着同学等安全常识。我们在把课讲好的同时，还要对每位小朋友负起责任，只有小朋友们能够有所收获，我们的课才是成功的。

作为班主任，我的责任更是重大。因为是第一次见面，我需要想办法让大家尽快熟络起来，很多流行的破冰活动不适合一年级的学生，我们年级的所有小老师一起集思广益，为第一次见面出了很多主意。这种大家一起奋斗的经历，是这次支教活动中一次非常宝贵的体验。

当前，教育资源依然不均衡，能够帮助这些孩子们，是我一直以来的愿望。通过这次支教，我成长了许多，不仅开阔了眼界，还让自己更加有责任感，朝着更好的自己又近了一步。

房林静

孩子们就是祖国母亲的花朵，他们迎向朝阳灿烂地绽放，迎向美好的未来。如今，我也有机会成为那一滴甘露，滋润花朵们的心灵，让他们更加蓬勃绽放。

当看到学校的支教志愿服务这一消息时，我的心悄悄颤动，毫不犹豫地报了名。我知道在我幸福的生活之外还有很多很多地方的孩子无法拥有优越的生活和教育条件。所以我更希望尽己所能，让他们多一点儿机会接触到更广阔的世界，树立更远大的目标。

学校和老师们十分重视这次志愿服务，为此在前期的面试中就严格筛选。我知道这是责任，但我不惧困难，用心准备自己的面试。

面试成功后，我迅速开始了大量的前期准备工作，分秒必争。同时，我深深地体会到了教师的不易。我也曾困惑，也曾迷茫，也曾有过放弃的念头，可是深深的使命感和责任感提醒着我，孩子们一张又一张可爱动人的面庞给予我力量和活力，让我勇往直前，无所畏惧。

教案，一遍又一遍修改，不放过细枝末节；PPT，一次又一次调整，直到完美无缺；试讲，一场又一场训练，练到炉火纯青。付出的同时我也收获了更加重要的经验和课堂以外的知识。

当一切准备就绪，整装待发时，灾难来临了。疫情像一株疯狂生长的藤蔓，困住了我们的步伐。出于安全和健康的考虑，活动暂停，这无疑是晴天霹雳。

终于，希望的曙光亮起，我们又有了支教的机会。这一次，我将会更加珍惜支教机会，千百倍地努力，只为让课堂尽善尽美，只为让美好的信念入驻每个美好的心灵。

白　姗

当我还在初中时，偶然遇到了来学校备课的学姐，由此知道了学校的支教活动。看着他们忙碌的身影和精心准备的课件，我开始对这项活动无比向往，想象着自己也可以站上讲台，为那些孩子们打开一片更广阔的世界。于是，在拿到支教报名表的那一刻，我毫不犹豫地写下了自己的名字。

上课的场景浮现在眼前：我站在讲台上，笑着告诉孩子们我脑海中的知识，而他们也睁着大眼睛看着我，像听故事一样认真地听课。他们会期待着见到我吗？他们会期待我的课堂吗？

通过了面试，真正的考验才开始。满怀信心地写好的教案，却在试讲中暴露了许多问题。由于没有正式给小孩子们讲课的经历，我的教案十分呆板严肃，绞尽脑汁想出的课堂活动也好像难以组织。另外，如何使我的PPT更能吸引孩子的注意力，如何维持课堂纪律……都是我需要注意的地方。

在上网搜集了各种讲课视频和教案，求助有专业知识的同学之后，我再次对教案进行了修改。我一边假装在对小朋友讲课，一边根据语气修改教案并加入了许多语气词；把课堂活动设计成常玩的游戏，便于小朋友们理解；把PPT改为彩色的背景并加入许多卡通图片，让它看起来更可爱活泼……

正当我憧憬着站在讲台上为小朋友们带来知识与欢乐的时候，计划却被突然袭来的疫情打乱。虽然遗憾，虽然还未谋面就要分别，但这次支教的准备工作却实实在在地教会我细致、坚持、站在对方的角度看问题，这对我以后的人生路途来说也是十分重要的。

幸而如今可以恢复支教活动，让我们继续完成自己的梦想。要帮助那些小朋友，这短短的时间是不够的，但我会在这一系列的准备工作和实践中吸取经验，完善自我，争取以后还能参加支教活动，和其他参与支教的朋友们一起，为孩子们打开那片更广阔的世界。

邢佳乐

这是我第一次参加支教实践活动。从开始加入清华附中朝阳学校支教团队到实践倒计时的这两个多月里，我兴奋不已，经常想象着我站在讲台上面对着五十余双闪亮的小眼睛的模样。

唐代文学家韩愈曾说："师者，所以传道受业解惑也。"

教学其实并不像人们常想象的那么简单，说几个名词，串几个知识点。讲好一堂课，要投入很多的时间和精力。

这次我们选择北京清华附中一体化昌平小学作为我们的支教对象。这里地势多山，位置较为偏僻，学生们大多在农村长大。我了解农村家庭的艰辛，即便现在物质条件有了极大的飞跃，但父母常年在外漂泊，还是会给这群孩子带来影响。所以针对昌平小学学生的普遍性与特殊性，首先要做的就是精心设计每一堂课。虽然面向小学生的授课内容很简单，但一定要知道怎么讲。我准备授课的科目是音乐，在精心布置好正常教学内容后，我还对相关教学内容进行了灵活调整，例如课时长，放个动画片，寓教于乐；课时短，如何临时停止；上课气氛不活跃，调整课堂气氛并加深学生对所学内容的印象。

在学习理论知识的同时，我也应该走进其他老师的课堂，学习他们的教学技巧。通过比较，我可以发现哪些地方不足，哪些方法可以让学生更容易接受，并根据条件和时间的变化进行教学方案的修正和运用，迅速提高个人的教学技能。

在实践活动的前期准备中，给我感触最深的是活动物资准备——一切从简。不是因为经费不足，而是为了向较为偏远地区的孩子们传递一种绿色理念：并非一定需要昂贵的马克笔或是专业工具才能作出自己想要的东西，把幻想具现。只要有丰富的想象力，充分发挥孩子们的个人能动性，理想总会开花。

作为一名高中生，能为农村学校的学生做点儿实事，贡献自己的力量，这让我切实体会到了自己的价值，树立了良好的形象。

柴璐轩

2021年6月12日，我们学校开展了河北支教团的面试活动。知道自己被选上的时候，我兴奋中又带有一丝丝忐忑。万一讲课时我太紧张忘词了怎么办？万一小朋友们不服管教怎么办？我怀着这样复杂的情绪，开始紧锣密鼓地准备教案。

刚开始总是有些不如意的。第一次做的教案漏洞百出，我不得不从本就紧张的周末时光挤出一点儿，再挤出一点儿来完善教案。就在这些一点儿一点儿的时间里，我争分夺秒，修改、请教老师。老师也会在百忙之中抽出空来不厌其烦地给我提出建议，让我每次都有豁然开朗的感觉。一次次修改教案让我更加熟悉这项工作，也让教案越来越完善。当我再次看到我的教案时，心里油然而生一种自豪感。因为那字里行间饱含的是我日复一日修改的辛勤。

当踏上去往学校的路时，我不禁幻想我在讲台上侃侃而谈的场景。今天是我第一次试讲的日子，我心情很好地坐上了公交车，外面的天空阴沉沉的，却一点儿也没影响我的好心情，我相信，我一定能把这件事做好。可是就在快到站的时候，我猛然发现，U盘被落在了家里的电脑上，急忙起身下车，骑着共享单车冒着雨朝家奔去。雨也下得越来越大，不知不觉迷住了我的双眼，但是我不敢有丝毫停歇，快一点儿再快一点儿，不能迟到，这可是第一次试讲的重要日子，作为班主任的我又怎能缺席。就这样我踏着自行车飞速移动，终于在八点半之前赶到了教室。

第一次试讲非常顺利，我想这也得益于我之前一段时间的努力。当我再一次走出校门时，太阳悄无声息地从云层后面探出脑袋，带着湿气的阳光暖洋洋地照在身上，我想起顺利完成的第一次试讲，心里突然想吟诵一句："守得云开见月明。"

哼着小曲，迈着欢快的步伐，我脑海里不断回想着我站在台上的情景，台下的小朋友们眨着亮晶晶的眼睛，聚精会神地听着我展现的内容，一切都美好得令人期待。

华婉彤

以前觉得，我只是一个普通的高中生，怎么可能给别人当老师呢？明明自己也是个需要别人看着、管着的孩子。

但现实是，学校居然为支教活动招聘志愿者。当我听到这个消息时，内心是无比震惊的，当时的我刚上高一，就有了参加支教活动的机会，于是我义无反顾地报了名，也成功入选。可是因为身体原因，我不得不放弃参加，但就在暑假，活动因为疫情而暂停，改为十月底的一天支教，这次我再次报名，很庆幸有这次机会，更希望疫情可以早些过去。

这一次我体会到了支教的辛苦，分配给我的只有一个科目，材料都要自己准备，幸运的是我不用从头再来，但我依旧感受到了支教前的紧张。一次次地备课与试讲，思考怎样讲课才能让孩子们听懂，思考用哪种方式对待这些五年级的孩子们，同时又要将课程讲透彻，让孩子们真正地学到知识。

一个个问题都需要时间去准备、去解决。同时我想到了我的老师们，想到老师们每天备课到那么晚，他们也不是无所不能的，不可能随口就能讲40分钟，他们背后一定付出了非常多的努力，比我们这一天的支教准备要复杂得多。老师们日复一日给我们传授知识，在课上他们是我们的恩师、朋友，好像讲台上的老师什么都可以答上来，但他们背后的辛苦与努力，也许只有他们自己知道了。辛苦了，我的老师们！

为什么要去支教呢？也许是为了丰富自己的知识，也许是为了让自己开阔眼界。当我幻想着自己站在讲台上望着那些孩子时，我想起了多年前的自己，童真而稚嫩，如今回首，仿佛已经过了很久很久。我亲爱的小学，我怀念曾经的种种场景。既然曾经的时光回不去，那至少给现实的自己少留些遗憾。于是我果断而坚定地选择了参加这次支教。

希望支教活动可以圆满完成！

张宇轩

在支教活动开展之前，我都是以一个学生的身份，听从老师的教诲。而这次，这个意义非凡的活动给了我一个成为教师，向他人传播知识的机会，这让我感到万分荣幸。

对我而言，这是一个考验，也是一次洗礼。想象一下40多张充满好奇的面孔带着期待的眼神望着台上的我，很难不紧张。与此同时，一种责任感也油然而生。他们都是祖国的花朵，会在美好的未来更加灿烂地绽放。对此，我必须保持最端正的态度和最坚定的决心，认真完成一切工作，担负好责任。

万事开头难，从搜集素材，获取灵感再到初步编排，这一切都需要充分地考虑。难度、时间、教学方法都要反复斟酌。如何调动孩子们的积极性，如何激发孩子们对课程的喜爱等问题也需要解决。与此同时，我还要考虑到许多不确定性因素，制订多种临时方案，以便应对课程过长、过短以及突发事件。忙碌之中，我逐渐理解了老师们的辛苦，看到了老师在幕后所做的贡献，也越发对教师这个职业产生了更加崇高的敬意。

在我们紧锣密鼓地准备着教案与课件时，老师们也给我们提供了极大的帮助，为我们传授了许多宝贵的经验，指出问题，促成了我们制订出一个个优秀的教学方案。在试讲环节，紧张情绪是我首先要解决的问题。与此同时，我还要兼顾自己的声音是否合适，言辞是否得当。而在小组讨论或是互动阶段，时间的把控就显得格外重要。亲身实践后，发觉很多看起来轻松的内容其实十分棘手。在老师的帮助下，我将方案中的漏洞进行了修改，也学习到了许多教学方法。这次，走出教室，心里终于有了底气。我，准备好了！

尽管最后的结果可能不尽如人意，没有一开始设想中那样美好，但我认为，在准备过程中，我们所学到的，所悟到的，才是最珍贵的收获。

赵双晗昱

我们都是单翼的天使，只有相互拥抱时才能飞翔。

——题记

小时候，我的梦想就是当一位老师，这次我很荣幸能和学校一起参加支教活动，并担任了三年级班的主任、体育老师和科技老师的职位。在确认我能够参加本次支教活动时，我的内心是既激动又紧张的。作为一名班长，我的组织力还是可以的，但是面对三年级的小朋友们，难免会有些不知所措。

在前期的准备过程中，我会放平自己的心态，在家中模拟与小朋友相处的情景。准备自己教课的课题，其实也是一个非常麻烦的过程，既想让自己的课程变得更加丰富多彩，又要让小朋友们更好地理解课程的内容。前几次支教活动中学姐学长们的备课内容，给了我很大的启发。本以为起完课题名称，写完授课大致的提纲就可以了，但这还远远不够。要在教案中把自己在课堂上需要说的每一句话，甚至是此时此刻需要的表情、神态以及与小朋友交流的内容都要体现出来。在备课的过程中，我们也会把自己所遇到的问题，每次修改过的课题名称、教案以及 PPT 发给自己的指导老师，老师会在微信上给出专业的建议以及问题的解决方法。

在第一次试讲中，指导老师和学姐会认真地听大家的每一堂课，会细心地指导我们每堂课所需要注意的地方以及哪些细节有不足的地方，会精确到每位小老师上课语序的问题，或者是在试讲过程中的神态、语速，以及与孩子们的互动。负责其他学科的小老师们也会专心地听，并在结束的时候提出他们的想法。在我第一轮试讲体育课的过程中，老师发现了我课堂中的问题，并及时为我提出了合理的建议。同时在老师和学姐的指导下，我也学会了如何给三年级的小朋友们上一堂让他们喜欢的体育课。三年级的体育课，并不是在课堂上一味地玩游戏，或者是练习专业化的技巧，而是要在学习的过程中发现小朋友们的兴趣，并且针对这些兴趣来指导他们进一步完成下面的任务。

在备科技课时，我和另一位同学也陷入了一些困境，我们的选题是"磁"，但是这一方面的知识我们并不是很了解，所以在课堂内容上出现了一些问题，导致了后续在课堂上需要动手操作的小实验也出了些小差错。好在老师及时指出了我们的问题，并提出了合理的建议，提供了一个新的思路。

在班主任工作方面，我在老师发完班里同学的名单后，及时为班里的同学分好了组，以便于在后续的课上节省小朋友们的动手时间。考虑到不是同一个班的同学，所以也设置了很多游戏环节来拉近同学们之间的距离。

即使仅是在支教的前期准备过程中，我就体会到了老师们平时的辛苦。在这次支教活动中，我成长了很多，学习到了在课本上无法学到的知识。我很开心可以参加本次的支教活动。这次支教活动给了我一个可以自我提升的平台，从中发现了自己的不足之处，使我在各方面都有了很大的提高。在今后的学习过程中，我也会以这次支教活动为标准，以一丝不苟的学习态度严格要求自己。努力学习，使自己更上一层楼。

张彤影

我总在新闻中看到支教活动的报道，看到老师积极认真地指导学习，孩子们快乐的笑脸。得知有支教活动，我积极报名，想到自己以后的理想是成为一名人民教师，那份心情便更加坚定了。

尽自己的一份微薄之力，帮助孩子们获得更多的学习机会，是我最开始的目标。在报名后，进行第一次面试，我认真地准备。在面试成功后，我选择了美术学科，开始我会对适合孩子的教课内容进行筛选，决定了内容并进行教案的准备。在准备过程中，思考是否适合孩子们？进行实践时需要如何引入？一个个小问题汇入脑中。在准备完教案后又进行了第一次试讲，试讲过程中，会有在和家中不一样的感受，站在讲台上，自己就沉浸在老师的角色中。在试讲后，指导老师会给予我们专业的评价，学校也请来了前些年参加支教的学姐学长，他们耐心地一句句评价，把他们曾经面临的问题都告诉我们，让我们有针对性地进行改善。回家之后对导师和学姐学长的评价进行系统的整理，对教案进行再次修改。

但在即将出发时，疫情的突袭，打乱我们原本的计划。如今我们又再一次出发，心情又会不一样，对于支教更加珍惜。

这是我们的一次成长，是我们新时代少年的一份责任，是我们对自己的进一步要求。畅想，在支教时看着那些天真稚嫩的孩子们，奔跑在操场上，露出最单纯的笑容，获得更多的知识，想必是对我们最美好的回忆……

李静萱

当看到学校组织支教志愿活动时，心头的一腔热血驱使我毫不犹豫地报了名。这样的机会对高中生来说，实在是显得弥足珍贵。从开始选拔，到加入支教团队并一次次的准备试讲的这段时间，留在我心里的除了最开始的那腔热血外，更多的是对教师这一神圣职业的钦佩与理解。

"老师"是一个充满圣洁意味的职业，恰如韩愈所说："师者，所以传道受业解惑也。"

在我看来，"老师"是过去与未来的中转站，是继往开来，取千年文化瑰宝之精华的继承者；是创洪流之发端，开垦丰沃土壤的耕耘者。

或许听上去像空话，但当我投入课题的准备，教案的修改，试讲的磨练时，我才更加深刻地明白了这一职业的伟大。每一个课题，凝聚着课堂实践，学习生活等方面的丰富知识；每一节教案，包含着老师昼夜不舍的心血；每一次试讲，蕴含了老师与教研小组每个人的付出。

第一次挑选课题，第一次准备教案，第一次模拟试讲，第一次小组讨论……这次支教活动不仅让我提前体验了教师这一职业的辛勤，更让我明白了其所代表的责任。

在苦想课题而不得时，支教团老师对我们的支持与帮助，学姐亲切的建议，是指点迷津的灯塔；在熬夜修改教案时，孩子们稚嫩的脸，满怀的兴趣是支撑我继续完成的动力。

在即将出发时，疫情打乱了我们所有人的计划，同学跟我哭诉说她刚剪去留了几年的长发，刚剪完可能划到孩子们的指甲……

如今我们再一次扬帆出发，对这来之不易的机会更加珍惜。

参与支教活动，或许充满辛苦、坎坷，可这对我们而言是一次机遇，是一段成长，更是我们的一份责任。

王昱斌

初为人师，我在工作中遇到了不少困难，于是我诚恳地向周围的老师们请教如何教好这些孩子，主动地与导师沟通交流自己的感受和看法，获取宝贵的经验，尽我最大的努力干好支教工作。

在教学工作中虚心学习，认真备课，用心走进课堂教学。要求自己要尽最大的努力提高自己的教学水平，让学生能够亲其师信其道。为此，我不断探索新的教学方法，经过多次实验，最后能得心应手地设计好了两节课。孩子们既学好了本学年的知识，又拓展了其他知识，并能在互帮互学中共同进步，共同提高。在准备课程的过程中，我注重培养他们的创造潜力、观察潜力和审美潜力，大力挖掘学生们的学习兴趣，在课堂上大胆尝试让学生自己提出问题、分析问题。

在准备课题时，支教团老师为我提供了支持与帮助，学姐亲切的建议，更让我感受到支教团带给我的温暖和这次活动带给我的意义。

最后，我还要感谢同学们的帮助，给了我一个发展自己能力的机会，使我的思想达到了一个新的境界。我的个人工作能力也得到培养、锻炼和提高，扩大了视野，丰富了知识。支教生活，累并快乐着！我相信，这一次支教工作必将是我人生的宝贵财富，我也必将踏踏实实地做好自己的支教工作。未来，我将会继续努力，不断完善自己的教育教学方法，提高自己的思想认识，在今后的学习生活中，我将以此为起点，不断磨砺自我，更好地成长。

二、爱的传递，最美志愿者篇

初二志愿者心得感悟

让我们的家园更美好

史思婷

一、引言

保护环境就是保护我们共同的家园，是每个人的职责。

二、正文

随着现代化建设的大量普及，生态渐渐遭到了破坏，环境保护成了大家最为关注的话题之一。

作为一名中学生，我认为自己也需要做些什么。首先，在日常生活中，我坚持进行垃圾分类，纸箱子会折叠整齐，放置在可回收垃圾桶内，以免影响其他人扔垃圾；在扔酸奶盒时，我都会把酸奶盖和酸奶盒分开，这样专门分类垃圾的人就会减轻些负担。

其次，我在无意间了解到低碳行动后便下决心要实施它。低碳行动可以有效减少二氧化碳的排放量，减缓全球变暖的趋势。日常出行，我都是尽量骑自行车或者步行，少乘汽车，为低碳行动做贡献。一日可能并没有任何影响，长久的坚持才会看到效果。除此以外，我还呼吁家人与朋友一起坚持低碳行动，加强环保意识，多个人的努力效果会更显著，保护环境是大家的职责！

最后，环保需要各方面的行动，比如节约能源。节约能源有很多需要做到的，如避免大开水龙头，减少水的流量；勤用盆洗脸，洗手；及时拧紧水龙头，避免长流水；节约沐浴用水，缩短沐浴时间；树立"少开一盏灯，节约一度电"的节能观念；在教室，家中等场所，做到人走灯灭；不开无人灯，无用灯，主动关闭无人灯，无用灯，养成良好的节约习惯；在天气晴朗，阳光充足时不开或只开少部分灯；离家后拔掉插头，关闭电源，不浪费电。只有做到这些才能给身边人做个表率，用实际行动影响朋友一起节约能源，保护环境。

三、结束语

作为地球母亲的孩子，保护养育我们的母亲是每个人应有的责任，让我们用实际行动来保护环境，让我们的家园和生活更加美好！

绿色环保志愿服务之我见

董凯琳

一、引言

绿水青山就是金山银山。

二、正文

我们在日常学习和生活中，有很多做法是不环保、不节约的。比如垃圾不分类，乱扔垃圾，特别是乱扔废弃电池；经常买一些不常用的东西；经常开汽车出门；经常使用一次性筷子、塑料袋；等等。在大的方面，比如未经处理的污水直接排放到河里，污染了河水；乱砍伐树木，占用耕地，盖厂房；工厂废气直接排放；捕杀国家保护动物；等等，都属于对自然环境的破坏。我们要监督和改善这些行为，让我们的祖国水更绿、天更蓝、环境更美。

一是倡导低碳生活。节约粮食，践行光盘行动；节约用水用电，不浪费一滴水、一度电；省吃俭用，不乱花钱，不乱买东西，不买多余的衣服、玩具，可以捐给需要的孩子们；坚持低碳出行，出门尽量乘坐公共交通工具。

二是倡导垃圾分类。认真学习垃圾分类知识，在家里协助家长收拾垃圾，并做好分类扔到垃圾桶；在外积极参与垃圾分类志愿活动和宣传活动，对于身边不环保的行为要及时提醒和纠正。

三是保护自然资源。倡导植树造林，保护动物，尽量不使用一次性筷子、杯子，节约用纸，爱惜植物，保护动物。

四是积极参与社区和学校组织的志愿服务活动，比如参与社区捡垃圾活动，学校垃圾分类宣传活动等。

三、结束语

希望大家行动起来，"节"尽所"能"，让绿色低碳生产生活方式成为一种时尚，让祖国的河山更美丽、更壮阔。

爱的传递，最美志愿者

王子涵

一、引言

大地给予所有的人是物质的精华，而最后，它从人们那里得到的回赠却是这些物质的垃圾。

——惠特曼

近年来，因为全球变暖愈发严重，很多人开始关注环境问题。有一组照片触目惊心，海龟，海鸥这种靠海而生的动物，因为误食塑料袋或被塑料制品缠住而奄奄一息或丧生。这也不得不让我们重视乱扔垃圾这种行为真正的危害了。

二、正文

　　寒假期间，社区响应垃圾分类，不乱扔垃圾的号召，召集志愿者在小区内进行捡垃圾并分类的活动，我有幸成了其中的一名志愿者。每一位志愿者都尽职尽责，开始了"地毯式"搜索，每一片小的垃圾都不放过。我们也切身体会到了保洁人员的辛苦。比如看似把垃圾随手扔在树坑里是方便清扫，但实际上因为树坑比地面低所以垃圾非常难从树坑里清理出来。边角处如果有烟头也是非常难清扫出来的。一开始我信心满满，以为这一个小区很快就能全部清扫完，但是因为角落里的垃圾太多，院子又太大，所以我们十一位志愿者齐心协力地努力了两个小时都没有清理完，我瞬间像泄了气的皮球一样全无斗志，手脚都像灌了铅一样动弹不得，一个和我一样大的邻居似乎看透了我内心的想法，过来拍了拍我的肩膀说道："别放弃啊，你看，咱们扫完的地方是不是整洁一新，这样的话，咱们的生活品质也能提高呀，就剩一半了，我相信很快就能扫完了！"说着，还拉着我的手臂将我拉起来，我回头看了看我们已经扫完的地方，地面上干干净净，的确让人心旷神怡。于是在我们的共同努力下，终于把整个小区都打扫了一遍，而我们也都累得直不起腰来。这次经历不但让我为保护环境出了一份力，也教会了我做事情要坚持不懈，不能半途而废。

三、结束语

　　我们今日所做的在整个地球上是微不足道的一小部分，但这并不意味着这微小的一部分是毫无用处的。我们对于地球都是微小的不能再微小的尘埃了，只是地球数亿年历史中的一段插曲，就像惠特曼说的一样，地球和大自然是无私的，但是人类是自私的，地球让我们得以生存，但是我们却报以垃圾。但我相信，去保护自然对我们来说也绝非不可能的事。

垃圾分类人人有责，文明行为从我做起

袁歌笛

一、引言

勿以恶小而为之，勿以善小而不为。

——《三国志》

二、正文

垃圾分类一般是指按规定将垃圾分类储存、投放和搬运，从而转变成公共资源的一系列活动的总称。它不仅可以使垃圾回收再利用，还可以降低垃圾处理成本。从 2020 年 5 月 1 日起，新版《北京市生活垃圾管理条例》开始实施。为了更好地进行垃圾分类，各区都组织了垃圾分类的相关活动，我也积极参加了社区组织的垃圾分类活动。每个周末我都会和社区的工作人员一起进行垃圾分类的相关宣传活动，在小区里发放垃圾分类倡议书并讲解垃圾分类的方法，让居民明白应该如何分类、分类的目的和作用。通过有奖竞猜活动带动居民参与垃圾分类的积极性。一开始，我并没有重视此次活动，觉得以自己的力量很难在北京市垃圾分类这一活动中起什么作用。但是在活动的过程中，我逐渐改变了自己的想法。当有居民向我询问垃圾分类的相关事宜时，我都能很准确地回答上来，我感到十分自豪。看着小区里垃圾分类工作做得越来越好，我心中更是充满成就感。

有一次，一位居民在小区里传播垃圾分类的负面言论："什么垃圾分类呀，不都是垃圾吗？放哪儿也是浪费！"这时我给了他一份垃圾分类宣传书并说道："其实，有些垃圾是可以回收再利用的，比如说纸箱，经过垃圾分类后，可以再次利用，大大提高自然资源的利用率，这样我们对自然环境的污染少一分。"听完我的介绍，他很羞愧地说："我还以为你们是给我们找麻烦呢！知道垃圾分类这么好，我也一定要垃圾分类呀！"看着

他离去的背影，我心中无比的自豪。在垃圾分类相关宣传的最后一周，我们小区的垃圾分类已经大有改善，达到垃圾不分错，环境更美丽的目标。

三、结束语

参加完这次活动，我感受到每个人对这个社会都有意义，如果每个人都多做一些善事，那么这个社会一定会更加美好！

垃圾分类守护地球

蔡一涵

一、引言

我们违背大自然的结果是，我们破坏了自然景观的美，自然动态的美和天籁的美。

——诺曼·卡曾斯

二、正文

自从2020年5月1日起北京正式启动了垃圾分类新规，社区里便贴满了各种各样的关于垃圾分类的海报，而我不禁被海报上招募志愿者的消息吸引。得到父母的支持，我成功地成了一名"垃圾分类志愿者"。我的职责便是督促社区里的人们进行垃圾分类，同时提供力所能及的帮助。

我站在垃圾桶旁，向每一位前来投掷垃圾的人讲解垃圾分类的规则："垃圾分类一共有四个垃圾桶，"我指着身旁的四个垃圾桶说，"垃圾筒分别放置可回收垃圾、厨余垃圾、有害垃圾以及其他垃圾。每一种垃圾都应该投放到正确的垃圾桶。废纸、塑料、金属物这些可以回收从而再次利用的垃圾就应该放入可回收垃圾桶；剩饭、骨头、果皮之类垃圾应该放入厨余垃圾桶，这些垃圾可以通过处理成为肥料；电池、水银温度计、过期药品都要放入有害垃圾桶，这些需要特殊的安全处理；最后，渣土、卫生间用纸、砖瓦陶瓷等应该放入其他垃圾的垃圾桶内。"大家都十分配合我，协助我进行了垃圾分类。也正因为大家的配合，我的工作很快便结束了。我相信大家已经拥有了垃圾分类的意识，也学习到了很多的知识。我们现在的社区里，垃圾分类井井有条，所有人都自觉做到垃圾分类了！

我十分珍惜这次成为志愿者的机会。这次经历更让我深刻意识到垃圾分类的重要性，了解了各种垃圾合适的处理办法，更明白如果不进行绿色环保行动，我们会对大自然造成多么大的伤害，我们要努力守护美丽的大自然。

三、结束语

以后，我会更加主动参加社会实践活动，努力学习，积累经验，为社会作出更多的贡献！

爱的传递——最美志愿者

张佳瑞

一、引言

谁知盘中餐，粒粒皆辛苦。

——《悯农》作者：李绅

二、正文

我们的生活中，从不缺乏食物，有了食物，我们才能生活。而浪费粮食的行为也并不在少数，因此"光盘行动"也成功地引起了人们的关注。

"光盘行动"是一件小事，但也是一件大事。说它事小，是因为只要大家能做到适量点菜，不浪费食物就基本达到了"光盘行动"的目的。说它事大，是因为就餐这件事的背后与中国正在进行的转变经济增长方式相关。因此，我无论是在学校还是在家庭生活中都当起了"光盘行动"志愿者，也参与了一些志愿活动。

例如在餐馆就餐的时候，我总是提醒每一位成员，适量点菜，吃多少点多少，尽量不多点，即使吃不了有剩余的情况下，无论多少也都会打包带走，避免浪费粮食。在假期里我也积极参加社区组织的宣传活动，张贴宣传海报，还和其他志愿者一起走访周边的餐馆，调查和采访工作人员，以便更好地了解餐饮浪费的情况，为"光盘行动"提供依据。

中国是世界上美食最多的国家之一，但也是世界上食物浪费最严重的国家之一，我们需要拒绝这种"舌尖上的浪费"。要知道，我国消费者每年的餐饮浪费总量相当于倒掉了世界上约 2 亿人口的口粮。节约粮食，从我做起，践行"光盘"精神。

三、结束语

通过参加这些志愿活动，我知道了"光盘行动"的重要性，以及浪费粮食的严重性和节约粮食的紧迫性。在未来的社会与学习生活中，我要使"光盘行动"成为一种人生态度，坚持节约粮食，为社会奉献出自己的绵薄之力，做一名合格的、优秀的最美志愿者。

桶站职守我先行

孙霁轩

一、引言

垃圾只是放错地方的资源，它们也有重新利用的价值。

二、正文

中秋佳节的早晨七点，伴随着朝阳的升起，我站在了团结湖中路南 4 号楼前的垃圾桶旁。这是两组含两个绿色厨余垃圾，四个黑色其他垃圾的桶群。这是我主动报名参与的第四次垃圾分类值守活动。

今天早晨小区显得比较安静，可能是因为假期一部分人都出去了。桶前被人乱放了一堆垃圾，我赶紧用自备的工具把它们分类清理干净。

"卫生纸、烟头、使用过的一次性餐具都是其他垃圾；纸箱子、奶盒、玻璃瓶是可回收垃圾；废电池、药品是有害垃圾。"我边讲解垃圾分类的知识边协助居民把手里提的垃圾分类进行投放。小区居民大多数是我熟识的爷爷奶奶、叔叔阿姨，所以都很配合，有个别人嫌麻烦，经过我耐心地讲解和亲自动手示范也表示愿意在以后的生活中做好垃圾分类。

"垃圾是放错地方的资源"，这话没错！通过这几次"桶前值守"活动，每日垃圾数量之大、种类之多、浪费之烈，都令人心惊！其实关于垃圾分类的一些知识很久以前我们就学过，但是让人惭愧的是，我们从未真正将垃圾分类运用到实际中。如果我们选择在日常生活中漠视这个问题，那么这种绿色理念就很难坚持下去了。

三、结束语

当然，垃圾分类工作不是一蹴而就的，它需要一代人甚至几代人的努力和坚持。我作为祖国未来的接班人，应该更加了解人类环境的构成和环境问题的严重性，这也将是我今后的课题，我会从身边的小事做起，为城市文明建设贡献自己的微薄之力。

爱的传递——最美志愿者

崔继元

一、引言

待凛冬离去，雪融草青。

——王源

二、正文

2020年爆发的新冠肺疫情使我们卷入了一场没有硝烟的战争。全国各地的医护人员挺身而出，站在了"战场"的最前方，筑起我们抵抗疫情的第一道防线。我们虽然没有专业的能力和技术，但是也应该为防控疫情尽一份力。

借着寒假这个契机，我自愿报名成了社区的"防控疫情志愿者"。一开始我的工作是协助排查寒假期间各个单元返京人员，帮助工作人员记录返京人员的姓名、电话、返京具体时间等信息。

忙完这件事情之后，我又主动请缨，去小区西门门口为居民们检查通行证并测量体温。临近中午，长时间的站立让我感觉很疲惫，口罩被我的哈气打湿，让我觉得有点儿呼吸困难。我很想坐下来休息一会儿，但是还没有到休息时间，旁边和我一起站岗的叔叔可能感受到了我的倦意，过来问我要不要提前结束，剩下的他来做就好，我忽然想到那些一线的医护人员们始终坚守在岗位上，他们有的可能只比我大几岁，还穿着厚重的防护服戴着紧勒的护目镜，他们本可以在这阖家团圆的日子里和家人围坐在一起举杯庆祝，如今却选择牺牲小我，保护他人。因为有他们的存在，才有了现在的四海清平，山河依旧。想到这里，我还是坚持完成了后续的工作。

这一次的志愿活动，虽然我只是尽了绵薄之力，但如果每个人都愿意为社会尽一点儿力量做一点儿贡献，相信在不久的将来，我们终会打赢这场没有硝烟的战争。

三、结束语

愿我们在硝烟尽散的世界里重逢。

传承爱和美的种子

清华附中朝阳学校新源里校区　初二12班　樊昕宇

一、引言

爱心启航，以善意传播社会正能量；青春不老，用无私的付出铸造绚丽篇章。

时光在流逝，从未停歇过；万物在更新，而我们在迈步成长中……

二、正文

曾记得第一次参与的志愿活动是 2020 年 1 月 18 日，学校为高三毕业的学长们举办"青春起航无问西东"高三成人礼。我作为一名志愿者，引导观礼的家长和学生们入席，并协助礼仪工作。3 小时的志愿时光，一晃即逝，带给我的是满心的成就感和满满的成长收获，能成为一名志愿者是我的荣幸，能服务学校更是我的小确幸！

以后的志愿活动，我更加积极、全身心地投入，庚子年伊始新冠肺炎疫情席卷了武汉这座美丽的城市，全国上下一心、众志成城支援武汉时，我也加入了援助的队伍中，向武汉市慈善总工会捐助疫情专款，让美丽的武汉渡过难关。2020 年的暑假，街道社区开展为新疆和田地区的中小学生募捐书籍的志愿活动，我又积极参加，整理家中闲置的书籍，分类后进行捐赠，并参与社区志愿工作，协助完成将募捐到的书籍分类打包等工作。

随着新冠肺炎疫情的蔓延，许多本就困难的家庭，难上加难。我很荣幸地加入到"城乡儿童一对一帮扶成长"项目中，我的帮扶对象是云南昭通黑树镇 7 岁的雨蝶小妹妹，她的父母常年外出务工，姐妹四人同爷爷奶奶一同生活。加入该项目时，我已清楚认识到这是一个持久项目，我也非常乐意参与其中，用我小小的善心和爱心去帮助他人，让志愿工作成为我成长道路中最迷人的一道风景。

三、结束语

志愿工作就像一粒传承爱和美的种子，我已经亲手种下了这粒种子，愿它在我的精心的呵护和持之以恒地坚持下，茁壮成长！让志愿工作温暖人间，让爱和美传播到世间的每个角落。

初三志愿者心得感悟

绿色出行　志愿有我

卢佳杉

一、引言

教育是一个逐步发现自己无知的过程。

——杜兰特

二、正文

2019年6月2日,我与我们清华附中朝阳学校的50多名同学参加了北京交通开放日暨北京公交集团第四届首都国企开放日活动。

首先,我们在室外参加了开幕式,我的心情有些激动,也很期待接下来的活动。

令人振奋的开幕式结束后,我们来到了北京公交大厦。我们首先参观了公交文化墙,墙壁上挂着许多关于公交的照片,一幕幕,让我深入了解北京公交。我们还与吉祥物路路对话,通过对话和交流,了解到了北京公交的文化内涵。

参观文化墙后,我们有幸能够走进《一路同行》节目的演播室参观,在隔音墙壁的环绕中,只听到塑料鞋套与毛茸茸的地板摩擦发出的温柔的"沙沙"声。

再后来,我们参观了北京公交调度应急指挥中心。在大屏幕前,我了解到了公交背后的那些事;如何调度;如何在不同的时段根据不同的车流量情况分配车次等。

在参观学习的最后,我听了来自公交驾驶员和培训员的故事宣讲,并且参加了关于交通安全的知识普及活动。

此次活动令我收获颇多：

我了解到公交车司机的辛苦，他们每天早上很早就要开始工作，在节假日也不能休息，还要为了这个城市的市民的出行而留在岗位上。

我学习到了关于交通和乘车方面的知识。这对我们十分重要。因为有效运用安全知识，既可以保护自己免受侵害，又能让别人安全出行。我会把学到的知识传递给我身边的人。

正是因为有这样多认真努力工作的人，我们才能在生活中感受到便捷与幸福。我以后要学习这样的精神，认真做好生活中的每一件小事，并努力做到更好，为别人带去正能量。

向舌尖上的浪费说"不"

杨义萌

一、引言

一粥一饭，当思来之不易；半丝半缕，恒念物力维艰。

——《朱子家训》

二、正文

2020 年 11 月 20 日我参加了社区"光盘行动 从我做起"新时代文明实践志愿服务活动。

中午，志愿者们陆续来到社区北门，一起布置场地，这次活动内容丰富多彩，有的同学张贴《悯农》海报，有的组织"学做光盘族"知识有奖问答，有的发放"光盘行动 从我做起"倡议书。我负责让社区居民在"拒绝舌尖上的浪费"展板上签名。

这次活动旨在宣扬、落实厉行节约、反对铺张浪费，弘扬中华民族尊重劳动、勤俭节约的传统美德，增强大家的节约意识。

通过开展此次活动，小区居民们对"光盘行动"有了更加深刻的认识，大家纷纷表示要加入到行动中来，从点滴做起，爱惜粮食、理性消费，积极弘扬勤俭节约的中华民族传统美德，做"光盘行动"的倡导者与实践者。

参与这次志愿者活动，我自己收获颇多。我进一步认识到节约是一种意识、是一种美德、是一种智慧，节约更要成为人们的一种习惯、一种作风。对个人，节约是一种科学的生活方式；对社会，节约就是一种文明。如果大家从现在开始能够从我做起，牢记节约意识，从节约一度电、一滴水、一张纸、一粒粮入手，我们的世界将变得更加美好。

我决心从自身做起，在厉行节约、反对浪费上当表率。我要做"光盘行动"的实践者、宣传者、示范者。例如学校为了保证初三年级学生吃得好，这学期学校食堂特意推出了自助餐，我用餐时能做到尊重食堂师傅们的劳动成果，珍惜每一粒粮食，不挑食、不浪费，吃光碗里最后一粒米、盘中最后一口菜，做到不剩饭、不剩菜，绝不浪费！

三、结束语

历览前贤国与家，成由勤俭败由奢。我倡议文明从"食尚"开始，节约从"光盘"开始，光盘行动从我做起，从现在做起。加入"光盘族"，向"舌尖上的浪费"说"不"！

一次当志愿者的体验

苏羡琳

一、引言

活着就要做个对社会有益的人。

——张海迪

二、正文

志愿服务是奉献社会，服务他人的一种方式，是传递爱心播种礼貌的过程，在志愿活动中，我自己也得到了提高。

2018年的元旦晚会，我很荣幸成了元旦晚会的志愿者。在前几天彩排早上集合时，我们作为志愿者为参演者分发早餐，在邻近出发时，老师嘱咐我们带好当天工作所需要的东西，我们拿着大包小包上了大巴车。到了地方后，我们去到后台指引表演者到他们的指定房间。随后我们开启了一天的工作，我们把剩余的早餐都放进了一个大箱子里，留给有需要的志愿者。

中午，我们负责分发午饭，收拾垃圾和整理剩余的饭。等到下午，工作就慢慢变多了，要叫表演者彩排，协助老师，晚上忙到很晚才走。到了表演当天，有很多学生都来观看，我们每两个人负责一个年级，给他们发节目单并引导他们坐到指定位置，我们的志愿者工作也就结束了。这两天虽然很辛苦，但也很开心。

三、结束语

经过这次的志愿服务，我深刻体会到工作的辛苦，也深深感受到了付出后收获的欢乐。这次的志愿服务活动让我重新体会到劳动者的辛苦，体会了劳动成果的来之不易，明白了要珍惜劳动者的劳动成果。其实，生活不仅仅是为自己和自己的家人努力，还能够为这个社会而努力。再如做事情的时候要肯吃苦耐劳，不怕脏，不怕累。

茉莉花开

王奇琦

一、引言

青春之所以幸福，是因为它有前途。

——果戈里

二、正文

2019 年夏天，我参与了一场关于"禁毒"的知识宣传活动，我负责介绍毒品的危害。

最初我对毒品的认知还停留在很肤浅的程度，毒品看起来离我们太远了，我好像深海的鱼要学习沙漠求生的知识一样。

但是，当我在浏览器敲下毒品这短短两个字符后，如海水般沉重的信息席卷而来。

有的毒品被做成奶片的模样，有的在冰粉的调料中被发现，那看起来普通的粉末却足以令本该朝气蓬勃的生命坠入无尽昏暗的海底。

各种各样的毒品已经令人不寒而栗，吸毒带来的后果更是让人毛骨悚然。HIV、毒瘾、精神失常……即使意识觉醒，戒断反应的折磨也会令人痛不欲生。

一张张蜡黄的脸映在电脑屏幕上，他们的眼睛像空洞的深渊。在这深渊中，我看到愤怒、暴躁、厌倦，最可怕的是像木头一般的无感。消瘦的脸颊与松弛的皮肤，都不如他们的眼睛诉说的人生故事令人悲哀。

猛烈的冲击化为责任与动力，我倾力书写了一篇演讲稿，去掉华美的辞藻，只留下最真切的情感。

到了现场，一位位紧挨着的、与我同龄的青少年的面孔洋溢着青春的笑容，那样美好而纯洁，像朵朵茉莉花在清爽的枝头尽情绽放。在他们笑弯的眼中，我看到希望、期待，甚至有阳光，这让空气都暖洋洋的，又像清风拂过柳枝。

这强烈的对比，更激起我的使命感。我用尽全部精力介绍着毒品的种种危害，从身体到精神，甚至上升至国家发展、人类命运。但我丝毫不觉得这是危言耸听。

2021 的夏天也快来了，正是茉莉花开的季节。茉莉洁白、美丽，愿茉莉永不沾染泥土，散发独特的清香。

三、结束语

我认为，志愿服务就是通过努力让社会文明更加灿烂美好，希望在未来我还能参与更多社会志愿服务活动，为祖国的蓝天增加一抹鲜艳的色彩。

我身边的志愿者

郭子琪

一、引言

零落成泥碾作尘，只有香如故。

——《卜算子·咏梅》

二、正文

初次接触志愿北京这个平台，以及学校的一些特色志愿服务项目时我是懵懂的，觉得"志愿者"离我的学习生活过于遥远了。在我的印象里，"志愿服务"只是存在于一些大型活动中，至于日常生活中倒是少见，能用到学生的服务更是不多。

随着校团委王颖老师的介绍，我了解到了学校的一些特色项目。其中令我印象最深刻的就是"支教助学"志愿服务。2015 年，5 名初二的学生利用暑假时间在王颖老师的带领下随各校区的 64 名师生组成支教助学团抵达子长中学。他们用己所学、利己所长，实现自身价值同时自身也得到提升和历练。这让我明白了在为他人、为集体、为社会服务时，自身也同样能得到收获。

2018 年元旦晚会，我再一次感受到了志愿服务与志愿者的无私魅力。那次元旦晚会我作为参演者，并没有参与志愿活动，但也看到了他们工作的成果。第一天彩排，在太阳还没有完全升起时我们的车就已经抵达了礼堂，随着志愿者的引导，我们来到了自己的候演室。与房间内的安静不同的是走廊的热闹，各种节目准备的声音萦绕在空气中。渐渐地，声音变得有序了，我看到志愿者们的身影穿梭在走廊间逐一安顿好各个候演室的参演者。随后的彩排、就餐、等待与乘车返回等流程在志愿者的引带下都进行得十分顺利。

三、结束语

"志愿者"是平凡的，也是伟大的。志愿服务不分年龄大小、不分贡献多少，只要有所行动就是光荣的，我愿意加入这个队伍，成为一名光荣的志愿者！用自己的力量为社会做贡献！

垃圾也有家

霍 奖

一、引言

教育不是灌输，而是点燃火焰。

——苏格拉底

二、正文

如果不是那次志愿活动，我永远不知道垃圾分类是多么重要。

在我们生活的城市里，每个家庭每天都会产生很多生活垃圾，因此每一个城市都会产生大量的生活垃圾，那么，你知道我们是如何处理这些生活垃圾的吗？

那天，我来到居委会，签到，填表，一气呵成。活动开始时，有专业的老师讲解垃圾分类的相关知识。然后，垃圾分类督导员带我们来到四个垃圾桶旁边，从督导员那里我了解到目前我们把垃圾分为四大类：可回收物、厨余垃圾、有害垃圾和其他垃圾。玻璃制品、金属、塑料、纸张属于可回收物。平时我喝完饮料的饮料瓶，还有妈妈收快递的快递纸箱，还有爷爷奶奶看完的过期报纸杂志，要收集到可回收物塑料袋里。骨骼、内脏、果皮、菜叶、剩菜剩饭属于厨余垃圾。吃剩的鱼骨头、西瓜皮要收集到厨余垃圾袋里。废电池、废油漆桶、废旧灯管灯泡、过期药品都属于有害垃圾。过期的药要收集到有害垃圾袋里，废电池要放入有害垃圾袋里。其他垃圾包括清扫垃圾、餐巾纸、卫生纸、照片、尿布等。将这些日常的垃圾分类后，我们再逐一将各类垃圾投入相应的垃圾桶内，等环卫部门将这些生活垃圾运走分类处理。在我的帮助下，那些小同学们都非常顺利地完成了任务。当他们跑过来说"谢谢姐姐"时，我心里的那种喜悦感、自豪感，是无可替代的，无法超越的。

在回家路上，我去超市买了四个不同颜色的垃圾桶。凡事从小做起，从自己做起，从现在做起。一开始大家还有些不习惯，但在我的督促下，每一位家人都学会了垃圾分类，但还是有漏网之鱼。在我们家里，爸爸是最"懒"的，不管三七二十一随手一扔，但都逃不过我的"火眼金睛"，渐渐地，爸爸也被我"驯服"了，哈哈。

三、结束语

志愿者这一职务在我眼里是平凡又光荣的，我愿意加入到志愿者队伍中来，做一名合格的志愿者，为社会献出自己的一份力量！

曾经人群中手足无措的我

孟科璇

一、引言

教育贵于薰习，风气赖于浸染。

——郭秉文

二、正文

"你去食堂，你去楼下叫人上来彩排，你们俩留在这等安排。"接到命令的四人纷纷散去，我便是等待安排的一位志愿者，作为第一次参与志愿服务的学生，不免有些手足无措，坐在身旁的空地上望着字符一秒秒跳动的时钟。

天色开始昏暗，浮云遮住了夕阳，临近傍晚，食堂的那位志愿者忙得不可开交，用手机快速翻阅演出顺序单，身边总有着急促的脚步声与呼喊；叫人彩排的志愿者在人群中飞速穿梭，将一波催来又把一波送去食堂；听着群里无数条语音和消息发送的声音，我从转动的指针中回过神来，站起身带着另一位志愿者去帮忙。

"志愿者吗，能麻烦你们帮我把这个乐器搬到大厅吗？"我们回头看到一位抱着几大袋服装的同学，我毫不犹豫地帮忙搬走乐器。还未回过神，刚一进大厅，我又愣住了，有加紧练习的情景剧组，有躺在一边休息的学生，也有身负压力抽噎落泪的孩子。我放下乐器，手机突然收到消息，我们被安排到后台帮食堂的志愿者叫人用餐，面对忙碌的人群，一次次的加大音量，一次次的嘶声怒吼，我们忙乱又无助，有时真想着再坐在空地上等待时间流过，但是我想起了面对墙壁演出的情景剧组，想起累得四肢瘫软倒在地上的小舞蹈演员们，想起乐团成员急促的脚步与呼喊，拿着对讲机切换频道的幕后老师……想到他们我又有了坚持的动力。

我心中变得平静，手足无措的样子渐渐褪去，找人，排队，清点，带离，月光照近屋内，随着人群离去，我完成了人生的第一次志愿服务活动。

三、结束语

我将这片刻的安静永远寄存在心中。我想从手足无措到顺畅地完成工作并不是自己的醒悟，而是我想成为这里面每一位为最好的舞台而付出的人，风气赖于浸染，他们每一个人，都浸染了我。

爱的传递——最美志愿者

田韵禾　李慧丽

一、引言

任何一项劳动都是崇高的，崇高的事业只有劳动。

——卡莱尔

二、正文

去年暑假，我们很荣幸地参与了社区服务，因为受到夏季天气的影响，小区中的公共设施不是很干净，所以社区安排了这次活动，让我们更贴近实际地来感受社区服务，我们的任务是擦围栏。听着简单，但当真正实践的时候，又不那么容易。炎热的夏天，太阳像火球一般炙烤着大地，我们周身蔓延着热气，无法散去，还未擦完一半，便无法再继续下去。虽然天气炎热，这项志愿活动也很辛苦，但是比起更加专业的志愿者的付出，我们做的远远不够。既然做了志愿者，就要像其他志愿者看齐，认真负责地做好分内工作。

"把一件简单的事做好就是不简单，把一件平凡的事做好就是不平凡。"通过这次劳动，我们也明白了很多道理，在劳动中发现了自己的不足之处。只有脚踏实地，才能取得成功。

三、结束语

这次社会实践活动，不仅让我们明白了社区工作者的不易，更让我们明白了实践和踏实的重要性，只要我们认真实践，踏踏实实做事，就能把事情做好。这次社会实践活动，不仅提高了我们的社会实践能力，还增强了我们的社会责任感与社区参与能力。以后无论我们做什么事，都要本着这个原则。

让我们自觉地去发现生活中的美好，去感受更广阔、更有意义的人生！

爱的传递——最美志愿者

王兆樾

一、引言

品德教育重在实做，不在于能说会道。

——叶圣陶

二、正文

我们经常能看到有人拎着塑料袋，使用一次性纸杯、一次性筷子、快餐盒等。为了响应保护环境的号召，我与社区工作者一起开展了一次环保宣传活动。

我们将使用一次性用品对人和环境所产生的影响一一列举出来，做成宣传板。早上，我们站在小区的不同入口，进行环保宣传。对于居民的提问，我们会一一做解答。傍晚，我们在社区的空旷处举办了活动，请业主讲一讲对一次性用品的认识。最后我们再对这一天的宣传进行回顾，总结优点缺点，改善方式，争取在最大程度上让社区居民们了解环保，并告诉大家如何从自己做起，呼吁大家不要使用一次性用品，一起保护环境，保护我们的地球。

这次活动让我深刻地体会到，保护环境的重要性。同时也让我明白"纸上得来终觉浅，绝知此事要躬行"的道理。社会实践使我们找到了理论与实践的结合点，也让我们知道了保护环境光要靠我们的实际行动来证明。我们为什么要环保？答案我们所有人都应该十分清楚，我们人类也是这个生态圈中的一环，可是随着我们人类的发展，对环境的破坏也越来越严重，所以我们每一个人都应该要努力改善环境，只有地球的环境越来越好，我们人类的发展才能够更加长久。

三、结束语

此次活动让我意识到了做一名志愿者的辛苦，在以后的服务过程中，我将继续履行我的职责，做到游刃有余，尽己所能，服务社会。

绿色环保——垃圾分类

刘照君

一、引言

绿水青山就是金山银山。

二、正文

早在去年，我所住的小区就已经大力开展了垃圾分类活动，社区服务站为小区补充了相应的垃圾桶，分为四种颜色——绿色、蓝色、灰色、红色，分别对应的是厨余垃圾、可回收物、其他垃圾和有害垃圾。每天早7点到9点，下午6点到8点，都有不同年龄段的志愿者们在社区垃圾桶旁值守。不论风吹雨打，他们都按时到岗工作。他们这种奉献自己服务社会的行为深深打动了我。

作为青少年，有积极为社区做贡献的责任，因此，我利用假期报名参与了此项活动，我想为他人和社会尽微薄之力。工作期间，我和其他志愿者一起指导居民生活垃圾的分类投放，及时指出错误并予以纠正，为其简述垃圾分类的知识。天气很凉，站着很冷，但一想到我现在做的事意义深远，也就不觉得累。

有一次我正在垃圾桶旁值守，跑来一位小朋友，手里拎着几个垃圾袋。他一包一包地拎起来，放进垃圾桶，投入之前还不忘仔细"核对"，嘴里念叨着"这袋是厨余，这袋是可回收……"我站在一旁看着这位小朋友，觉得他很可爱。这么小的孩子对垃圾分类了解如此详细，可见家校教育中定是讲解了许多相关知识。

三、结束语

我相信，通过我们各种志愿者以及全体社会成员的努力，会让我们的环境变得更好，"绿水青山"不止会影响我们一代人，而是几代人，会造福我们的子子孙孙。今后我也会积极参加社会志愿活动，积极奉献社会服务社会，做一个积极向上的中学生。

高一志愿者心得感悟

在反思中行动　在志愿中收获

白　姗

一、引言

一个丰富的天性，如果不拿自己来喂养饥肠辘辘的别人，自己也就要枯萎了。

——《巨人传》

二、正文

我步入食堂，闻着扑鼻而来的香气，看着满满的食物，全然不同于长辈们口中的常年饥饿的情景，总会感慨我们的生活越来越好了。可是，饭后路过垃圾桶时，我却停下了脚步。一个半人高的垃圾桶满满当当：整团的白莹莹的米饭、完好无损的馒头、大块儿大块儿冒着油光的肉……零零散散的剩饭剩菜更是不计其数。

如果仅仅是一个中午、一千人浪费的粮食"仅"有一桶，那么三餐呢？更长时间更多的人呢？

资料显示，中国每年浪费的食物总量折合粮食量约为 500 亿公斤，接近全国粮食总产量的十分之一，我们每年都会浪费掉大约两亿人一年的口粮。

看到如此令人心惊的数字，我行动了起来，参与了学校的"光盘行动"志愿活动项目。

在项目中，我主要负责汇报工作。项目开始前我拍摄了满满的垃圾桶进行记录，同时负责协助其他同学进行宣传，并提醒同学们做到光盘。过程中，我和项目组的成员协作，向身边的同学们宣传"光盘行动"的节约理念，也获得了同学们的支持。最后，我根据负责人发来的过程图片、文字信息以及调查问卷的结果统计，拍摄了项目结束前只有薄薄一层饭菜的垃圾桶，并将项目内容以及成果进行汇报。

至此，我参与的"光盘行动"项目告一段落，但是这个项目带给我的却不止这些。

三、结束语

参与志愿活动的过程，我不仅提高了自己的表达能力，感受到大家聚在一起策划项目的热情，更意识到，有想法就要付出行动，积极参与实践。最重要的是，我通过自己的努力为节约资源作出了贡献，虽然我的力量很小，但是当更多的"我"聚在一起的时候，力量可以无穷大。当这些力量被用来帮助他人、保护环境时，这个社会必然会向着美好前进。我想，这也是志愿活动的意义所在。

"志愿者"这一称号，可以被赋予每一个人，也是我们参与社会发展最简单的方式。只要我们有想法，乐奉献，敢实践，就可以勇敢出发。

今后我也会继续努力，参与到更多志愿活动中，为社会更加美好贡献自己的一份力量。

你我同行

房林静

一、引言

捧着一颗心来，不带半根草去。

——陶行知

二、正文

刚刚过去的 2020 年，中国乃至世界都经历着浩劫。为了生命安全，学生居家学习，从冬天到夏天。

看到网上的新闻，多少无畏的英雄在和疫情抗争着，我被深深地感动。思及当下，我作为一个中学生，虽然不及抗疫一线的医护人员，至少我可以做点儿什么来尽自己的一份力。这时，一个美篇分享提醒了我，让我成了一名"应急支援"服务志愿者。

那是一位学姐和同学一起制作的疫情居家学习的分享，十分的精美，帮助我们调整心态，更好地利用时间。我马上动身，在微信群里号召团员们一起制作美篇分享，出乎我的意料，所有人都很积极，每个人都希望通过自己的努力，尽绵薄之力。

经过大家一致商讨，我们决定做一篇有关新冠肺炎疫情的科普分享，希望人们可以对病毒有一定的认识，并且了解如何做好防护。我根据每个人的特长分配了不同的任务，并且选择用讲解视频和文字介绍并行的方式来介绍，增加趣味。在制作过程中，我们每个人都参与了视频的录制，我主要负责视频的剪辑工作。任何事情都不会一帆风顺，我们也遇到了很多难题，比如字幕的消失、格式的错位等，可我们并没有放弃，我们相信世上无难事，只要肯攀登。终于，这一篇科普分享在一个夜晚完工，经过两位老师的审核后被大家看到。

不断上升的浏览量和点赞数是给我们辛苦最好的回馈。在制作的过程中，我们也收获了很多，对病毒有了一定的了解，不再像以前那样恐慌，也更加充分地明白了防疫的要求。同时我也锻炼了自己的组织能力，自己更加自信了。

三、结束语

在成为志愿者的那一刻，我的身上多了许多责任，这令我更加坚毅勇敢。这一次以这样的方式做了一次志愿服务，我相信在我的人生中，这是一次我会深深记住的经历，它让我成长。以前，我的志愿服务范围经常是敬老院或者是社区，这一次的经历给了我新的启发，也提醒了我志愿服务还有更多的可能。

爱的传递——最美志愿者

李静萱

一、引言

人之为善，百善而不足。

——杨万里

二、正文

垃圾分类，社会公益，支教活动，等等，往往是大部分人心中志愿活动的样子。我以前也是这样认为的，我一直在学校参加图书馆的志愿活动，每个中午，和其他的志愿者同学，一起有条不紊的工作时，我心里一直觉得这才是志愿活动最好的模样。

所以当知道健康知识的讲座也算是志愿活动的一种时，我心里是很震惊的。

我听过很多关于健康知识的讲座，或是近视肥胖的危害，或是艾滋、乙肝的正确认识……没有一次可以与我听的那节禁毒知识教育相比。

第一次，我知道了毒品那么精细的分类（通常分为麻醉药品和精神药品两大类。常见为麻醉药品类中的大麻类、鸦片类和可卡因类）。第一次了解了毒品究竟是如何使人上瘾。我也是第一次知道了随着科技的发展，当那些我们记忆中的毒品早已过时的时候，我们应该如何来保护自己。

其实在上完课后，我就大抵明白，为什么健康知识的宣传也是志愿服务了。志愿服务就是在不求回报的情况下，为改善社会，促进社会进步而自愿付出个人的时间及精力所作出的服务工作。我们学习健康知识，通过自身将这些知识传播给身边的人。学习健康知识的本质是提高社会健康素养。提高我们的健康素养，于精神层面也是很重要的促进社会进步的一环。

三、结束语

志愿活动的参与，让我们丰富自己的精神世界，在传递爱中收获满足，在帮助他人中收获成长。

让我们参与志愿服务，构筑更好的明天！

慰问空巢老人

张宇轩

一、引言

志于道，据于德，依于仁，游于艺。

——孔子

二、正文

寒假期间，我参与了社区的慰问空巢老人活动。经过上次调查，社区的服务人员了解到我们小区内共有 7 位独居老人，虽然生活条件都不算差，但子女却很少来看望他们。

这天早晨，天空一片苍白，不时浮出两片浅灰，一切都浸在一片浓雾中，显得厚重而缥缈。我穿上红马甲，提上大包小包的东西，跟着其他志愿者们前往第一位老人的家。按下门铃，开门的是一位老妇人。看到我们一行人站在门口，很是惊讶。我们说明来意后，老妇人露出了笑脸，没有收礼品，还热情地邀请我们进屋。寒暄几句之后，我们同老人告别，临走时，一位志愿者还帮忙把垃圾带了下去。之后，我们又去拜访了几位老人：学识渊博的老教授、朴素殷实的老爷爷、能说会道的老奶奶……一位老爷爷，一开始还表现得十分倔强，不接受我们的小礼品，也不让我们照顾他，但在志愿者们的暖心交流下，他最终还是接受了，还与我们相谈甚欢。看着一位位老人露出笑容，神采飞扬地讲述着过去的事，我的心中也涌上一股暖流。拜访那位老教授时，他说："我已经老了，还得看你们这些年轻人啊。"是啊，但眺望未来的时候，也不能忘记本分。坚持一颗善心，养成良好的品德，才是关键。

三、结束语

志愿服务总是像这次的一样有意义。总是能看到穿着红马甲的志愿者们在不同的地方付出自己的一份力量，帮助那些需要帮助的群体，为社会作出贡献。这种默默无闻，无私奉献的精神值得我去学习。参与这样的志愿服务，不仅给他人提供帮助，还能完善自己，养成良好的品德。

爱的传递——最美志愿者

王昱斌

一、引言

在人际关系中最重要的，莫过于真诚，而且要出自内心的真诚。真诚在社会上是无往不利的一把剑，走到哪里都应该带着它。

——三毛

二、正文

我在高一上学期参与了社区收集废旧饮料瓶的志愿活动,并把它们捐赠给社区中回收饮料瓶的老人。

从我决定要加入这个志愿活动开始,我细心留意着身边的塑料瓶。我在家中放了一个很大的箱子,为我即将收集的废弃饮料瓶提供一个存放的位置。

这个活动让我对生活的周围的环境更加关注。我发现了在小区长椅和一些人们经常聊天的角落处经常可以发现一些饮料瓶。我小心地把他们收集起来。原本很少和陌生人交流的我在这个过程中和社区中的一些老人们熟悉起来,我经常到长椅边溜达寻找废弃的饮料瓶。偶尔就会碰到老人们和他们交流几句,陪他们闲聊一会儿。我发现老人其实也很有趣,虽然我们的年龄相差几十岁,但也正因为这一点,让我可以听到几十年前老人们生活中那些有趣的事,这些事情听起来陌生又熟悉。和老人们慢慢熟悉后,他们开始主动帮我攒一些瓶子放在长椅边,即便我后来有时去到长椅边时那里只有几只空瓶,我耳边依旧可以听到那温柔的笑语。

我在小区中,在学校中,在家里,默默地收集着饮料瓶。看着我一开始准备的箱子逐渐堆满,我感到无比开心。箱子旁边又多了一个更大的大箱子。当我下楼倒完垃圾,随手又从长椅上拿回几个饮料瓶放在大箱子里,发现大箱子竟也挤满了饮料瓶。在家长的帮助下,我把瓶子一个一个地拿出来铺整齐。我一边摆计数,脑海中无意识地浮现出几个月来,楼下和老人们一起说说笑笑的情景。不知不觉我们已经攒齐了 109 个瓶子。我们将瓶子整理好送往楼下回收废弃饮料瓶的老人那里。老人没有在家,他的女儿和我们见面。我们向他说明这是我们参加的一个非常有意义的志愿活动,要将我们攒的饮料瓶送给他。我看到了老人的女儿充满理解和热情的笑容。她接过了饮料瓶,欣然和我们合影留念。

三、结束语

这次志愿活动不仅增加了我对周围环境的观察，让我对周围更加熟悉，还意外收获了和几位老人之间宝贵的友情。虽然活动已经结束，但我们之间的联系不会间断。我会时常到长椅边散步，听他们讲那些古老又新奇的故事，并给他们带来欢乐，我一定会多参与志愿活动，为社会贡献力量。

爱的传递——最美志愿者

赵双晗昱

一、引言

品德教育重在实做，不在于能说会道。

——叶圣陶

二、正文

在假期中，我参加了社区垃圾分类调研活动，活动内容丰富多彩，同时也让我学习到了许多关于垃圾分类的知识。

以前，我们都是将垃圾丢入垃圾桶中或将垃圾袋一股脑儿扔到垃圾箱内。虽然这样对社区的环境有所改善，但是所有类别的垃圾都堆放在一起，处理起来是很困难的。有的垃圾是可以回收利用的，有的垃圾会污染环境，所以现在我们在进行垃圾分类的处理，可以更好地减少垃圾对环境的危害。

同时，我们社区也在进行垃圾分类宣传的活动，并设置了垃圾分类箱。我们将垃圾分类的标准贴在小区的公告栏内，这样居民可以更加方便地了解到关于垃圾分类的知识。此外，我们借助居委会的帮助，层层宣传，让居民们意识到了垃圾分类的重要性。并且还配置了家庭小型垃圾分类桶，这样更加方便居民们垃圾分类。在小区垃圾箱上特意设置了拉环，这样可以防止居民们因为垃圾桶的卫生问题而将垃圾丢在垃圾箱外。现在，居民们都可以自觉有效地将垃圾进行分类。

三、结束语

通过这次活动，居民正确意识到了垃圾分类的重要性。同时，这次社区志愿活动，帮助社区提高了生活质量，改善了生活环境。服务成果给我带来了更大的自信心。今后，我也会时时关注着垃圾分类的消息，并且带动身边的朋友进行快捷有效的垃圾分类。同时，也会多参加不同类型的志愿服务活动，成为一名优秀的志愿者。

爱的传递——最美志愿者

柴璐轩

一、引言

教育的艺术不在于传授本领，而在于激励、唤醒和鼓舞。

——第斯多惠

二、正文

2019年2月22日，我参与了"仁爱衣加衣爱心衣物捐赠分拣"活动。这是我第一次在没有老师和同学共同参与，相互帮助的情况下，参与的志愿活动。记得那时，我拘谨地进入分拣衣物的房间，只是低着头，一句话都不说，甚至连眼神的一点儿接触都要迅速避开，一看就是"刚刚入行的萌新"。我在角落里闷不作声地叠着衣服，听着耳边大哥哥大姐姐们稀松平常的聊天，浑身不自在。相较于年长的大学生们，我确实不善言辞。他们欢声笑语，而我却不敢刻意拉近距离生怕被嫌弃……

"你上初几啦？"旁边一个温温柔柔的女声传来，我抬头看，是一个嘴角一直带着笑的女生，一直在组织大家分门别类摆放东西。

"上初二了。"我老实回答道。

"初二啊，正是最美好的年龄呢。"接着便和我说起了她之前参加志愿活动的趣事。我听着听着便呆了，但是她仍旧，不骄不躁，有条不紊。好羡慕她啊，能那么自信大方。忽然，她转过头来，我才发现我原来不自觉间竟然说了出来。她笑得更灿烂了，背后映着翠绿的刚刚探出头来的枝叶，风轻轻地拂过她的脸颊，带起一缕青丝。她用着柔柔的嗓音对我说："处理人际交往的关系就好比学习，需要不断去做并且随时改善……"我记不清那天我们都干了什么，但那画一样的，带着一缕缕阳光的画面深印在我的脑海中，宛如昨日；那轻柔的声音，含着一些期盼的语句令我难以忘怀。这样美丽的场景给我以后的志愿服务都增添了勇气。2019年10月底活动结束。从那之后，我做了许多志愿活动却再也没见过她。

2020年8月25日，我参与了"社区垃圾分类桶前值守"的志愿活动，我们又一次见面了，这时的我已经不再是曾经那个青涩的女孩，在经历了许多志愿活动的磨练后，我也变得落落大方了。她还是用我记忆中轻柔的语气对我说："好巧，又见面了！真是女大十八变，长得越来越好看了！"我羞涩地笑了笑，低下头，在她面前，我永远是那个一年前的害羞的自己，她是我在志愿服务中的导师，尽管年龄不比我大多少，在人际交往方面的帮助却让我受益匪浅。在她的影响下，我对志愿服务拥有了很大的热情。

三、结束语

在志愿活动中，我体会到了服务别人的快乐，也感受到了维持城市环境美好、创造幸福的不易。只是几步路的距离，许多人却不愿意走到垃圾桶旁，把垃圾细细分类，方便环保工人回收工作。现在街边垃圾桶已经逐渐完善，但是依旧会有人把垃圾随手扔在地上。而这些都为垃圾分类的志愿者们和环卫工人们增添了许多不必要的工作。多走几步路的意义是为我们创造更美好的生活尽一份力。我立志做好志愿者的每一份工作，成为有能力为社会作出自己的贡献的人。

志愿青春

邢佳乐

一、引言

如果你在任何时候，任何地方，你一生中留给人们的都是些美好的东西——鲜花、思想，以及对你的非常美好的回忆——那你的生活将会轻松而愉快。那时你就会感到所有的人都需要你，这种感觉使你成为一个心灵丰富的人。你要知道，给永远比拿愉快。

——高尔基

二、正文

2018年我刚入校时，学校积极开展了乙肝知识宣传活动。乙肝病毒具有极强的传染性，而其患者往往需要长期服用抗病毒药物治疗，生理上的痛苦加上周围人的歧视，让我从初一时便留下了深刻的印象。我立志成为有责任、有担当、为人民谋健康的志愿者，也为日后的志愿工作埋下种子。从初二开始，我便不局限于学校的活动，自己在官网上搜寻到许多宣传岗位，如直属于北京市禁毒委员会的"西大望路社区青少年远离毒品宣传教育"活动，我在其中承担了发放资料的工作，自身也认识到毒品对于人体健康的危害，受益很深。一直到2020年初，在前所未有的新冠肺炎疫情来袭之际，我校开展了防疫知识互动，我作为小宣传员，结合文字、视频、手抄报等形式为大家科普解惑。

三、结束语

志愿者是一个无私而高尚的团体。他们在自己的职责范围内尽最大可能去帮助需要帮助的人。明确职责、心怀善念，我想这一点是我作为青年志愿者的优势，但是我还需要继续学习，这样我才能掌握更多的专业知识和技能，在未来的日子中，能够为社会贡献出自己的一份力量。随着我对志愿活动越加熟悉的同时，我会取长补短，在青春中发挥潜能，最终成为一名真正合格的志愿服务工作者。

"光盘行动"志愿活动

吕思羽

一、引言

谁在平日节衣缩食，在穷困时就容易渡过难关；谁在富足时豪华奢侈，在穷困时就会死于饥寒。

——萨迪

二、正文

我参加了"光盘行动"志愿活动，随着社会的发展，餐饮浪费的现象愈发严重，为了减少餐饮浪费，我们展开"光盘行动"计划。我们对校内食堂浪费情况展开调查，结果发现浪费现象还是比较严重的。为找到原因，我们采访了一部分同学，大家认为学生午餐浪费严重的原因主要是在食堂购买的饭菜都已经盛好了，无法自己决定饭菜的量。对此，我们也实施了措施：改变食堂模式，由盘餐改为自助餐，让同学们根据自己的情况适量取餐；开展"光盘行动"主题班会，让杜绝餐饮浪费的理念深入每位同学心中；举办"光盘行动"手抄报评比，激发大家对于光盘行动的热情……

一段时间之后，我们再次对食堂餐饮浪费情况进行调查，发现情况明显比上一次好很多，看到大家都已经认识到节约粮食的重要性，我们也很欣慰。我们的世界物质丰富，但资源却极度不平衡，我们很幸运，生活在一个衣食无忧的时代与国家，可就在我们看不见的地方，很多人正在忍饥挨饿。一点儿饭菜对我们也许不算什么，对于有些人却十分重要。"光盘行动"的意义不仅仅在于节约粮食，更是为了帮助无数吃不上饭的人。同学们意识到节约粮食可以帮助这么多人,参与"光盘行动"的热情就更加高涨了。作为志愿者,我们也意识到其实大家都有一颗想要去帮助他人的爱心,而我们在这种活动中,更多的是充当引导者的角色,引导大家从身边的小事做起,积少成多来帮助更多的人。

三、结束语

成为一名志愿者,可以锻炼自身能力,有许多未知的挑战需要我们去探索。我们需要不断调整方案,与成员、群众沟通,不断进行尝试。在这些看似枯燥的过程中,我们处理事情的能力、团队协作能力、对事物的认识以及态度都在逐步提升,志愿者并不是一份没有酬劳的苦差事,参加志愿活动所获得的经验以及能力的提升,将使我们受益终身。

让爱传递 志愿不止

张彤影

一、引言

我走得很慢,但是我从来不会后退。

——林肯

二、正文

在生活中,我参加了很多有关绿色环保类志愿服务活动,如垃圾分类、知识竞赛、小河长、光盘行动等。我印象最深刻的活动是光盘行动志愿服务活动。为深入贯彻落实朝阳区教育工委关于"制止餐饮浪费行为"的重要指示精神,树立"浪费可耻,节约光荣"的新风尚,创建文明校园,清华附中朝阳学校号召全校师生,提高思想认识,树立节约理念,切实把勤俭节约的思想内化于心、外化于行,做节俭实践者。在活动中,我们通过国旗下讲话、观看宣传视频、制作手抄报等形式,广泛开展"厉行节约，反对浪费"宣传活动，引导同学们崇尚节俭之风，带头争当高尚道德的践行者、校园文明风尚的维护者。各班也围绕"浪费可耻，节约光荣"为主题组织班会。

我积极参加校级的志愿者服务活动，积累关于志愿活动方面的经验，在每一次志愿活动完成后，会向老师请教在各个阶段的问题，寻求建议。一次次的反思和总结，也是对自己的一次次审查，这样的过程使我喜欢上了志愿者这个身份参与志愿活动是一种成长与经验的积累。在活动中，我看到同学们绞尽脑汁思考问题，共同合作完成任务。我会尽心尽力地帮助大家，会站在他们的立场上去想他们需要什么。因此，我自己的心智成熟了许多。在参加志愿者活动中，我也会耐心地为遇到困难的小朋友讲解。我深刻地了解到小朋友在接受我们的服务时是开心的，组织活动对于同学们是有帮助的，而这也是我们前进的动力！

三、结束语

青少年志愿者活动是微小的，因为它涉及的范围太有限。它又是伟大的，因为它在有限的范围中让志愿服务焕发了生机。同时，它也提高了我们的精神品德，培养了我们为社会作贡献的精神动力。为了社会有更好的环境，为了地球母亲不再因环境而困扰，让我们行动起来！

未来，还会有更多的青少年成为志愿者，会为更多的人提供服务。未来，我会一直在志愿活动中为社会及他人提供更好的服务！

爱的传递——最美志愿者

华婉彤

一、引言

大自然从来不欺骗我们，欺骗我们的永远是我们自己。

——卢梭

二、正文

绿色环保，多么熟悉的话语，它出现在各处，街上的标语、垃圾桶旁的牌子、社区的门前，但再仔细一想，我们真的有严格做到环保吗？

水积鱼聚，木茂鸟集。就拿我的一次志愿服务经历来说吧，我曾经参加过垃圾分类的志愿服务活动。在去往附近街道垃圾桶的路上，远远的我就看到了一个老人穿着跟我一样的志愿者衣服在清理垃圾，等走近后他得知我是来进行垃圾分类的志愿者，似乎愣了一下，随后微笑着给我讲解了各种垃圾是如何分类的。他向我演示怎样用夹子夹出分类不对的垃圾。他眉间神情不变，好似从不嫌弃，甚用手抓，看到他有一个塑料瓶夹不起来的时候，我连忙上去帮助，与他一起进行垃圾分类。我确实不喜欢这些垃圾的味道，可他面不改色，透着娴熟。后来听老人说他每天都定点来进行垃圾分类。他说他曾看到过有人在他面前随意丢垃圾，将那牌子上的"请进行垃圾分类"视为无物。他说他也曾心寒得想着不再做下去，可是一想到这些垃圾的危害便坚持了一年又一年。

三、结束语

有时候我会想，真的有人不知道垃圾的危害吗？不知道绿色环保的重要性吗？我认为很多人应该都明白的，可为什么还是有那么多垃圾放错了位置，甚至随意地丢在绿化带中？正因为自身的懒惰和对自然的不重视造成了现在的垃圾危害。我希望社会中应该有更多的志愿者涌现出来，向自觉性差的人们提醒，要加大志愿服务的力度，将绿色环保知识普及给大众，让所有人明白环保的重要性。

我想，天空和大海应该是自由蔚蓝的，而不是那样灰蒙浑浊。

高二志愿者心得感悟

在志愿服务中成长

王晨煜

一、引言

其身正，不令而行；其身不正，虽令不从。

——孔子

二、正文

2020年初，一场突如其来的新冠肺炎疫情，改变了我们的生活。从武汉延至全国，成千上万的中国人坚持奋斗在抗疫一线。作为一名共青团员，中国共产党的有力后备军，我更应该为这次疫情贡献出自己的一份力量。所以我在2020年完成了25小时左右的疫情期间垃圾桶前值守工作。身着红衣，我的任务是引导居民进行正确的垃圾投放和处理。虽然不能像白衣天使一样，站在抗疫一线。但我认真对待这份志愿服务工作，社区的卫生环境将会更好。

在值守过程中，我引导居民们进行可回收物、厨余垃圾、其他垃圾、有害垃圾的分类，同时也负责社区居民衣物捐赠箱的引导工作。其中，教会老爷爷老奶奶如何进行垃圾分类，向他们传播垃圾分类的重要性是我认为最有成就感的事情。相信随着人们垃圾分类意识的提升，社区环境会越来越优美。在社会各界人士的共同努力下，疫情一定会被中国人民打败。

三、结束语

"船到中流浪更急，人到半山路更陡。"我们唯有不忘初心，牢记使命，团结奋斗，持续发力，在各自的岗位上，尽职尽责，才能为中国的发展发一份光热。这次的志愿服务为我提供了一次历练与成长的机会，也是青春的美好回忆。相信在以后的成长中，我会更加积极投身于志愿服务，在志愿服务中更加得心应手，在自己的志愿岗位上贡献一份力量。

志愿服务，一片广阔的沃土

赵君如

一、引言

纸上得来终觉浅，绝知此事要躬行。

——《冬夜读书示子聿》

二、正文

志愿服务是指在不求回报的情况下，为改善社会，促进社会进步，服务他人的一种方式，是传递爱心、播种礼貌的过程。对被服务对象而言，它是感受社会关怀，获得社会认同的一次机会。对社会而言，它是提升社会礼貌风气，促进社会和谐的一块基石。

我校曾多次组织和斯坦福亚裔肝脏中心合作的乙肝知识宣传活动，也曾在2016—2019年连续四次获得一等奖。在此期间，我多次积极参与其中的志愿服务，认真学习并且通过微电影、知识海报、宣传片等形式多样的活动大力宣传关于乙肝方面的知识，我从这些志愿活动中学习到了不同的志愿知识，拓宽了视野，对于志愿服务的工作有了进一步的认识。

在乙肝知识宣传活动的志愿服务中，我主要负责引导并帮助同学们对于乙肝知识有一个大概了解，通过设计海报、有奖竞答等形式丰富的活动，来对乙肝知识进行宣传，从而让更多的同学能够了解乙肝知识。在志愿服务过程中，我自身也得到了提高、完善，精神和心灵得到了满足。志愿服务既是"助人"，亦是"自助"；既是"乐人"，也是"乐己"。同时，在志愿服务的过程中，我对志愿服务有了一个更深入的理解，待人接物的经验和能力也得到了提高。"被需要是一种幸福。"这种感觉我是在真正走进志愿服务之后才获得和理解的。把志愿服务当作自我的生活方式，时刻去帮助需要帮忙的人，奉献爱心，我想这就是一名志愿者的初心和真谛。我们应当更努力地去服务社会，为更多的人送去温暖，让更多的人看到期望。

志愿服务活动也许简单，环境不优越，但是那种快乐却从心底油然而生，因为我们是在为需要帮助的人们服务，是在为健康知识的宣传贡献自己的一份力量。在我们为他们创造舒适的环境，送去温暖的同时，我们也学会了理解、宽容和爱。关爱他人是一种快乐，助人为乐是一种美德。

做好一名志愿者，还需不断加强理论学习，提高思想境界，树立正确的人生观、价值观和世界观。这样，才能使自我的人生修养水平得到更好的提升，也会用心关注民生，作出更利于社会的贡献。参加志愿服务活动是这样，平时学习生活也应如此。不论生活还是学习，都能够用志愿服务的标准来要求自己，切实做一名实实在在、有利于社会的新时代青年，还要鼓励身边的人，一起参与这项活动。

三、结束语

在我看来，志愿服务是一片广阔的沃土，我期望更多人加入这支充满生机和期望的劳动大军，共同挖掘、共同探索，为社会、为他人作出一份有意义的贡献。同时这也是对自我的锻炼，对自我人格的一种升华。

爱的传递——最美志愿者
胡佳宜

一、引言

不为外撼，不以物移，而后可以任天下之大事。

——《呻吟语》

二、正文

上初中之后，我有幸加入了学校的志愿者团体，参与了校内校外的各类志愿服务，受益匪浅。其中，印象最深的便是"健康知识"志愿服务。我曾有幸参与过蓝精灵禁毒夏令营，与许多优秀的志愿者伙伴深入交流感悟，并在其中学习到了许多有关禁毒的知识，深入了解了毒品的危害，并将这些知识分享给同学们，让更多人了解到毒品的严重危害，告诫自己与身边人，珍爱生命远离毒品。

此外，我还积极参与到学校有关乙肝的宣传活动中，这对我来说是不可多得的学习机会。能参与到其中，是对我志愿服务能力的一种锻炼，也是一种肯定。我参与设计了多项有趣的活动用来提升同学们学习相关知识的兴趣，并组织大家积极参与其中。宣传乙肝知识，让更多同学了解到乙肝并不可怕，消除歧视，多些关爱。

当身边的同学从一知半解到充分了解相关知识，帮助更多人了解禁毒、乙肝的知识，为身边人带去更多的关爱，令我感受到志愿服务的更多意义。帮助别人，带给别人幸福快乐，于己，更是一种独特的满足与收获。坚持志愿服务的这几年，我收获许多。

三、结束语

很感激学校提供的志愿服务平台，以及老师的指导与帮助，给我的成长经历中增添了一抹特殊的色彩。志愿服务，人人付出微薄之力，帮助身边的人，对于志愿者来说，也是一种成长与锻炼，更是丰富了人生经历。不为外撼，不以物移，带着一颗良善之心，不忘初衷，将渺小的自己融于志愿服务的大爱中。今后，我将秉持初心，继续投身于志愿服务当中，在帮助别人的过程中不断学习、成长。

传递善意，温暖自己

赵一琦

一、引言

生产劳动和教育的早期结合是改造现代社会的最强有力的手段之一。

——马克思

二、正文

我参与了绿色环保志愿服务活动，在小区中捡拾垃圾。每个月的第一个周日，我都会去捡拾小区中的垃圾。在长达两个小时的活动中，我会捡拾我负责范围内的垃圾，这当中也会有不太好处理的垃圾，比如被埋进土里的塑料，它们通常被土块裹挟，我需要用很多时间将它们拔出来。虽然过程很累，但是当我将它们清理出来后，看到干净的小区时，一种成就感油然而生。当然，通过志愿服务活动，我也学到了很多，知道了打扫小区的工作人员的不易，也会更加体谅和尊重他们。并且通过捡拾垃圾的志愿服务活动，我在日常生活中见到被随地丢弃的垃圾也会顺手捡起扔到垃圾桶中。以身作则的同时我也会呼吁周边的人不要随意乱丢垃圾，维护城市的市容市貌。我知道一个人的力量是微小的，但星星之火也可以燎原，从这些小事做起，并且尽自己的努力去影响身边的人，我相信这其中蕴藏的力量就是巨大的。

三、结束语

我认为志愿服务活动是一种对这个世界表达善意的方式，志愿者通过志愿服务活动播撒自己的爱心，用自己的关怀去点燃火炬，温暖他人。并且将这份温暖不断传递，最终形成一股暖流。同时志愿者自己也通过志愿服务活动增长了相关的经验和能力，提高自己的品德修养。今后，我也会不断积极主动参加更多的志愿服务活动，传递自己的善意，温暖自己、温暖他人、温暖社会。

志愿服务　伴随成长
常　扬

一、引言

奉献乃生活的真正意义。

——阿德勒

二、正文

垃圾分类是当下的热点，是我们每个人都应履行的义务。作为一名团员，我曾有幸参加了垃圾分类桶前站岗志愿服务，更进一步地了解了人们对于垃圾分类的态度，且加深了我对志愿服务的认识。

在服务活动中，我作为志愿者，需戴好口罩，身佩绿色标识，手戴塑料手套且持长夹，站在垃圾桶旁。垃圾桶前都仔细标注了可回收物、其他垃圾、有害垃圾和厨余垃圾的分类细则，方便居民了解垃圾分类的相关知识。而我的职责主要是将错误投放的垃圾夹回正确的桶中，及时劝阻随意丢弃垃圾的人，还有帮助居民解答有关分类的疑问等。

站岗刚开始时，我还有些局促不安，不知怎样才能尽好自己的义务，遇上随意丢弃垃圾的人没有勇气上前劝阻。但出乎意料的是，大多数居民都持几个袋子下楼，十分重视垃圾分类这项原则。其中，令我印象颇深的有一个老人和一位孕妇。老人的年龄虽大，步履蹒跚，拿不了什么重物，却仍坚持着垃圾分类，甚至还向我询问她是否扔到了正确的桶中。而那位孕妇虽步伐沉重，面露焦虑之情，但也仔细做好了分类，还对像我这样的志愿者表示了赞同和鼓励。在大多数居民的行为中，我看到了大家对垃圾分类的认同和切身落实，也让我感受到作为一名志愿者的责任与担当。

三、结束语

这次"绿色环保"志愿服务,让我切身体会了志愿者的辛苦,但同时也锻炼了我的各项能力,为我提供了一个接触社会的机会,让我在社会中服务,实现自身的价值,彰显了自身的精神风貌。在今后,我会积极投身于各种志愿服务,不断磨炼自己的能力和意志,成为一个勇于担当,不断进步的优秀志愿者。

传递美好

赵紫萱

一、引言

人只有受过一种合适的教育之后,人才能成为一个人。

——夸美纽斯

二、正文

2020年初,新冠肺炎疫情来势汹汹。在疫情防控斗争中,广大医务工作者冲锋在前、英勇奋战,用行动诠释了白衣天使救死扶伤的崇高精神。为防控疫情,作为学生的我们开始了居家线上学习的日子。在这段时间里,我们不仅继续学习着知识,而且也没有放弃作为志愿者的"爱的传递"。

2020年4月中旬,基于疫情现状,志愿者们提出了"五四线上专题学习"的想法,之后其具体构想、环节设计、线上安排与具体落实在线上有序进行。不久便是五四青年节了,记得那天早上七点半第一个微团课环节以链接的形式被志愿者们传递给各位老师、同学:一篇由团中央青年大学发布的、讲述了五四的百年历程文章和一篇来自公众号"共青团中央"的名为《这才叫"五四青年"》的文章;上午十点整,作为第二个环节的习近平总书记给新时代青年的美好寄语被转发到线上班级群中;在下午班会课的时候，我们组织了团员们和入团积极分子们参与由志愿者们推荐的几个关于五四精神的小活动；晚些时候，我们收到了他们的短评或是感悟，字字有力，文笔优美。

这次活动虽然不是我在清华附中朝阳学校所参与的最具有挑战性的"应急支援"类的志愿活动，却是对我内心影响相当巨大的一次活动。正是疫情期间这次线上活动，回溯了历史中真实存在的忧国忧民、热爱祖国、积极创新、探索科学的爱国主义精神，看到了今天在各个领域里践行五四精神的青年，让我切身地感受到五四精神的力量，更让我又一次深刻体会到了作为志愿者将正能量带给同学们的美好感受。

三、结束语

最后，我想以习近平总书记给新时代青年寄语中的一句话为结束语"青春由磨砺而出彩，人生因奋斗而升华"。我像广大志愿者们那样，努力将更多的美好传递到更多人的心间。

高三志愿者心得感悟

爱的传递——最美志愿者

王嘉怡

一、引言

教育的目的在于能让青年人毕生进行自我教育。

——哈钦斯

二、正文

2019年3月4日，我来到了北京公交首个"首都学雷锋志愿服务站"快速公交3线（BRT3）安定门站台进行公交志愿服务体验，这是中宣部命名的"全国学雷锋活动示范点",无私奉献,服务他人的雷锋精神,一直是此站台的优良传统。首先,党的十九大代表、全国劳动模范刘美莲为所有团员们介绍了安定门车站历史。紧接着,我参与了公交车清洁的工作,为车擦亮玻璃,擦净了扶手和座椅,给即将上车的乘客提供了一个更好的乘车体验。随后我接受了校园电视台的采访。在这次志愿服务活动中,我深刻认识到了雷锋精神的本质,并承诺会在未来积极践行雷锋精神。

2020年初,在疫情肆虐之际,学校积极开展"应急支援"志愿服务,结合文字、图片、视频等形式,利用同学们熟悉、喜欢的美篇、微视、抖音等软件,以"微团课"的形式及时介绍疫情相关的权威信息、防控措施、疏导恐慌、传播知识、遏制谣言。我的《在为祖国贡献的同时,让宅家不再没有意义的"好物"分享》,为无事可做或者想要自我提升的同学提供了许多方式方法,与此同时帮助同学养成自主学习的好习惯,缓解了因疫情带来的恐慌与不安。这让我体会到,志愿服务可以有很多不同的方式,只要能帮助到他人就达到了我服务的目的。

三、结束语

在我看来,志愿者就是不为物质报酬,基于信念和良知的工作岗位。这个职位是我见过最无私奉献的职位,只为在别人有需要的时候出现。今后的生活中,我也要像更多优秀的志愿者学习,积极参加志愿服务,努力提升自身的表达能力,担起社会责任,为这个社会奉献一点儿微光。

播种志愿之花

董伊莎

一、引言

师者,所以传道受业解惑也。

——《师说》

二、正文

五年前，我正式成为一名志愿者。那时，我对于志愿服务仅仅是好奇，对于新获得的身份也只是兴奋，全然不知志愿服务将会是我成长过程中浓墨重彩的一笔。

初中时，我就曾参与到斯坦福亚裔肝脏中心消除乙肝歧视的志愿服务活动中，这次活动在我心中种下了一颗种子。我仍清晰记着当时的场景，我穿着翡翠丝带 T 恤，带着翡翠丝带手环，站在同学之中，讲解关于乙肝的健康知识，呼吁大家消除对于乙肝患者的歧视，那时的我感受到了一种使命感。后来，我见到了高年级的学长学姐，他们讲述了他们是如何了解乙肝，如何通过参与志愿服务活动，传播乙肝知识，关爱乙肝患者，我看到了他们身上的自豪——那是身为志愿者的自豪，我默默地想，要向他们学习。

2019 年，在老师的帮助下，我和同学们一起组织了这一年的乙肝志愿服务活动。我们先是深入地了解乙肝知识和乙肝患者人群，随后一起讨论了如何开展这一次的志愿服务活动，我们想要从实际出发，在我们力所能及的范围里，尽可能让更多的人了解到乙肝，关爱乙肝患者，希望有更多的同学能够参与到志愿活动之中，成为一名志愿者，为宣传乙肝知识，消除对乙肝患者的歧视献出自己的一份力量。经过认真地准备，我们顺利地开展了这一年的志愿服务活动，几乎全校的同学都有参与。能让大家了解乙肝，消除对乙肝患者的歧视，甚至能鼓励同学们参与到志愿服务中来，就像当年的自己一样，我感到很幸福，可能源于对乙肝患者尽了一份力，也可能是替志愿服务播下一颗种子。

参与志愿服务是源于内心一个向善的动力，想要帮助别人，想要做些好事，如此的动力足够促使我这颗小种子，冲破土壤，向着光生长。

三、结束语

对于我来讲，志愿者是个非常重要的身份，我在志愿服务中，增长知识，提升修养，锻炼能力，而且身为志愿者时，莫名充满了干劲。今后，我一定会继续努力，在自己成为一名优秀的志愿者同时，尽我所能播撒志愿之花的种子。

以己之善，成他人之乐

何泰来

一、引言

爱是教育的灵魂，只有融入了爱的教育才是真正的教育。

二、正文

2019年的夏天，我代表清华附中朝阳学校参与到了河北雄县的支教活动中，这成了一段让我终生难忘的经历。

雄县中学是我们支教的地点。我们按照提前订好的年级安排分组，对教室进行布置。首先，我们主讲团的代表纷纷进行了自我介绍，让大家认识了清华附中朝阳学校到来的主讲小老师们之后，西安学校的助教同学们也上台进行了发言。大家按照之前所练习的课程内容进行试讲，然后主讲和助教针对课程的内容，提出修改意见，这样反复地打磨，使我们的课程更加有意义和充满乐趣。

每天我都会起一个大早，到教室进行布置，然后对当天要讲的课程进行了准备。虽然早起令我有一些疲惫，但想到小朋友们欢快的笑容，我一下子就变得精神焕发了！小朋友们在上课之余还需要排练联欢会上展演的《梨花又开放》，他们认真的表情和一丝不苟的练习状态令我既欣慰又敬佩，这一下子给了我更大的鼓舞和动力。我的数学课，按照清晰易懂的思路，循序渐进地引导小朋友们对问题进行思考并反复的提问，活跃课堂气氛的同时使小朋友们对知识有深刻理解和认识。一堂课的时间很快就结束了，小朋友们都因为学到了新的知识而感到无比的欢乐，这也是我希望看到的。

伴着下课铃声，望着小朋友们离去的背影，我不禁感叹，美好的时光总是如此短暂。我看向他们，看向更美好的明天。

在支教的最后一天，我们与助教和小朋友们挥手道别。在这几天里，助教与我们积极配合，互帮互助，不仅出色地完成了工作，还收获了难能可贵的友谊。在文艺表演中，五年级的小朋友们表现得十分出色，他们不仅完成了集体合唱，还为我们支教的小老师送上了最真挚的祝福。在这一瞬间我的内心汹涌澎湃，一切的付出和准备，在这一刻都收获了最美好的回报。小朋友们同样知道，在这几天当中帮助他们学习知识，陪他们一同玩耍的大哥哥大姐姐们就要离开了。小朋友们无法克制，悲伤和难过涌上他们的心头，泪水从他们的脸颊上流过，浸润了他们的衣领。再见了，小朋友们，再见啦，我亲爱的助教朋友们，期待我们有缘再相会！

三、结束语

支教活动真正的激发了我对于志愿服务的热情，让我体悟到了自己的社会责任，我理应尽己所能，为社会作出自己的贡献，以绵薄之力助大爱无疆。以己之善，成他人之乐。这便是我心中最美的志愿服务！

志愿服务——播下"爱"的种子

赖思雨

一、引言

只有爱才是最好的老师，它远远超过责任感。

——爱因斯坦

二、正文

从我有记忆起，母亲总是会笑盈盈地给邻居送上自制的美食，会主动清扫楼道等公共区域；父亲也常常热心地帮街坊打点。他们从不把这当作是一种必要的责任和义务，这是他们的一种自然而纯粹的、仿佛与生俱来的品格。因为成长在这样的家庭环境中，我也就更加关注志愿服务了。

　　清华附中朝阳学校正是一所以志愿服务为特色的学校。一进入初中，我就在志愿北京官网注册了，成了一名登记在册的志愿者。为支持志愿服务组织发展，培育、挖掘和扶持一批具有示范性和创新性的志愿服务项目，北京市志愿服务指导中心发起了小微项目。在学校的支持和老师的指导下，我设计了"校园绿色环保行"的项目方案，通过成为食堂志愿者监督"光盘行动"、捡拾学校和周边社区的垃圾、联动校园环保社团废物利用等方式，努力达到绿色校园的目标。我印象最深的还是和校园环保社团的社员一起，收集了几百只瓶盖，最终拼出了一面五星红旗。虽然图形不算复杂，但是如何让一面中空的瓶盖牢牢粘在画板上、如何用圆圆的瓶盖制作出五角星的尖角等问题还是让我们苦恼了一阵。当时一吃完午饭就往活动室跑的场景，让人十分怀念。项目的开展获得了多方好评，也成功入围了北京市十佳小微项目，这肯定了我们的努力，也让我们更有信心。不仅如此，我还认识到志愿服务的意义不仅仅是服务那些需要帮助的人，更传递了人情味，传承了真善美，它是提升社会文明风气，促进社会和谐的一块基石。现在进入了大学，我也在假期参加了社会实践活动，帮助扶贫重点地区网上带货，能和志同道合的伙伴一起做这样有意义的事情，我也觉得十分幸运。

三、结束语

　　不论是家庭中乐于助人的传统，还是学校志愿服务的良好氛围，都在推动着我成为一个更关注社会问题、有同理心的人，而我和同伴们在做的事，也会无形间影响到他人，我想这的确是一种爱的传递。我期待着志愿服务能够成为一种意识，润物细无声，使人与人之间更加融洽，生活也会更美好。

教师志愿者心得感悟

一份梦想,一份成长

——带学生参加微公益梦起航紫光助学项目暨2017河北滦平支教助学活动感受

清华附中朝阳学校　秦佳林

一、引言

有人说:"使人成熟的,并不是岁月,而是经历。"

二、正文

2017年8月4日,我带着对滦平风土人情的向往,对滦平这片土地的挚爱,带着对滦平人民情感的赤诚,带领清华附中朝阳学校高一年级学生王润萱、张杉、罗绍彤、刘祥烨、郝冠华5名学生,参加了清华附中和中国下一代教育基金会中华英才培养专项基金联合组织的"清华附中微公益、梦起航——紫光助学暨2017河北滦平支教助学活动"。一同参与该活动的学校有清华附中国际部、上地学校、永丰学校、朝阳学校、丰台学校、秦汉学校以及来自电子科技大学实验中学、成都七中初中学校的共90余名师生和滦平县200余名小学生。

我们在河北省滦平县第四小学举行了支教活动的启动仪式,活动持续一周的时间。滦平支教,让我走进了滦平教育的第一线,了解了滦平教育的现状;支教,让我体会到了滦平教育教学工作的困难与艰辛,感受到了滦平老师的酸甜苦辣。滦平支教,极大丰富了我的人生经历。我敬佩滦平老师忘我的奉献精神和认真负责的工作态度,他们是我学习的榜样。而我自己在滦平支教的工作中也得到了升华,在思想上、业务上可以说获益匪浅!

支教团的所有师生对于此次支教活动都充满了热情与期待,在活动前期数次集体备课，由清华附中学生发展中心主任王田老师为学生作动员，清华附中心理中心主任陈明秋老师为所有学生分组、排课、传授讲课技巧并仔细安排支教活动的每一个环节，不放过任何一个细节，力求完美。

本次支教，我校五位学生和清华附中国际部五位学生作为助教教师与清华附中六位主讲学生共同组成了三年级的教师队伍，教三年级的语文、数学、美术、音乐（京剧）、体育（散打）、手工六门课程。

经过一系列的准备后，清华附中支教团正式开课。支教学科有语文、数学、手工、美术、体育和音乐，虽然每个年级学科相同，但是不同年级课程内容却不尽相同，支教团的小老师们使出浑身解数，将知识传递给小学生们，而小学生们怀着对知识的渴望和对支教活动的好奇，也全部兴致高昂，认真听讲，积极提问。相信不论是支教团的小老师们，还是当地的小学生们，都能从这几天的支教活动中收获梦想与成长。

我们来到滦平四小的第一天，孩子们都到齐时，"喜相逢"班会开始了。孩子们到了新环境很安静，紧张中也带着些拘谨，而我们的学生作为老师又何尝不是呢？可是他们站上讲台后把最灿烂的笑容送给孩子，言语中的颤抖留给自己。这也是第一次，我觉得他们是老师，是很多孩子的老师。

这是我们的学生与孩子们的初见，也是我们支教团十六个老师的初见，既在情理之中，又在意料之外，没有过分的美丽，也没有平淡的出奇。期待着接下来的五天，不长也不短的五天。

学生们第一次与当地小朋友们见面时，还因为初次的支教而显得羞涩和紧张，但是孩子们的纯真逐渐感染了大家，相处得愈发融合，支教的热情也愈发高涨。在一周的时间里，他们用自己飞扬的激情、丰富的知识和多彩的经历帮助当地小学生们更好地进步与成长。

我们来到滦平四小的第二天，也是真正意义上支教开始的第一天。

经过了昨天晚上各科备课组的认真演示、商讨后，我们的学生怀着激动、紧张的心情迎接了他们的学生，很怕出什么差错。他们一开始还是有一些紧张、羞涩，但是看着一张张纯真的笑脸，我才真正切实明白了"那双眼睛里面布满了星星"是什么样子，眼睛乌黑明亮，里面真的好似有漫天繁星。他们的纯真无瑕感染了我，我们支教的热情也愈发高涨，与这些孩子们的关系也越来越融洽。

经过了两天的支教，我们已经进入了工作模式，在合适的时间去门口接孩子。他们一天比一天来得早，与我们更加熟悉，看见我们就主动过来，主动挥着小手认真地向我们问好，而且个个都自信满满地说可以自己去教室，我们还没抓住手就已经快速跑到楼里去了。于是我们就会一边大喊"别跑，小心！"一边赶紧追上去，掀开楼门的门帘。

忙碌的一天很快结束了，我们带着成长，目送他们怀揣着梦想离开，准备着美好明天的到来。

离开的前一天经过了一下午的彩排，我们的学生晚上又回到了学校，大家都不约而同地回到了教室，认真地打扫、清理。看着黑板，签上了我们的名字。大家都没有提到明天，没有人想提，也没有人敢提。

离开前我们站在舞台上，看着台下的孩子们都还是忍不住哭了，我们哭，孩子们也哭。我们告诉孩子们不要哭要开心的告别。

有几刻，这堆淘气的小孩吵得我们想撞墙。

有几刻，这堆闹腾的小孩让我们喊得嗓子又痛又肿。

有几刻，这堆可爱的三年级小孩让我们无限感动于孩子的真诚与纯洁。

无论哪一刻想起这最后一天，总是这个场景最先涌入脑海。

最后一天真的永远要比想象的来得快，原来真的要和孩子们分别了。我们的支教之旅在别离的氛围中结束了。再见！滦平！

带领学生支教身体是苦的，但心却是甜的。我跟孩子们说："我来这里不是赏风景品美味享安乐的，而是肩负着使命来支援滦平地区教育事业的，有北京精神的尽职奉公的正气和精研巧行的灵气来为我导航，没有什么困难是克服不了的！

三、结束语

滦平支教活动是一种奉献更是一种责任，因为有爱，让责任变得理所当然，让付出亦是一种幸福，这种爱毫无保留，也永不止息。记忆留夏，2017滦平支教活动在笑容和泪水中结束了，但爱和成长永不止步。清华附中朝阳学校全体师生将在"行胜于言"校风的指引下，牢记"厚德载物、自强不息"的校训。奉献与梦想，责任与担当，一份梦想，一份成长，我们永远在路上！

"陪伴、支持、帮助"
——一次特别的支教活动

清华附中朝阳学校西校区　宋艾晨

一、引言

培养人就是培养他对前途的希望。

——马卡连柯

二、正文

2019年7月15日—20日，由清华附中朝阳学校和中国下一代教育基金会中华英才培养专项基金联合组织的"微公益·梦起航"河北雄县支教助学活动在河北省雄县中学举行。来自清华附中朝阳学校、永丰学校、丰台学校、西安学校，昆明西南联大研究院附属学校，电子科技大学实验中学，成都七中初中学校共73名师生组成的支教团，为当地200余名小学生带来语文、数学、音乐、美术、体育、手工6科课程和国学、科技、志愿服务3科课外活动课，授课形式别开生面、内容精彩纷呈。

我是以指导教师的身份进入到这个团队的。为了保证授课质量，让雄县参与的小学生们接受有价值、有意义、有收获的课程内容，自2019年1

月起学校开展了相关宣讲，同学们踊跃报名，经过层层筛选，最终在2019年4月确定了学生讲师团队。在执行校长秦洪明和副校长张晓宁的精心安排下，同学们开始了集体备课。作为指导教师团队里的一线教师，我承担着初三班主任和两个班物理教学的任务。为了能够更好地指导同学们备课，我利用课余时间研读了小学教材和教参，利用中午或者放学的时间听学生讲师们试讲并提出修改意见。当然，同学们的热情很高涨，经常很晚还在跟指导教师探讨。

在集体备课过程中，同学们有过激烈的探讨，有过无私的奉献。每当同学们才思泉涌的时候，我就在一旁陪伴他们、支持他们，在他们需要帮助的时候能够第一时间提供最有效的信息或方法来帮助他们。

2019年7月15日早，一辆从清华附中开往雄县的大巴上，承载着即将登上讲台的30余位小讲师。与以往的出游活动不同，没有了往日叽叽喳喳的欢闹声，小讲师们都在安静地休息，他们在为即将到来的支教工作养精蓄锐。望着他们熟睡的面孔，我感觉孩子们不再是孩子们了，他们成熟了。看来他们对未来五天的课程非常有自信，我也更加期待他们的精彩表现。

到达雄县中学后，我们才真正意识到，此次行程真的是名副其实的支教。烈日炎炎，我们并没有空调；就连洗澡也因锅炉炸裂而搁浅了数日；走进教室，同学们要面临一个班近60人的大课堂。重重的困难并没有磨灭掉小讲师们的斗志，很快他们就适应了环境，有条不紊地开展工作。每日白天陪伴他们在教室内上课，傍晚陪伴他们备课、修改教案和制订计划。王颖老师规定每晚十点备课结束，但是小讲师们没有一天准时离开教室，大家丝毫没有困意。在备课过程中，我主要指导三年级课堂的备课。三年级是中间年级，是一个不好管理的年级。小讲师们在接手这个年级后便发现了这一点。所以在晚上的集体备课中，小讲师们要完成的备课任务就更多了。他们不仅要根据学情修改第二天的教学计划，还要跟来自永丰学校的助教们磨合、分工，更要研讨班级常规管理的办法。在这个过程中，我陪伴着同学们研讨、带领大家分析他们的老师们是如何处理相关问题的，结合本年级的情况和主讲助教们的特点，制定班级管理的规范和执行办法。经历了五天的课程学习，我看到讲师、助教们的成长，看到了小学生们言行举止的变化。他们都成长了，我有幸见证了他们共同成长。

令我印象最深的一天当属 7 月 20 日。上午，本次活动的文艺展演在报告厅举行。演出在展现支教点点滴滴的暖场视频中拉开序幕，各年级小老师们和小学生们将多日所学的各学科知识与技能运用其中，以新颖的形式、精彩的节目展现各年级风采。文艺展演的一个特别环节是支教团成员分享本次支教活动的感受。各分校及友好学校的学生们进行分享，他们用独具地方特色的形式来进行展示。展示完毕后，由朝阳学校的各年级的小班主任对本次支教活动进行总结。在这个过程中，小学生们都热泪盈眶，依依不舍之情溢于言表。经过带队教师团队的商议，我悄悄地走向了小学生们，在每位小班主任发言结束后，我组织对应年级的小学生们整齐、洪亮、动情地喊出了"老师们，我们爱你们"，小朋友们突如其来的深情表白将全场气氛推至高潮，也让大家一直强忍着的眼泪再也无法控制。

离别之际，我也收到了小讲师、小助教们送给我的明信片。孩子们感恩我在备课、授课、班级管理等方面给予的陪伴、支持和帮助。收到明信片后我内心非常的激动。

此次支教活动，对于我的学生们是一次支教，他们收获了小学生们的认可和友谊；我作为他们的老师，也是一次支教，通过这次支教，我更加相信他们未来会是一个有责任有担当的人，他们今天的成长会是明天最好的财富！

三、结束语

志愿服务活动并不是简简单单的不计报酬的劳动，而是在活动中奉献自我、发展自我的进步过程，是个人和集体社会价值的体现，也是每个参与者学习的大课堂。期待着未来能有更多的机会参与志愿服务活动，见证自己和他人收获成长实现价值的过程！期待着未来能有更多的人加入到志愿服务活动中去！

高中生志愿服务项目化管理的实践与探索

——"守护生命 救在身边"急救社团志愿服务工作感悟

清华附中朝阳学校　张睿顿

引言

习近平总书记在党的十九大报告中明确指出：推进诚信建设和志愿服务制度化，强化社会责任意识、规则意识、奉献意识。这勉励了志愿者弘扬"奉献、友爱、互助、进步"的志愿精神。国家及其相关部门先后出台了《志愿服务条例》等系列规章。在新时代背景下，中等学校应紧扣立德树人这一根本任务，整合各类社会资源，切实提升重视程度、保障力度和实效性，不断探索建立高中生志愿服务的项目化管理机制。

正文

一、高中生志愿服务面临的问题

志愿服务是高中生社会实践不可或缺的组成部分，但由于各种条件的制约，在思想认识、组织管理、激励机制、保障机制等方面存在一些不容忽视的问题。

（一）服务热情不高，主动性不强

有些学生认为，学生应以学习为主，学雷锋、献爱心是成年人的事，高中生还没走进社会，志愿服务活动与自己关系不大，缺乏参与热情；有些家长认为，孩子参加志愿服务活动，能力有限，浪费时间，作用不大，缺乏对培养孩子意志品质方面的重视；一些学校认为，现在的学生自立能力差，参与志愿服务活动，难组织，困难多，有风险；等等。

（二）形式内容不活，号召力不强

高中学生参加志愿服务活动，缺少社会支持，容易流于形式、走过场、摆架子。志愿服务活动的内容，主要集中在环境保护、"捐资（捐物）助学"、文明礼仪宣传等方面，形式单一，氛围不浓厚，效果不理想，造成家长和学生的反感和抵制。

（三）社会效应不响，组织性不强

当前高中学生参与志愿服务活动，基本上是学校团委组织，以班级为单位参加。而以学校或班级组织的活动，与社会其他公益组织的活动脱节，很难形成"集聚"效应，规模相对较小，持续时间较短，品牌影响力小，延续继承性较弱。

二、志愿服务项目化管理的反思与构建

（一）优化资源配置，形成志愿服务合力

志愿服务项目化管理以具体项目为核心，主题明确，针对性强。一方面，志愿服务项目都来于社会生产生活的迫切需求。另一方面，立项的项目经过了师生及专家反复论证和科学遴选，在同类型志愿服务项目中更有意义和可行性，能够使有限的资源发挥更大作用。

（二）强化主体地位，提升志愿服务活力

在传统学生活动管理模式中，学校开展的志愿服务活动主要由学校进行统筹，采取自上而下的参与模式，以教师引领与规划为主。而志愿服务项目化管理中，则采取自下而上的工作模式：一是将被动参与转变为学生及学生组织主动进行项目选题、设计、策划、实施等，充分发挥学生的主观能动性和创造性；二是项目化管理模式更加尊重学生的主体地位，以学生管理学生、学生影响学生、学生带动学生的模式，使学生真正成为志愿服务的实践者，有助于实现志愿者自我激励，提升志愿服务的活力。

（三）强化创新意识，增强志愿服务动力

项目化管理模式将竞争机制引入到志愿服务中。志愿服务项目优中选

优，要从众多优秀的志愿服务项目课题中脱颖而出，就要策划出更符合实际需求、更创新、更有价值、更可行、更有助于提升学生综合能力的项目。这对项目策划者提出了更高要求，倒逼其注重创新与成长。同时，在学生被赋予更多自主管理的情形下对团队管理者和服务者提出了更高的标准与要求，能够有效保证学生志愿服务开展的质量，有效提高学生的综合实践能力，推进学校志愿服务品牌化建设与延续，从而为志愿服务的长效开展注入不竭动力。

三、我校志愿服务项目化管理的实践与举措

（一）推进以项目为中心的志愿服务组织管理机制

项目管理是一个管理学的分支学科，是指在有限的资源约束下运用系统的观点、方法和理论，对项目设计的全部工作进行有效的管理。即从项目开始到结束全过程进行计划、组织、指导、协调、控制和评价，以实现项目目标科学化的管理方式，使资源得到优化利用。通过项目化管理推进志愿者服务工作的社会化进程，最大程度地实现学生的社会价值，为广大学生志愿者提供一个通往社会的实践平台，为学校教育工作带来新内容、新气象。

（二）将专业技能与志愿服务结合，切实满足社会需求

高中生志愿服务项目应更针对社会实际需求，并结合自身感兴趣的领域的特点，精心设计出各类志愿专题活动。以我校为例：为促进和推动急救知识和技能在广大青少年学生中的普及，引导青少年树立"珍爱生命，健康成长"的生活理念，提高青少年学生在应急事件和日常生活中的自救、互救意识和基本技能，清华附中朝阳学校高中部成立"守护生命，救在身边"急救社团志愿服务项目，项目成员在完成九个小时的心脏急救培训与实操后，获得急救员证书认证，这表示他们的心脏急救技能已获得国际最权威机构的认可，可优先参与急救公益活动和各类赛事急救志愿者工作等。在专业知识加持下，小组设立八项卫生类知识校园宣讲和志愿服务工作，包括以心肺复苏、外伤包扎技术等为主要内容的急救知识与技能传

授。同时开设以呼吁生命安全、急救措施等主要内容的专题讲座。服务对象面向学校各年级师生、社区居民等。精心设计的服务内容充分体现了该项目，形成差异化服务优势。充分发挥学生的专业知识，以学制用，推进社会志愿工作的开展。

（三）开展阶梯式志愿者培训，稳定志愿服务队伍

项目中开展"阶梯式培训"机制，即根据不同年级段的学生分期、分阶段完成相应内容的辅导。建立规范、专业、科学化的志愿工作，要准确意识到培训体系是提高工作质量的保证。以我校为例：团队学期初组织开展面向学生的急救知识讲座、主题班会，为招新造势；定期开展新老学员帮带活动；开展主题月会；组织参加急救员认证培训；邀请红十字会老师现场指导；等等。常态化的培训，大大丰富了学生知识面的同时，也拓展了其志愿服务技能，增强了他们的社会经验，有利于满足学生个人成长需求和团队薪火相传。

总结

在急救领域，病人处置分为"院前""院内"两个环节。国家心血管病中心发布的《中国心血管病报告2018》显示，中国每年发生54.4万例心源性猝死。在另一项数据里，这些猝死有七成以上发生在"院前"阶段。

因此，基于上述情况与同学们的兴趣，清华附中朝阳学校中学生领导力社团急救小组便诞生了。

成立小组后，同学们便开始紧锣密鼓地进行策划、实施、反思并再实施。在这个过程中，为了了解学校学生们的急救知识情况，他们制作了详实的调查问卷，以期收集丰富的数据，为后期活动开展提供支撑；为了让自己具备足够的急救知识，利用周末时间，他们参加了美国心脏协会组织的急救培训，学到了专业的急救技能与知识。

为了支持同学们项目的开展，我也与学生多次开会，带领他们参加急救培训，并在自己力所能及的范围内，给予他们社会资源、社会关系方面

的支持。在短短几个月时间里,我们一次次地开会商讨,一次次地快速精准实施计划,遇到问题又一次次地迎难而上。

在此过程中,同学们以精诚的合作,巨大的热情,卓绝的勇气、智慧与执着投入到项目之中,互相感动,彼此成就。我深感良好健全的志愿服务体系是学生综合素质成长不可或缺的保障。目前,我校该项目小组已经完成新一轮的纳新工作,进一步开展新组员培育计划。相信在未来,学生们将会带着这些美好的品质继续前行。

后 记

　　学校志愿服务开展至今，已经走过十余年，从少先队员到团员、党员、从学生到教师，从学科教学到德育活动，志愿文化渗透到学校的方方面面。目前，学校志愿服务参与率由最初的几十人发展到上千人，"志愿北京"网上注册覆盖率近100%。是什么让志愿服务精神在学校生根、发芽、开花、结果？又是什么让志愿服务工作充满了持久的生命力、影响力和感召力？

　　可以说，从顶层设计到统筹规划，学校将志愿服务精神融入"自强不息、厚德载物"的校训中，通过志愿服务播种学生内心深处爱的种子，引导学生从"赠人玫瑰、手有余香"中感受善的力量，用青春激情创造价值，在志愿行动中身体力行。学生从"不敢""不会""不愿"到"敢于做""善于做""乐于做"的转变，让学生、教师、家长和社会资源深度卷入形成合力，实现人人都是最美志愿者，处处绽放最美服务的价值追求。希望本书的出版可以为志愿服务贡献出我们的一份力量，让更多的人对志愿服务有更多的了解，在开展志愿服务方面能够有所启发。

　　本书由师生群体合作撰写而成，大家在紧张的学习工作之余，全情投入，实属不易。从书稿策划到章节框架、从主题分配到撰写文稿，每个人都付出了艰辛的劳动。在此，特别感谢学校领导们给予的支持与指导，感谢参与书稿编写的老师和同学们。感谢大家促成了本书的完美收官。

　　本书的出版并不意味着志愿服务工作的结束。事实上，这是一个新的开始，愈是研究深入，愈是发现在实践中还有许多不足。人人都是最美志愿者，绽放最美志愿服务是我们坚持不懈地追求！